基督教文化研究丛书

主编 何光沪 高师宁

九编 第 2 册

心灵改变如何可能？
——从康德到齐克果

任 一 超 著

花木兰文化事业有限公司

国家图书馆出版品预行编目资料

心灵改变如何可能？——从康德到齐克果／任一超 著 —— 初
版 —— 新北市：花木兰文化事业有限公司，2023〔民 112〕
目 4+236 面；19×26 公分
（基督教文化研究丛书 九编 第 2 册）
ISBN 978-626-344-217-7（精装）
1.CST：康德（Kant, Immanuel, 1724-1804）
2.CST：施莱尔马赫（Schleiermacher, Friedrich, 1768-1834）
3.CST：齐克果（Kierkegaard, Søren, 1813-1855）
4.CST：学术思想 5.CST：哲学
240.8   111021859

ISBN-978-626-344-217-7

9 786263 442177

基督教文化研究丛书
九编　第二册   ISBN：978-626-344-217-7

心灵改变如何可能？——从康德到齐克果

作　　者 任一超
主　　编 何光沪、高师宁
执行主编 张　欣
企　　划 北京师范大学基督教文艺研究中心
总 编 辑 杜洁祥
副总编辑 杨嘉乐
编辑主任 许郁翎
编　　辑 张雅淋、潘玟静　美术编辑 陈逸婷
出　　版 花木兰文化事业有限公司
发 行 人 高小娟
联络地址 台湾 235 新北市中和区中安街七二号十三楼
　　　　　电话：02-2923-1455 ／传真：02-2923-1452
网　　址 http://www.huamulan.tw 信箱 service@huamulans.com
印　　刷 普罗文化出版广告事业
初　　版 2023 年 3 月
定　　价 九编 20 册（精装）新台币 56,000 元

心灵改变如何可能？
——从康德到齐克果

任一超 著

作者简介

任一超，男，1984 年生，河南洛阳人，2019 年获山东大学犹太教与跨宗教研究中心宗教学专业哲学博士学位，期间于香港汉语基督教文化研究所（INSTITUTE OF SINO-CHRISTIAN STUDIES）交流学习。现任职于保山学院。主要研究方向为基督宗教哲学、克尔凯郭尔思想等。曾发表《真理、理智与冒犯情感》、《利玛窦〈天主实义〉中"为善"的生存张力》、《界定"个人权利"：建构还是解构？——评香港浸会大学"个人与社群：对立或共融"论坛》等论文。

提　　要

　　"江山易改，禀性难移"这句话充分说明了，相对于外在的行为模式以及生活习惯所实现的改变，一个人内在的价值取向与行事标准就像天生的本性那样，几乎是无法改变的。这句话背后实际上隐含了一个相当棘手的生存困境：一方面，既然"禀性"几乎是无法改变的，那么人们似乎不应该对于出自"禀性"的行为而过分苛责；另一方面，由于人们基于"禀性"的生存选择并非一致，因此，在人与人的关系中，生存中的善恶问题始终是无法回避的。于是，一个出于"禀性"而作恶的人能否弃恶从善，以及如何弃恶从善这一问题，就构成了本书稿的问题意识。本书从康德提出的"心灵改变"这一宗教哲学问题切入，从思想史上追踪了从康德所确立的绝对自主的主体性意识到施莱尔马赫所回归的一种基于自主性与接受性交互共存的主体性意识的发展变化，最后沿着接受性主体的回归这一思想史脉络，着重探讨齐克果的情感分析对理解"心灵改变"问题的重要启发及生存意义。总的来说，本书的论证思路可以归结为三个主要问题。首先，心灵改变所要求的是一种主观基础的改变；其次，主观基础的终极性地位只有通过引入一种解构性的力量才能有所突破；第三，解构的发生必然以某种情感性的生存起点为前提。

"基督教文化研究丛书"总序

何光沪 高师宁

  基督教产生两千年来，对西方文化以至世界文化产生了广泛深远的影响——包括政治、社会、家庭在内的人生所有方面，包括文学、史学、哲学在内的所有人文学科，包括人类学、社会学、经济学在内的所有社会科学，包括音乐、美术、建筑在内的所有艺术门类……最宽广意义上的"文化"的一切领域，概莫能外。

  一般公认，从基督教成为国教或从加洛林文艺复兴开始，直到启蒙运动或工业革命为止，欧洲的文化是彻头彻尾、彻里彻外地基督教化的，所以它被称为"基督教文化"，正如中东、南亚和东亚的文化被分别称为"伊斯兰文化"、"印度教文化"和"儒教文化"一样——当然，这些说法细究之下也有问题，例如这些文化的兴衰期限、外来因素和内部多元性等等，或许需要重估。但是，现代学者更应注意到的是，欧洲之外所有人类的生活方式，即文化，都与基督教的传入和影响，发生了或多或少、或深或浅、或直接或间接、或片面或全面的关系或联系，甚至因它而或急或缓、或大或小、或表面或深刻地发生了转变或转型。

  考虑到这些，现代学术的所谓"基督教文化"研究，就不会限于对"基督教化的"或"基督教性质的"文化的研究，而还要研究全世界各时期各种文化或文化形式与基督教的关系了。这当然是一个多姿多彩的、引人入胜的、万花筒似的研究领域。而且，它也必然需要多种多样的角度和多学科的方法。

  在中国，远自唐初景教传入，便有了文辞古奥的"大秦景教流行中国碑颂并序"，以及值得研究的"敦煌景教文献"；元朝的"也里可温"问题，催生了民国初期陈垣等人的史学杰作；明末清初的耶稣会士与儒生的交往对话，带来了中西文化交流的丰硕成果；十九世纪初开始的新教传教和文化活动，更造成了中国社会、政治、文化、教育诸方面、全方位、至今不息的千古巨变……所有这些，为中国（和外国）学者进行上述意义的"基督教文化研究"提供了极其丰富、取之不竭的主题和材料。而这种研究，又必定会对中国在各方面的发展，提供重大的参考价值。

就中国大陆而言，这种研究自 1949 年基本中断，至 1980 年代开始复苏。也许因为积压愈久，爆发愈烈，封闭越久，兴致越高，所以到 1990 年代，以其学者在学术界所占比重之小，资源之匮乏、条件之艰难而言，这一研究的成长之快、成果之多、影响之大、领域之广，堪称奇迹。

然而，作为所谓条件艰难之一例，但却是关键的一例，即发表和出版不易的结果，大量的研究成果，经作者辛苦劳作完成之后，却被束之高阁，与读者不得相见。这是令作者抱恨终天、令读者扼腕叹息的事情，当然也是汉语学界以及中国和华语世界的巨大损失！再举一个意义不小的例子来说，由于出版限制而成果难见天日，一些博士研究生由于在答辩前无法满足学校要求出版的规定而毕业受阻，一些年轻教师由于同样原因而晋升无路，最后的结果是有关学术界因为这些新生力量的改行转业，后继乏人而蒙受损失！

因此，借着花木兰出版社甘为学术奉献的牺牲精神，我们现在推出这套采用多学科方法研究此一主题的"基督教文化研究丛书"，不但是要尽力把这个世界最大宗教对人类文化的巨大影响以及二者关联的方方面面呈现给读者，把中国学者在这些方面研究成果的参考价值贡献给读者，更是要尽力把世纪之交几十年中淹没无闻的学者著作，尤其是年轻世代的学者著作对汉语学术此一领域的贡献展现出来，让世人从这些被发掘出来的矿石之中，得以欣赏它们放射的多彩光辉！

2015 年 2 月 25 日
于香港道风山

目

次

第一章 绪 论

第一节 问题缘起

自 2010 年起，我在云南保山进行了基督教戒毒法的田野调查。对于戒毒的认知，我经历了一个从外在认知到切身感受的过程。从那时起，与戒毒有关的事物就成为我这些年一直关注的对象。就我所涉猎的范围来看，绝大多数与戒毒相关的研究都是从一种社会性的影响方面出发，旨在提供某种可重复操作的有效模式。起初，我的研究设想也遵循着一种典型的社会科学式的进路，所设定的关键词也都是围绕"成功率"、"操守表现"、"时效性"、"管理效率"等这些量化的概念。然而，有过更多的切身经历之后，我逐渐发现，戒毒并不能简单地等同于一项仅以行为改变为目标的事务。从"复吸"的普遍现象来看，所谓的戒毒效果其实只是一个时效性的问题。在我所接触到的实例中，复吸间隔少则几天，多则可达数十年。对此，业内也达成一种共识性的说法："体毒"好断，"心毒"难除。可见，戒毒的关键其实在于戒"心瘾"。在经历了这个认识过程之后，我对戒毒问题的思考开始转向"人如何真正改变"的问题。

中国有句古语，叫做"江山易改，禀性难移"。[1]这句话实际上表明了以

---

1 就目前惯常用法来看，后半句"禀性难移"与"本性难移"、"秉性难移"是可以通用的。尽管这三种用法都旨在强调一个人的生存中最难以改变的某个层面，但是从字面意思上来看，这三种用法本身实际上也各有侧重地传达了人们对这个难以改变之生存层面的理解。"禀性"和"本性"是针对一种特定的生存状态的静态描述，也是一种最具名词化的表达。"秉性"突出了一种秉承而来的接受性，

下一点：相对于外在的行为模式以及生活习惯所实现的改变，一个人内在的价值取向与行事标准就像一种天生的本性那样，几乎是无法改变的。仔细思考，我们不难发现，这句话背后实际上隐含了一个相当棘手的生存困境：一方面，既然"秉性"几乎是无法改变的，那么人们似乎不应该对于出自"秉性"的行为而过分苛责；另一方面，由于人们基于"秉性"的生存选择并非一致，因此，在人与人的关系中，生存中的善恶问题始终是无法回避的。这也就意味着，关于一个出于"秉性"而作恶的人如何弃恶从善的问题必然是人们普遍且迫切的生存关注。但同时我们也不难看出，这种无法摆脱的生存关注本身是具有张力性的。

以上这句看似平常的中国古话，实际上为我们提供了中国思想史在处理"人如何真正改变"这一问题上的两点重要线索，其一是每个人生存的两个层面，其二是这两个生存层面之间的关系。从语言结构上来看，"江山"与"秉性"各自所代表的是人在改变时所涉及的两个不同的生存层面。一般来说，前者是指一个人行为表现的外在层面，后者则是指能够反映出一个人价值取向的内在层面。一方面，从我们经验观察的角度来看，一个人外在的行为表现显然要比一个人内在所依据的价值取向要容易改变得多，但是这种基于外在层面的判断往往具有误导性。而另一方面，从我们切实的生存关注这个角度来看，一个人从价值取向上所实现的内在转变无疑要比一个人从行为表现上所实现的外在转变更具彻底性。这也就意味着，在生存的意义上，一个人内在的价值取向对其外在的行为表现具有某种决定性。接下来的问题在于，我们如何进一步理解这种对于一个人的生存具有决定性的内在层面呢？

我们知道，每个人都是在判断选择中进入生存的。从观察者的角度出发，我们很容易将那些作恶之人的生存选择理解为"以恶为恶"。但是，从主观的角度来说，每个人的生存选择却都是以自己眼中的善为根据的。换句话说，没有任何人的生存选择会基于他自己眼中的恶。从这个意义上来说，每个人在生存选择中所依据的善对于自身而言是具有终极性的。即使一个作恶之人在其生存选择之前会经历一个犹疑不定的过程，又或者在其生存选择之后会感到

这更强调的是对一种特定的生存状态的获得。相对于"禀性"和"本性"所指向的原初性，"秉性"似乎也并不必然排除某种后天习得性的可能。就一个人难以改变的生存层面而论，既可能是基于原初性的，也可能是经由后天习得而固守的。我们想要指出的是，以上三种理解思路共同推动着思想史上关于"人如何真正改变"这一问题的讨论。

懊悔不已，但是每当他进行恶的生存选择的那一瞬间，必然是依据于对他而言具有终极性的善。当然，从人的普遍感受上来说，一个总是伴随着犹疑与懊悔的作恶之人，似乎要比一个十足的恶人更容易弃恶从善。但是，从生存选择的层面上来看，这两种人实际上都是依据他们眼中的善在作恶。换句话说，一个人所做的恶在根本上是由他的生存选择所决定的，而他在生存选择中所依据的善对他而言必然是终极性的。由此可见，一个人弃恶从善的关键在于他的生存选择能够发生改变，而这实质上所涉及的是一个人的生存终极性问题。

在西方思想史上，我们可以发现与以上所展开的思路相契合的思想资源。康德在其重要的宗教哲学著作《仅论理性限度内的宗教》中，从生存终极性的角度追踪了决定一个人究竟是行善还是作恶的主观基础，从而将一个人的弃恶从善在根本上归结为他的主观基础如何改变的问题。由于每个人的主观基础对其自身而言是具有终极性的，因此，主观基础的改变就必然要涉及主体性如何实现自身超越的问题，康德将这种在人的生存终极性的层面上所实现的突破称之为人的心灵改变。由于心灵改变所代表的是一种普遍且迫切的生存诉求，因此，康德在提出心灵改变的同时，也随即将心灵改变的实现诉诸一种主体性的绝对自由。康德最终所确立的这一思路一方面促成了至今仍影响广泛的近代主体理性主义，但另一方面也使得原本被界定为具有终极性的主观基础陷入了一种自由与必然的悖论。我们想要指出的是，后续思想史的发展在相当大的程度上都受到了这两方面因素的共同影响与推动。

为此，我们想要通过分析并呈现康德的心灵改变议题所发挥的思想史效应，继而追踪并梳理施莱尔马赫与齐克果与其之间的思想关联，从而推动我们关于人如何真正改变这一问题的理解能够深入到一个更大的思想史视域之中。

第二节 分析方法与基本思路

我在 2014 年进入宗教学专业的系统训练之后，由戒毒所引发的关于"人如何真正改变"的研究旨趣继续得到了贯彻。入学的第一年，我的导师谢文郁教授按照他对每位博士生的培养惯例，为我开设了一门经典文本的读书课程。在其他多位同学的参与下，我们共同阅读了丹麦哲学家齐克果的《哲学片段》。在阅读初期，我个人在理解上遇到了很大的阻力，但是好在有谢老师耐心且极具启发性的引导，以及同学们的鼓励与陪伴，在经过了一段颇长时间的反复消化之后，我逐渐对齐克果所提出的几个核心概念有了一些感觉。其中关于"冒犯"概念的思考与写作过程，可以说是推动我开始真正进入到对宗教哲学学习的第一课。在后续的学习过程中，如何在生存的意义上理解理性与情感之间的关系，逐渐成为我在宗教哲学研究中的一个主导性的问题意识。

随着近代主体理性主义的广泛影响，理性日益被人们奉为用于解决生存中一切难题与争端的最高原则。在这种语境下，一项理想的研究工作也就意味着，所有的概念界定与命题演算都要严格按照理性原则进行。我们原本以为，只要将暂时出现的分歧或者矛盾诉诸理性，那么所有的问题争端最终都能在逻辑必然性中取得一致。然而，我们却不难发现，即使是面对同一个认识对象，也很难使得立足于不同认识起点上的逻辑推论最终在结论上取得一致。事实上，尽管每个人对于自身所接受的逻辑推论总感到是理所当然的，但是我们却无法回避以下这个事实：与自身在结论上不相融的其他逻辑推论也同样是基于理性原则。如果没有充分意识到这里所涉及的多个同等的逻辑可能性的问题，那么在处理分歧时就只能单方面地以符合理性的名义来标榜自身。可见，不同的逻辑可能性之间的不相融性无法诉诸理性本身而得到解决。换句话说，我们不能将双方逻辑推论上的分歧简单地归之于其中一方在理性原则上的贯彻不力。在我们看来，处理逻辑可能性之间的不相融问题，关键是在于揭示各自认识出发点之间的差异。不过，对于认识出发点的分析并不能直接诉诸主体的认识活动，而是需要通过对主体的生存关注与问题意识所进行的追踪。

在我们看来，宗教哲学的研究并不是在一种纯粹的逻辑思辨中推进的，而是在通过对思想史发展脉络的追踪，从而展现其中某种特定的理性运动。当然，就任何一种特定的理性运动而论，都不可避免地会引发这样一个问题：在同等的逻辑可能性面前，为什么所展现的是这样一种倾向，而不是另外一种？很显然，这个问题并不是理性活动本身所能回答的。因此，宗教哲学的研究任务除了是对某种特定的理性运动进行呈现之外，同时也需要为其所表现的这种倾向性提供一定的分析。

我们知道，任何一种宗教在被理解成一套固定的观念体系之前，首先都是表现为一种特定的生存方式。由于每个人都是在判断选择中进入生存的，因此，即使是宗教的生存方式，也无外乎是人们在判断选择时所表现的一种特定倾向。从这个意义上来说，人们基于任何一种宗教所表现出的生存倾向都是基于理性原则。可见，那种将宗教（信仰）与理性这二者简单对立起来的做法并不能说明实质性的问题。因此，既然宗教也是一种基于理性原则的生存选择，那么这里的问题也就可以转换为：我们如何说明宗教所表现的生存倾向呢？由于我们的认识活动是在某种特定的生存倾向中进行的。换句话说，我们所具有的生存关注与问题意识对于我们所进行的理性运动具有一种"先在"的决定性意义。因此，宗教哲学研究的根本任务就在于，针对生存倾向对理性运动的决定性而提供某种的解释与说明。从具体的方法上来说，就是对那些能够有效反映生存倾向的意识活动与情感因素进行分析与追踪。[2]

事实上，正是由于康德、施莱尔马赫以及齐克果都在不同程度上涉及了上述生存分析的层面，因此，我们可以通过对生存关注与问题意识的追踪，从而在一种思想史的发展脉络上呈现他们三者之间的整体性关联。以下我们想就文本分析的基本思路做一个粗略的概括。

我们首先从康德在《仅论理性限度内的宗教》中所提出的"心灵改变"这一问题入手，基于康德对人在生存选择时的主观基础的追踪，从而提出康德所界定的"准则"概念实际上表现为一种兼具自由与必然的悖论性·一方面为道德上的或善或恶提供了基础，另一方面又使得人在道德上的弃恶从善陷入困境。围绕学界针对康德所界定的"本性"概念所引发的争论，我们通过呈现"向善禀赋"与"恶的倾向"之间基于上述悖论性所存在的逻辑矛盾，从而说明每个人现有的生存起点所具有的决定性意义。借助于一段跨文化的思想史争端，我们旨在提出"心灵改变"问题所涉及的建构与解构这两个基本的生存起点。

在生存起点的问题上，相对于康德所确立的绝对自主的主体性意识，我们将追踪施莱尔马赫所强调的一种兼具的自主性与接受性的交互共存的主体性意识。以这种新的主体性意识为起点，我们想要说明施莱尔马赫所提出的绝对依赖感是如何通过对主客对立的观念对象的解构，从而在一种绝对的主体性意识（上帝意识）中指向一种主客合一的情感对象。我们同时还想要说明的是，作为解构性生存起点的敬虔意识并非直接诉诸一种孤立的绝对依赖感，而是取决于一种由绝对依赖感（更高级的自我意识）与感官性自我意识所共同构成的生存张力。在施莱尔马赫看来，敬虔意识在不同宗教中具有多样性的表现。

2　谢文郁介绍了作为一种方法论的宗教哲学，并通过对宗教语言的分析揭示了情感因素在其中所具有的认识论意义。参见谢文郁：《语言、情感与生存——宗教哲学的方法论问题》，《宗教与哲学》2014 年第 3 辑，第 64-83 页。

借助于一种生存分析，我们将基督教的敬虔意识具体呈现为一种由救赎需求与救赎满足不断交替的动态过程。

沿着接受性主体的回归这一思想史脉络，我们追踪到齐克果基于情感分析所界定的可能性概念。基于对真理认识困境以及绝对悖论的分析，我们可以归纳出三种由冒犯情感所推动的理智形式（自弃、迟疑、反抗），并对它们最终所必然导致的对可能性的排斥展开说明。基于齐克果对亚当及其后继者所进行的生存分析，我们可以总结出两种关于可能性的谈论方式，前者呈现在一种以无知为前提的纯粹的着急情感中，后者呈现在一种以某种善恶观念为前提且伴随着一定倾向的着急情感中。针对于后者所代表的一种具有普遍性的生存起点，我们将详尽介绍齐克果所批判的重复与回忆这两种建构性的思路及其困境所在。据此，我们想进一步指出，人们对可能性这一无法消解的生存诉求，实际上是源于一种直接性的生存冲动。而这种旨在超越当下观念规定性的生存冲动只能在某种情感的支持下才能获得满足。

总的来说，我们的论证思路可以归结为三个主要问题。首先，心灵改变所要求的是一种主观基础的改变；其次，主观基础的终极性地位只有通过引入一种解构性的力量才能有所突破；第三，真正的解构需要以某种情感性的生存起点为前提。

第三节　文献综述

在核心的文本分析方面，我们主要涉及康德、施莱尔马赫以及齐克果的相关论述。接下来，我们将围绕本文研究的主要问题意识对国内外的相关研究现状逐一进行介绍。

一、康德的相关研究

相对于康德的三大批判，《仅论理性界限内的宗教》（以下简称《宗教》）这部著作开始获得国内学界关注的时期要晚一些。李秋零在最早引介《宗教》时，就明确了其独立于实践理性批判的特殊地位。[3]此后，伴随着国内宗教哲

3　李秋零所译的《单纯（或纯然）理性限度内的宗教》（中国人民大学出版社）是国内目前通行的中译本。李秋零指出了《宗教》所要解决的问题是实践理性批判并未涉及的。此外，林进平和刘卓红也强调了康德在《宗教》中所采取的一种不同于实践理性的新立场。参见李秋零：《康德论人性根本恶及人的改恶向善》，《哲学

学研究领域的不断深入，国内学界纷纷对《宗教》在宗教思想史上所标志的这场"哥白尼式的革命"表示了极大的兴奋，并将其所确立的新范式作为我们理解宗教问题的重要参照。[4]与此同时，这种新范式背后所基于的"主体性的自由"也逐渐成为国内学界在解读《宗教》时的一种主导性的思路。[5]不同于对康德的宗教哲学所表现的接受性态度，国内学界对于康德的道德哲学则多了一分审慎的态度。不过，许多学者一方面确实注意到了《宗教》中"根本恶（恶的倾向）"与"心灵改变（向善禀赋）"这两个立论之间所存在的不可调和性，但另一方面却又对道德实践表现出了一种乐观的态度，并在处理上立足于一种为康德辩护的立场。邓晓芒指出根本恶具有调动人自由意志的积极作用；[6]傅永军强调根本恶是人的自由意志的产物；[7]尚文华指出这两个立论之间的逻辑自洽实际上取决于康德所持有的一种信念，继而试图通过对道德情感的分析来呈现这种信念所依附的源动力。[8]陈晓川围绕这种意向转变的困境追

研究》1997年第1期，第28-33页。林进平、刘卓红：《宗教何以可能——从〈单纯理性限度内的宗教〉看康德宗教观》，《世界宗教研究》2003年第4期，第43-50页。

4 邓晓芒与赵林都从不同角度论及了康德在《宗教》中所实现的"哥白尼式的革命"，前者强调自由意志，后者强调道德自足。参见邓晓芒：《康德宗教哲学对我们的启示》，《现代哲学》2003年第1期，第103-114页。赵林：《神学领域中的"哥白尼革命"——从〈单纯理性限度内的宗教〉解析康德的道德神学"，《求是学刊》2014年第5期，第26-33页。

5 吕超从善与恶的同等可能性这个角度来理解康德所确立的"主体性自由"。参见吕超：《人类自由作为自我建构、自我实现的存在论结构——对康德自由概念的存在论解读》，《哲学研究》2019年第4期，第89-100页。

6 邓晓芒指出："……根本恶时时作为人的本然的罪性而存在于人身上；再次，这种罪性也并不是只具有消极的意义，而且正是人类道德之所以能够存在和进化的必要前提，因为它时刻调动起人的自由意志来和自身的这种恶的倾向作斗争。真正的道德就是通过这种对自身的不道德的倾向进行反省、忏悔和搏斗而体现出来的，而不是由人的天生的自然本性来保证的。"参见邓晓芒：《论康德哲学对儒家伦理的救赎》，《探索与争鸣》2018年第2期，第64-70页。

7 傅永军认为，"说恶作为人性的自然倾向是生而具有、不可铲除，与说人可以通过心灵改变、克服恶的自然倾向而成就德行并不矛盾，两者并非势如水火不能并立。尽管人自己无法把恶之自然倾向完全铲除而成为圣洁之人，但人之成德毕竟是可能的，并且是现世可行的。"参见傅永军：《绝对视域中的康德宗教哲学——从伦理神学到道德宗教》，北京：社会科学文献出版社，2015年，第206-211页。

8 尚文华对于康德所持有的信念似乎也表达了一种暧昧的态度。在他看来，"自由行为的关键在于道德情感……但无论如何，既然这种自由存在者可以做出恶的行为，这说明他是不完善的存在。因此，他具有无穷无尽的进步空间，同时也具有无

踪了学术史上几种主要的应对思路，最终将这一困境的始终"未决"作为个体持有先验自由的一种确证。[9]

尽管致力于消解以上两个立论之间的不可调和性这种做法在国内学界具有广泛的代表性，但其中所存在的争议也并未完全止息。邹晓东与李秋零之间就如何理解《宗教》中"本性（Natur/nature）"概念而引发了一场"译名之争"。[10]作为对二人观点的再回应，谢文郁一篇名为《性善质恶——康德论原罪》的文章[11]可谓"一石激起千层浪"，而且在时隔多年之后，又再次引发了他与舒远招之间就如何处理这两个立论之间关系的激烈争论。[12]

穷无尽的进步力量。"参见尚文华：《希望与绝对——康德宗教哲学研究的思想史意义》，南京：江苏人民出版社，2018 年，第 208-233 页。

9 陈晓川在表明这些应对方式最终都并未解决意向转变问题之后，继而说道："因而这一'未决'甚至某种意义上也是必须的：如果消除了个体之自发性的神秘性，那么就没有自由了，而只剩下自然的机械作用。"参见陈晓川：《面向恶而实现的自由——康德式善人的维度》，北京：中国社会科学出版社，2015 年，第 99-125 页。

10 事实上，在这两位学者关于译名争论的背后，实际上所反映的是两种截然不同的自由观。邹晓东把自由视为一种与纯善本性相符合的生存状态，李秋零教授将自由归之于一种善恶两可的意志状态。参见邹晓东：《本质对本性：主体性自有概念下的心灵改善困境——兼论李秋零译〈单纯理性限度内的宗教〉对康德"本质"概念的误读》，《哲学门》总第 16 辑，赵敦华主编，北京：北京大学出版社，2008 年，第 237-257 页；李秋零：《"本性"还是"本质"？——答邹晓东先生》，《哲学门》总第 16 辑，第 277-292 页。

11 谢文郁从基督教神学思想史的角度出发，着重对康德的生存关注与问题意识进行了追踪。特别地，谢文郁通过在分析中引入基督教思想中的"恩典"与"原罪"概念，从而呈现了康德的本性概念所依附着的更为完整的思想背景。谢教授首先指出，《宗教》在当时所引起的出版风波至少可以说明两点：其一，康德所发表的言论在很大程度上挑战了当时在德国占主导的路德宗神学；其二，康德所进行的思考并非是无来由的，而是与路德宗神学共享了某种相同的思想背景。他进一步指出，如果聚焦于康德对本性概念所做的界定，那么这里所隐含的思想冲突便是双方在恩典与原罪概念上的不同看法。为了说明康德的本性概念与基督教的思想语境之间存在密不可分的关联，谢文郁为我们梳理了从奥古斯丁到马丁路德以来涉及人本性问题的思想史脉络。参见谢文郁：《性善质恶——康德论原罪》，《哲学门》总第 16 辑，第 258-276 页。

12 舒远招与谢文郁的两篇文章同期刊载在《中国社会科学评价》，双方在分析中都关注到了基督教思想史方面的因素，但根本的分歧在于是否应该对"向善禀赋"与"恶的倾向"这两个立论进行层次上的分辨。参见舒远招：《康德的人性善恶论是"性善质恶"说吗？——对谢文郁教授〈性善质恶——康德论原罪〉一文的商榷》，《中国社会科学评价》2018 年第 4 期，第 86-100 页；谢文郁：《康德宗教哲学的问题意识与基本概念》，《中国社会科学评价》2018 年第 4 期，第 101-113 页。

相较而言，西语学界对以上所提及的议题讨论得更为深入。Gordon E.Michalson 提醒我们注意，康德在《宗教》中谈论"根本恶"的方式与他所致力于确立的主体理性主义的认识论之间是存在明显张力的。[13]Allen W.Wood 指出，由于康德时代的读者对于人的罪性是普遍承认的，因此，康德在《宗教》中所界定的"根本恶"在某种意义上契合了一种传统的护教学思路。[14]Ingolf Dalferth 通过阐明"出于本性的恶"与"由本性所必然决定的恶"之间的差别，从而间接地揭示了康德的自主性自由所隐含的一种妥协性的暗示。[15]Alison Hills 指出，康德所界定的道德禀赋无疑强化了每个道德主体之间的某种一致性，但同时却也使得我们在理解主体的自由行动时陷入了一种暗昧不明。[16]Andrew Chignell 从康德的"我可以希望什么"这一问题意识出发，强调了康德在《宗教》中所表达的一种"理性的希望"并不同于我们一般所理解的"心想事成"。[17]Leslie Stevenson 认为康德在一系列认识论的限制中，实际上表达了一种对基督教"恩典"的默许态度。[18]

总的来看，国内学界在对《宗教》的解读上普遍采取了一种谦逊的接受性态度，这虽然能够较快地把握一种关于宗教与道德的启蒙式的思想范式，但是对这种思想范式本身的反思却尚显不足。不过，从近些年几位学者之间的争论来看，国内学界的问题意识已经与西语学界实现了一定程度上的"互通"。

二、施莱尔马赫的相关研究

在 2000 年之前，国内的施莱尔马赫研究基本上还是出于一种对解释学(诠

---

13 Gordon E.Michalson(ed.), *Kant's Religion within the Boundaries of Mere Reason: A Critical Guide*, Cambridge: Cambridge University Press, 2014, p.4.

14 Allen W.Wood, "The Evil and Human Freedom", *Kant's Religion within the Boundaries of Mere Reason: A Critical Guide*, edited by Gordon E.Michalson, Cambridge: Cambridge University Press, 2014, pp.31-57.

15 Ingolf Dalferth, "Radical Evil and Human Freedom", *Kant's Religion within the Boundaries of Mere Reason: A Critical Guide*, edited by Gordon E.Michalson, Cambridge: Cambridge University Press, 2014, pp.58-78.

16 Alison Hills, "Gesinnung: Responsibility, Moral Worth, and Charater", *Kant's Religion within the Boundaries of Mere Reason: A Critical Guide*, edited by Gordon E. Michalson, Cambridge: Cambridge University Press, 2014, pp.79-97.

17 Andrew Chignell, "Rational Hope, Possibility, and Divine Action", *Kant's Religion within the Boundaries of Mere Reason: A Critical Guide*, edited by Gordon E.Michalson, Cambridge: Cambridge University Press, 2014, pp.98-117.

18 Leslie Stevenson, "Kant on Grace", *Kant's Religion within the Boundaries of Mere Reason: A Critical Guide*, edited by Gordon E.Michalson, Cambridge: Cambridge University Press, 2014, pp.118-136.

释学）发展脉络进行追溯的需要。[19]2000 年之后，施莱尔马赫的宗教思想开始得到国内学界的关注。[20]自 2008 年以来，武汉大学相继出现了三篇专门研究施莱尔马赫的博士论文。[21]自此，国内学界开始进入一种立足于原始文本的研究阶段。[22]目前的研究现状可以归纳为三个兴趣点：第一，一些以施莱尔马赫著作为题的评述文章不断出现，这在一定程度上助燃了学界对施莱尔马赫经典文本的兴趣[23]；第二，基于原始文本的概念分析也随之成为一种不断高涨的研究兴趣，这在很大程度上推进了国内学界对施莱尔马赫思想中问题意识的

---

19 这主要源于解释学（诠释学）在国内的兴起，尤其是国内学界对伽达默尔的重视。这一时期的研究内容可以划分为两个方面：其一是从宏观层面上对施莱尔马赫的思想资源进行挖掘与介绍，包括哲学思想和美学思想；其二是从微观层面上对施莱尔马赫的解释学的具体内容进行讨论，主要集中在"语法解释与心理解释"、"偏见观"以及"解释（学）循环"等问题上。可参见潘德荣：《走向理解之路——施莱尔马赫哲学述评》，《安徽师范大学学报》1992 年第 1 期，第 46-53 页；安延明：《施莱尔马赫普遍解释学中的几个问题》，《中国社会科学》1993 年第 1 期，第 143-154 页；陈鸿倩：《偏见——从非法到合法》，《厦门大学学报（哲社版）》1996 年第 2 期，第 25-30 页；何卫平：《解释学循环的嬗变及其辩证意义的展开与深化》，《武汉大学学报（哲学社会科学版）》1999 年第 6 期，第 40-45 页。

20 参见李毓章：《论施莱尔马赫宗教本质思想的意义》，《安徽大学学报（哲学社会科学版）》2001 年第 6 期，第 74-79 页。

21 分别是张云涛的《施莱尔马赫直接自我意识理论研究》、闻骏的《意识的神学：施莱尔马赫教义学思想研究》以及黄毅的《意识的神学：施莱尔马赫神学方法研究》。后两篇博士论文已编著出版。参见闻骏：《不断追问中的人神关系——施莱尔马赫思想研究》，北京：人民出版社，2017 年；黄毅：《意识的神学——施莱尔马赫神学方法研究》，北京：人民出版社，2013 年。

22 需要指出的是，目前国内可见的施莱尔马赫译著相当有限，除了邓安庆于 2011 年译著的《论宗教》之外，其他重要的文本尚未被完整地译出。不过，在任立于 1998 年翻译出版的卡岑巴赫的《施莱尔马赫传》中，有一些施莱尔马赫的原始文本被节选了出来，尽管在当时造成过一些影响，但由于年代久远，目前已绝版。此外，谢扶雅早在 20 世纪 60 年代将施莱尔马赫的《论宗教》、《基督教信仰》的绪论部分以及其他著作译出，但由于该版本未能在国内发行（2006 年由"中国基督教两会"引进版权），因此对国内学界的影响不大。参见〔德〕施莱尔马赫：《论宗教——对蔑视宗教的有教养者讲话》，邓安庆译，北京：人民出版社，2011 年；〔德〕F.W.卡岑巴赫：《施莱尔马赫传》，任立译，北京：商务印书馆，1998 年；〔德〕士来马赫：《宗教与敬虔》，谢扶雅译，香港：基督教文艺出版社，1967 年。

23 参见闻骏：《〈论宗教〉中的神圣目的》，《理论月刊》2011 年第 8 期，第 69-71 页；张云涛：《论施莱尔马赫〈独白〉中教化伦理学》，《求是学刊》2013 年第 6 期，第 34-41 页；张云涛：《施莱尔马赫〈论宗教〉——文化神学思想刍议》，《社会科学战线》2016 年第 4 期，第 27-31 页；闻骏：《论施莱尔马赫两版〈基督教信仰〉的实质差别》，《宗教学研究》2017 年第 1 期，第 241-245 页。

追踪[24]；第三，立足于思想史视域的研究越来越受到重视，如何解读康德与施莱尔马赫之间的思想关联成为最突出的关注点。[25]

考虑到西语学界在研究施莱尔马赫方面时代跨越较大，成果积累也较多，这里我们仅就那些对国内学界产生过重要影响的代表性研究稍作回顾与评述。引起国内学界真正关注施莱尔马赫的最早且最大贡献者，莫过于伽达默尔。他的《真理与方法》对国内的解释学界影响深远。基于他所建构的发展谱系，施莱尔马赫被作为这个谱系中的起点性人物而得到了国内学界的格外重视。[26]但也正因此，国内的施莱尔马赫研究曾一度无法突破伽达默尔谱系化的限制。国内学界中稍晚一些开始关注施莱尔马赫的是德国古典哲学的研究者。这其实是间接地得益于对巴特的研究。尽管巴特也表达了对施莱尔马赫足够的重视，[27]但是巴特研究却并未像伽达默尔研究那样为国内的施莱尔马赫研究

24 参见张云涛：《论施莱尔马赫的自我意识理论》，《西南农业大学学报（社会科学版）》2008年第3期，第89-91页；黄毅：《施莱尔马赫关于自身意识学说的研究》，《内蒙古社会科学（汉文版）》2009年第1期，第68-72页；闻骏：《简析施莱尔马赫宗教哲学的核心概念——"情感"》，《世界宗教研究》2010年第4期，第33-38页；闻骏：《"神圣情感"与"绝对依赖"——论施莱尔马赫与奥托宗教思想路向的差异》，《宗教学研究》2013年第2期，第230-234页；闻骏：《施莱尔马赫的"绝对依赖感"再析》，《理论学刊》2013年第12期，第61-64页；闻骏：《自然与奇迹——论施莱尔马赫有关奇迹的形而上学批判》，《自然辩证法研究》2014年第2期，第82-86页。

25 国内学界倾向于将康德的思想作为了解施莱尔马赫的重要切入点，这方面的研究成果颇丰。参见张云涛：《青年施莱尔马赫的康德伦理学研究》，《武汉大学学报（人文科学版）》2012年第2期，第31-38页；朱云飞：《施莱尔马赫对康德道德神学的批评——基于对〈论宗教〉的研究》，《安徽大学学报（哲学社会科学版）》2012年第6期，第8-14页；张会永：《康德与施莱尔马赫至善学说评析》，《厦门大学学报（哲学社会科学版）》2013年第3期，第131-137页；闻骏：《从道德走向人性——康德、赫尔德与施莱尔马赫宗教思想路向的形成》，《德国哲学》2013年卷，第191-199页；黄毅：《论施莱尔马赫对康德基督论的超越》，《宗教学研究》2015年第2期，204-211页；李毓章：《施莱尔马赫哲学神学的两项成果及其意义——以其同康德哲学的关系为视阈》，《云南大学学报（社会科学版）》2017年第1期，第22-34页。

26 在伽达默尔所建构的发展谱系中，施莱尔马赫的"方法论解释学"是一种有待被"本体论解释学"所超越的阶段。参见〔德〕伽达默尔：《真理与方法》，洪汉鼎译，上海：上海译文出版社，1992年。

27 巴特对施莱尔马赫有一个著名的评论，即他"既想作一个现代人，又想作一个基督徒"。K.Barth: *Protestant Theology in the Nineteenth Century: Its background and History*, Valley Forge, Pennsylvania: Judson Press edition, 1973, p.433.转引自黄毅：《意识的神学——施莱尔马赫神学方法研究》，北京：人民出版社，2013，第5页。

提供足够的后续动力。由于黑格尔在国内学界产生的巨大影响，因此，他对施莱尔马赫的批评往往会被"盖棺定论"，[28]这无疑会在很大程度上抑制国内学界对施莱尔马赫研究的兴趣与热情。对国内的伦理学界影响重大的马克思·舍勒在分析源于新教的主观主义时，使施莱尔马赫背负上了"泛神论"的嫌疑。[29]鲁道夫·奥托的《论"神圣"》自 20 世纪 90 年代译介到国内以来，几十年间历经数个版本的更迭，到目前为止仍然作为宗教学的经典文本而流传广泛。他在这本书中对施莱尔马赫"绝对依赖感"的严厉批判也由此被写进了宗教哲学的传统教案。[30]此外，随着蒂利希、尼布尔以及潘能伯格等现代神学家逐渐为国内学界所知晓，他们关于施莱尔马赫的评论也随之得到重视。[31]不过，由于神学领域对于国内学界来说还相对陌生，因此，这些二手资料往往会在尚未充分理解的情况下就被过分倚重。

综合国内外的施莱尔马赫研究来看，西语学界的研究动向始终是具有引领性的。国内学界对施莱尔马赫的关注与研究自 20 世纪 90 年代开始，发展到目

---

28 黑格尔除了在《宗教哲学讲演录》中从整体上批评施莱尔马赫的主观体验与历史主义之外，还有一段广为人知的针对施莱尔马赫的嘲讽之言："如果人的宗教仅仅建立在情感的基础之上，除了他的依赖感之外，它没有其他的规定性，那么狗就是最好的基督徒，因为它拥有最深的依赖感，并且主要生活在这种情感中。如果饥饿的它被骨头满足，那么它就有了救赎感。"参见 Hegel, *Werke in Zwanzig Banden: Berlin Schriften 1818-1831*, Suhrkamp Verlag, 1970, p.58; Hegel, *Lectures on the Philosophy of Religion*, Berkeley & Los Angeles & London: University of California Press, 1984, p.58.转引自闻骏：《简析施莱尔马赫宗教哲学的核心概念——"情感"》，《世界宗教研究》2010 年第 4 期，第 33 页。

29 Max Scheler, *Vom Ewigen im Menschen*, fünf Auflage, hrsg. Berlin& München: Francke Verlag, 1954, pp.279-286.转引自闻骏：《简析施莱尔马赫宗教哲学的核心概念——"情感"》，《世界宗教研究》2010 年第 4 期，第 34 页。

30 参见 Rudolf Otto, *The Idea of The Holy*, translated by John W.Harney, Oxford University Press, 1964.〔德〕鲁道夫·奥托：《神圣者的观念》，北京：九州出版社，2007 年。

31 蒂利希虽然针对黑格尔的发难而为施莱尔马赫做了一定的辩护，但是他也在根本上反对宗教情感论。所谓的"后巴特式解读"正是经由尼布尔而得到流传的。潘能伯格对施莱尔马赫的神学知识论基础提出质疑。参见〔美〕保罗·蒂利希：《基督教思想史》，尹大贻译，香港：道风出版社，2004 年，第 501 页；Niebuhr, *Schleiermacher on Christ and Religion*, New York: Charles Scribners'Sons, 1964; Niebuhr, "Schleiermacher: Theology as Human Reflection". *The Harvard Theological Review*, 55(1) ,1962. pp.21-49.转引自黄毅：《意识的神学——施莱尔马赫神学方法研究》，北京：人民出版社，2013 年，第 4 页；〔德〕潘能伯格：《近代德国新教神学问题史——从施莱尔马赫到巴特和蒂利希》，香港：道风书社，2010 年，第 70-71 页。

前也积累了不少的成果。但从整体上来看,国内的施莱尔马赫研究尚处于起步阶段,大多数最新的研究进展还是仅限于对西语学界某些流行观点所进行的回应,而对于施莱尔马赫原始文本的研究及其问题意识的深入挖掘则明显不足。

三、齐克果的相关研究

在齐克果研究方面,我想结合我的研究思路,分别从冒犯情感的认识论意义、重复概念以及着急情绪的分析这三个方面进行梳理。国内学界对齐克果认识论问题的研究总体上还停留在泛泛而论的阶段,缺乏一定的明确性和细致性。尽管也有不少研究涉及认识论和情感的讨论,包括以"思想对比"、[32]"精神"、[33]"人学"、[34]"生存论"、[35]"真理论"、[36]"罪意识"[37]等为主题的

---

32 翁绍军从主体、客体以及主客体同一的规定三方面说明齐克果与庄子在思想上具有某种相似性,而这种分析其实正是认识论的。参见翁绍军:《人的存在——"存在主义之父"克尔凯戈尔述评》,北京:文化艺术出版社,1989 年,第 219-232页。

33 杨大春指出,齐克果的精神概念有别于近代哲学之处在于认识论范畴的不同,前者排斥理性思辨,唯独强调情感意志的作用。参见杨大春:《沉沦与拯救——克尔凯戈尔的精神哲学研究》,北京:人民出版社,1995 年,第 43-46 页。

34 王平认为,"在齐克果看来,人并非理性的存在物,而是为激情所激励的存在个体",尽管这是从人学的角度强调人之情感和意志的层面,但实则遵循着人之认识活动的分析进路。参见王平:《生的抉择》,北京:商务印书局,2000 年,第 41-47 页。

35 孙毅指出,冒犯"表现为是一种情感性的发作",是对"合理结构"和"日常信念"的死守,而信仰则是个体以"极至的激情"取代理智作为一种"新的稳靠点",并跃向明确的向往和关切。尽管他强调这是一种生存论的分析,但也颇近似于一种认识论意义上的说明。参见孙毅:《个体的人——祁克果的基督教生存论思想》,北京:中国社会科学出版社,2004 年,第 152-166 页。

36 杨大春用认识论和本体论来区分两种不同的真理观,在摒弃以理性为基础之传统认识论的同时,实则提供了一种以情感意志为基础之认识论的可能。此外,汝信、王齐以及梁卫霞在各自对齐克果的研究中,皆明确指出,齐克果的"主观真理论"实现了一种对传统真理认识论的突破。参见杨大春:《沉沦与拯救——克尔凯戈尔的精神哲学研究》,北京:人民出版社,1995 年,第 43-46 页,第 83-89 页。汝信:《看哪,克尔凯郭尔这个人》,开封:河南大学出版社,2008 年,第 146-152 页。王齐:《走向绝望的深渊——克尔凯郭尔的美学生活境界》,北京:中国社会科学出版社,2000 年,第 39-42 页。梁卫霞:《间接沟通——克尔凯郭尔的基督教思想》,上海:世界出版社、上海人民出版社,2009 年,第 200-212 页。

37 涂丽平指出焦虑所引发的罪意识是一个认识论意义的问题,并强调这种意识具体表现为由冒犯的可能性所确保的一种对信仰的悖论的感受性(非理智的)的理解和关注。作者虽然没有明确这种"感受性"作为情感的本质,但通过对信仰的真挚性与魔性现象所进行的区分,实则间接证明了情感分析将有助于对认识活动的

探讨，但这些研究尚未以直接的方式触及论题。需要指出的是，国内的这些研究大都基于这样一种颇为一致的论调，即为了突出真理在生存论或本体论上的意义，索性将真理的认识论范畴彻底剔除。这种思路直接造成国内对于齐克果所主张的真理认识论的讨论处于一种"似谈非谈"的模棱两可当中，这同时也揭示了一种普遍存在的认识论误区，即将近代主体理性认识论看作是唯一正当的认识论，或者说，将近代主体理性认识论直接等同于认识论本身。如此一来，便出现了一种排斥一切认识论的真理认识的谈论方式。值得一提的是，谢文郁追踪了西方思想史上两种重要的真理认识论，即理性认识论和恩典真理论，后者正是基于对齐克果情感概念的生存分析。[38]

在西语学界对齐克果认识论问题的研究中，主要呈现在这样一个脉络发展中，首先是对齐克果思想中的认识论的关注，[39]以及强调这种特殊的认识论与近代哲学之间的互动。[40]随着齐克果与近代哲学在认识论的分析框架下对比分析的深入和细化，不少学者注意到，情感作为二者在认识活动中存在差别的一个重要且关键的因素逐渐突显出来。于是，这种在传统认识活动中长久以来遭到忽视甚至否定的情感因素开始被一些学者有意或无意地提及，有的是以思想评论的方式进行纯粹的客观描述，[41]有的则作为专门的讨论对象详细阐释。[42]尽管国外对于认识论和情感层面的讨论都已经非常精细入微，但却呈现

理解。参见涂丽平：《焦虑下的罪感——克尔凯郭尔的基督教思想研究》，浙江大学博士学位论文，2012年，第139-161页。

38　谢文郁特别指出后者的认识出发点是基于基督徒对耶稣的信任情感。这是国内学者首次明确提出并阐释情感认识论的理论。参见谢文郁：《信仰和理性——一种认识论的分析》，《山东大学学报（哲学社会科学版）》2008年第3期，第71-80页。

39　Evans 区分了野心勃勃（Ambitious）和谦逊适度（Modest）两种截然不同的认识论，指明齐克果属于后者。参见 Evans C.Stephen, *Kierkegaard on Faith and the Self: Collected Essays*, Waco: Baylor University Press, 2006, pp.183-187.

40　Evans 认为齐克果所构成的对近代哲学主导下的认识论模式的挑战将一直持续下去；Furtak 认为，齐克果提出的"客观的不确定性"问题，不仅揭示出近代哲学认识论的限制，而且为其开辟了新的空间。参见 Evans C.Stephen, *Kierkegaard: An Introduction*, New York: Cambridge University Press, 2009, pp.163-166. Furtak Rick Anthony(ed.), *Kierkegaard's Concluding Unscientific Postscript: A Critical Guide*, New York: Cambridge University Press, 2010, pp.87-110.

41　阿多诺指出，"忧郁"的情感在齐克果审美对象（不可实现性的形象）建构中起着基础性作用。参见〔德〕T.W.阿多诺：《克尔凯郭尔——审美对象的建构》，李理译，人民出版社，2008年，第153-158页。

42　Robert 不仅强调情感所指向的关注对象（what concerns），而且还在感知（perception）的层面说明情感的独特认知意义。参见 Robert C.Roberts, "Existence,

出一种"宏观"与"微观"之间不对等且无法对接的现状。具体来说就是，认识论讨论的近代哲学背景到了对情感的讨论时就隐没了，情感因素在认识论意义上的讨论要么演变成一种纯粹的心理学分析，要么几乎萎缩成一种孤立的情感论。

　　在关于齐克果"重复"概念的研究方面，虽然《重复》是较早引入到国内学界的齐克果译作，[43]但现有的少量研究仅限于从美学、现代性以及文学评论的外围角度有所论及，而真正的文本研究尚未出现。[44]西语学界最初对《重复》兴趣大都倾向于讨论它与齐克果另一部更具知名度的著作《恐惧与颤栗》之间的关联。[45]而这种关联的切入点又往往是通过这两部著作中的代表人物（约伯与亚伯拉罕）之间的比较而展开的。尽管这种传统的研究进路到目前为止还没有被放弃，但是得益于后者的可读性与启发性，针对《重复》的研究也随之展开。所涉及的内容从探讨重复的概念，[46]到分析重复在哲学史上的意义，[47]再

Emotion, and Virtue: Classical Themes in Kierkegaard", *The Cambridge Companion to Kierkegaard*, edited by Alastair Hannay and Gordon D.Marino, Cambridge: Cambridge University Press, 1998, pp.177-206.

43　目前有王柏华和京不特两个中译本。参见〔丹〕索伦·克尔凯郭尔：《重复》，王柏华译，天津：百花文艺出版社，1999 年；〔丹〕索伦·克尔凯郭尔：《重复》，京不特译，北京：东方出版社，2011 年。

44　宋涛追踪了重复的美学意义在人文领域内的广泛影响，尽管对齐克果有足够的重视，但是她对于重复的分析是以柏拉图的理念论为起点的。参见宋涛：《存在反思与本体返回——西方重复美学思想刍议》，《中北大学学报（社会科学版）》2017 年第 1 期，第 30-36 页。现代性以及文学评论方面可参见刘慧姝：《生存抉择与现代性预言——解析克尔凯郭尔的〈重复〉》，《世界哲学》2017 第 6 期，第 125-131页；吴亚女：《生存的可能性——克尔凯郭尔的重复范畴》，《文学教育》，2013 第 9 期，第 116-117 页。

45　《重复》与《恐惧与颤栗》于 1843 年的同一天出版。参见 Robert L.Perkins(ed.), *Fear and Trembling, and Repetition*, Macon: Mercer University Press, 1993.

46　Mooney 认为，重复不仅并非一个形而上学的思考对象，而且也不是通过人们的行动或努力就能实现的。参见 Edward F.Mooney, "Repetition: Getting the World Back", *The Cambridge Companion to Kierkegaard*, edited by Alastair Hannay and Gordon D.Marino, Cambridge: Cambridge University Press, 1998, pp.282-307.

47　Eriksen 认为，重复这一概念的提出，在 20 世纪的欧洲思想界挑起了一场关于存在哲学、后现代哲学、诠释学以及心理分析等一系列人文领域的运动。Carlisle 认为，《重复》是齐克果针对黑格尔主义而建构的一个批判性文本，由此开启了一种生存与哲学之间的对立。Bârliba 认为，齐克果借助于重复的讨论，实际上展现了一个新的哲学领域。参见 Niels Nymann Eriksen, *Kierkegaard's Category of Repetition: A Reconstruction*, New York: Walter de Gruyter, 2000, pp.1-2. Clare Carlisle, "Kierkegaard's Repetition: The Possibility of Motion", *British Journal for the*

到重复对其他学科的影响，[48]研究面向不断拓展和深化。尽管西语学界对齐克果的重复概念表现了足够的重视，但这些研究在整体上还是倾向于一种建构性的思路，即将齐克果意欲表达的思想呈现为一种以新换旧的思想学说或是哲学体系。

汉语学界很早就对齐克果关于着急概念的分析有所关注。[49]谢文郁从西方思想史的视角，在一种必然性与可能性的分析框架下，对齐克果关于着急概念的生存分析进行了全面而深入的阐释。[50]尚文华不仅相当细致地追踪了齐克果的原始文本，而且还颇有洞见地阐述了海德格尔对着急情感的分析是如何既继承于齐克果，又在更为一般的生存意义上获得了发展。[51]

从以上的文献综述来看，康德、施莱尔马赫以及齐克果三位思想家不仅为国内外学界的诸多研究领域提供了源源不断的思想资源，而且作为涉及近代思想研究时必不可少的节点性人物，他们三位之间的思想史关联也越来越得到国内外学界的高度重视。在做完相关文献的前期准备工作之后，我们将进入这项研究的主体部分。

History of Philosophy. 13(3), 2005, pp.521-541. Ionuț-Alexandru Bârliba, "Søren Kierkegaard's Repetition. Existence in Motion", *Symposion*, 1(1), 2014, pp.23-49.

48 Tomlinson 将齐克果的重复概念应用到基督教人类学的实证研究之中。参见 Matt Tomlinson, "*Bringing Kierkegaard into Anthropology: Repetition, Absurdity, and Curses in Fiji*", *American Ethnologist*, 41(1), 2014, pp.163-175.

49 《The Concept of Anxiety》是齐克果一部非常重要的著作。目前有两个汉译本，一个是孟祥森的《忧惧之概念》，还有一个是京不特的《畏惧与颤栗 恐惧的概念 致死的疾病》。正如书名所体现的译文上的区别，国内学界对于"anxiety/dread"的译法尚存在争议。根据齐克果的分析，anxiety 是人在面向未来生存选择时的一种情感状态，当人处于 anxiety 中时，他所面对的是一种呈现为"无"的可能性。由于无论是"忧惧"还是"恐惧"始终会涉及某种对象，因此，为了体现 anxiety 所指向的是一种"无"，我们采取谢文郁的主张，将 anxiety 译为"着急"。参见〔丹〕克尔凯郭尔：《忧惧之概念》，孟祥森译，台北：台湾商务印书馆，1969 年；〔丹〕克尔凯郭尔：《畏惧与颤栗 恐惧的概念 致死的疾病》，京不特译，北京：中国社会科学出版社，2013 年。

50 参见谢文郁：《自由与生存——西方思想史上的自由观追踪》，张秀华、王天民译，上海：世纪出版集团、上海人民出版社，2007 年，第 88-192 页、第 220-229 页。

51 参见尚文华：《自由与处境——从理性分析到生存分析》，北京：中国社会科学出版社，2018 年，第 189-210 页、第 304-313 页。

第二章　问题的提出：生存的建构与解构

　　设想一个人独立生活在一个与世隔绝的地方，又或者一个人凭借至高无上的权力而能够为所欲为，那么这样的人就可以　直按照自己的心意行事，享受一种安然自得。然而，现实中的人总是生存在与其他人的关系之中，即使那些位高权重的人，也不能永远不受到其他人的影响与限制。因此，当人与人之间的关系成为一种不可脱离的生存前提时，人与人之间不可避免的差异性就必然会引发对立与冲突，善恶问题也将随之出现。从人的生存实质来看，每个人都是在判断选择中进入生存的。面对判断选择所涉及的标准问题，每个人必然依据自己所认定的善。这也就意味着，每个人都是依据自己眼中的善来规定自己的生存方向。在这个意义上，我们可以说，每个人的生存都是对善的追求。柏拉图在《米诺篇》曾对"人皆求善"这一生存观察提供了充分的论证。[1]但我们不禁会问，既然每个人在生存选择时所依据的都是善，那么为什么现实中还会有恶的行事标准存在呢？当我们将一个人的所作所为判定为恶的时候，这并不意味着这个人确实在依据恶而行事。我们之所以将其判定为恶，是由于这个人的行事依据在我们判断者的眼中是恶的。或者说，这个人的行事依据不符合我们判断者眼中的善。事实上，这个人的行事依据在他本人眼中必然是善的。去假设一个人会依据自己眼中的恶而行事，这种情况在现实生存中是不存在的。

1　关于这个论证的详细呈现和讨论，参见谢文郁：《道路与真理——解读〈约翰福音〉的思想史密码》，华东师范大学出版社，2012年，第13-14页。

在上述的分析中，我们实际上涉及了两种善。第一种善是每个人在各自的求善冲动中所指向的一种终极性的善，我们称之为"至善"。对于至善本身的描述往往是抽象的，但是至善所代表的却是每个人共同且必然的生存方向。第二种善是每个人对至善所形成的某种观念，也是每个人生存选择的根据所在，我们称之为"善观念"。善观念往往是有具体内容的，一般体现为一种既定的知识体系或理解结构。然而，在多数情况下，人们往往依据于自己的善观念来对他人的善观念进行评判。凡是与自己的善观念相符合的，就判定为善。凡是与自己的善观念不相符合的，就判定为恶。但是由于这种做法在任何人身上都适用，因而始终还是需要一种终极性的判断根据。对于终极性判断根据的追问就必然要诉诸至善问题。从这个意义上来说，如果我们所获得的善观念是对至善的恰当把握，那么我们的生存就是善的；如果我们所获得的善观念是对至善的偏离，那么我们的生存就陷入了恶。但这里的问题在于，这种终极性的判断标准何在？

很显然，单纯从善观念的层面上来处理人们之间的差异以及生存中的善恶问题，既不能获得充分的说明，更无法得到根本的解决。值得一提的是，目前流行的相对主义的解决方案，看似消解了善观念之间的对立，但由于忽略了每个人与他人之间不可脱离的生存性关系，因此，这不仅取消了作为每个人当下生存根据的"善观念"，而且也取消了作为每个人终极性生存冲动的"至善"。事实上，作为终极生存指向的至善与作为当下生存依据的善观念，二者不仅对于每个人的生存来说都是同等必要的，而且由二者所构成的生存张力正是我们生存的动力所在。因此，为了解决上述的问题，我们需要回到一种基于生存张力的讨论。至善与善观念之间的生存张力必然会引发这样一种生存关注：如何使自己所依据的善观念与至善合二为一。也就是说，只有当人们开始意识到自己的善观念与至善之间的张力性问题时，我们的生存才能重新获得动力，进而觉察到自身的善观念不断完善的需要。由于善观念作为每个人生存选择的依据，对人的生存方向起着决定性的作用。因此，上述问题的关键就在于如何实现善观念的改变。接下来，我们来追踪西方近代思想史上对这一问题的重要讨论。

第一节　康德提出的心灵改变

回顾东西方思想史，人们关于善观念改变的讨论往往是与终极性的生存关注关联在一起的。康德所提出的"心灵改变"问题，正是针对一种与至善相等同的理性法则而言的。为了能够还原一种生存张力的原始语境，我们需要追踪心灵改变这种提法背后的问题意识。首先，我们可以问：康德为何要提出心灵改变的愿望？这实际上正对应康德的一个核心问题意识：我可以希望什么？一般情况下，人都是在既定的思维方式下生存的。一个人所希望的内容必然受到他当下的善观念的规定。换句话说，一个人所希望的内容绝不可能超出他所依据的善观念的规定范围。然而，康德在萌生"我可以希望什么"这一问题意识时，显然不是就一般的情况而言，而是针对善观念的这种规定性所进行的一种深刻反思。也就是说，康德这一问题意识所反映的实际上是他对于如何突破自己现有善观念的一种生存关注。

其次，我们还可以接着追问，一个人在什么情况下才会去思考"我可以希望什么"这种问题？如果一个人的生存状态始终依据自己现有的善观念，那么他实在没有必要，更没有可能去提出康德那样的问题。除非发生以下这种情况：一个人在生存中经历过善观念的改变，这场深刻的生存体验不仅促使他开始对前后变化的善观念进行回顾与反思，而且还能继续驱使他将这种体验运用到自己的未来生存。只有具备这样的意识，"我可以希望什么"这一问题才有可能成为一个人切实的生存关注。接下来，我们将通过对康德在心灵改变这一问题上的生存关注与问题意识进行追踪，从而揭示其背后的生存张力。

一、敬虔派与道德界定

康德在《仅论理性界限内的宗教》[2]中进行了一种道德哲学与宗教哲学之间的勾连。人们也一般都会认为，康德关于道德的想法始终都在主导着他对于宗教的基本认识。在这里，我们想从一种生存分析的角度来对康德思想中道德与宗教之间的关系重新进行一番梳理。

---

2 关于康德这部著作题目的翻译，李秋零的译本采取"单纯理性限度内的宗教"这一译法。但谢文郁认为，"这种译法给人的感觉是，除了'纯粹理性'，'实践理性'之外康德还谈论什么'纯然理性'"。故此，他倾向于译为"仅论理性界限内的宗教"。我们这里采取后者。参见 Immanuel Kant, *Religion within the Boundaries of Mere Reason and Other Writings*, translated and edited by Allen Wood and George di Giovanni, Cambridge: Cambridge University Press, 1998.〔德〕康德：《单纯理性限度内的宗教》，李秋零译，北京：中国人民大学出版社，2009 年，第一版序言第 1 页；谢文郁：《性善质恶——康德论原罪》，《哲学门》总第 16 辑，第 258-276 页。

　　关于敬虔派[3]的思想到底对康德的哲学思考造成过什么样的影响，这一问题在学界已经引发过一些讨论。学者们往往通过比对双方看上去具有某种对应性的概念或者命题来予以说明。有学者通过强调敬虔派的情感与康德哲学的理性之间的截然对立，从而得出康德有意反叛敬虔派的结论。也有学者通过说明双方都对道德行为重视有加这一共同特征，从而推断康德改造基督教的灵感正来自敬虔派。尽管这些研究在看待敬虔派的影响究竟是正面还是负面的态度上莫衷一是，但有一点可以肯定的是，敬虔派确实对康德的思想有所影响。[4]我们想要追问的是，康德究竟在什么意义上接受了敬虔派的影响。为了能够深入地理解并结合康德实际的生存处境，我们需要对当时德国主流的社会文化背景，即基督教新教路德宗的思想世界进行一定的了解。

　　在康德所生活的18世纪，德国社会的思想基本上是由路德宗神学所主导的。路德宗作为基督教新教的主要宗派之一，始终致力于维护宗教改革以来所取得的胜利成果。时值宗教改革已经过去了两百多年，路德宗固然能够在新教的原则与立场上做到坚定如初，但与之相伴随的是，由于单从形式上对信条过分地强调，难免对信徒的实际信仰生活有所忽视，从而导致了路德宗内部开始出现一些不满情绪。起初，这些躁动并非具有反动性，主要仍是路德宗的一些信徒成员为了使信仰能在行动层面上有所体现而进行的迫切呼吁。但随着响

3　敬虔派（Pietists）一译"虔敬派"。德国路德宗教会派别之一。主要领袖有斯彭内尔和弗兰克（August Hermann Francke, 1663-1727）等。初期举行的小组会自称"敬虔团契"，因此得名。认为宗教的要点不在于持守死板的信条形式，而在于日常生活中表现出"内心的虔诚"。提倡精读《圣经》，反对跳舞、看戏等"世俗化娱乐"。主张路德宗应作两大改革：讲道的重点不应放在教义上而应放在道德上；只有在生活上做虔诚表率的人，才可担任路德宗的牧师。17世纪70年代后该派曾在德国盛极一时；18世纪30年代以来，逐渐成为少数狂热者的社团。参见卓新平（编）：《基督教小辞典（修订版）》，上海：上海辞书出版社，2008年第1版，第53页。Shantz Douglas H. and Peter C.Erb, *An Introduction to German Pietism: Protestant Renewal at the Dawn of Modern Europe*. Baltimore: Johns Hopkins University Press, 2013.转引自 Eddis N.Miller, *Kant's Religion within the Boundaries of Mere Reason: Reader's Guides*, London: Bloomsbury Academic, 2015.

4　参见〔美〕曼弗雷德·库恩：《康德传》，黄添盛译，上海：世纪出版集团、上海人民出版社，2008年，第55-76页；马彪：《康德与〈圣经〉——以康德早年生活与晚期宗教思想为中心》，《北京社会科学》2016年第8期，第73-80页。西语学界讨论康德的敬虔派教育对其宗教思想影响的论著，可参见 Shantz Douglas H. and Peter C.Erb, *An Introduction to German Pietism: Protestant Renewal at the Dawn of Modern Europe*. Baltimore: Johns Hopkins University Press, 2013. 转引自 Eddis N.Miller, *Kant's Religion within the Boundaries of Mere Reason: Reader's Guides*, London: Bloomsbury Academic, 2015.

应的声势日渐增强，越来越多的呼吁者就逐渐凝聚为一股称为"敬虔派"的内部势力。除了一小批激进的成员后来发展成独立社团之外，敬虔派严格来说属于路德宗的一个支派。我们不拟对敬虔派的神学主张做过多的追究，但是想借助对敬虔派的某些分析来展现一种基督徒所特有的生存关注与思想方式。

在多数人的印象中，在一个几乎全民都信仰基督教的国家中，人们应该很容易在思想上取得共识，在行动上达成一致。康德当时所生活着的德国就是一个这样的基督教国家。然而，对于当时生活在其中的人们来说，除了要与天主教与路德宗之外的其他新教宗派明确划清界限之外，同属路德宗的信徒之间也并非铁板一块，在一定范围内同样存在着激烈的争论与分歧。从名义上看，敬虔派在路德宗内部所发起的运动是一场关于敬虔生活的热烈呼吁。但实际上，这场运动背后所反映的却是路德宗内部在信仰理解上所出现的分歧。我们知道，敬虔作为一种宗教情感，是一个信徒向上帝所表达的诚挚与崇敬之情。一般情况下，敬虔是作为一种基于信徒的情感共鸣而推崇的信仰意义，木身在使用上并不会引发争论。但是，一旦敬虔被基督教内部确立为一种核心的价值取向，也就是说，当敬虔在基督教语境中表达为一种针对信仰活动的价值判断，那么，在敬虔这一语词的使用背后，必然就会涉及人们的理解活动与判断标准的问题。特别地，当信徒之间在信仰的理解上出现了严重分歧，并在争论的细节上陷人僵持之际，敬虔就会很容易被其中一方抢先作为一种终极性的根据。这一方说，我们之所以如此这般，是为了敬虔的缘故。言外之意是，争论的另一方缺乏了敬虔，自然也就缺乏了终极性的根据。然而，敬虔毕竟在基督教内部所代表的是一种核心的价值取向，任何一个内部成员都不可能轻易地接受别人对自己关于缺乏敬虔的指控。于是，双方原本存在的某些涉及信仰理解层面上的分歧，就演变为一场关于敬虔的激烈争论。

我们注意到，尽管敬虔派极力与路德宗的主流派进行争辩，但是双方并没有出现严重的交恶。基于某种基本的共识，路德宗的主流派并没有对在内部处于弱势的敬虔派进行过分的限制与打压，敬虔派也始终没有使自己彻底脱离路德宗。也就是说，敬虔派始终是在与主流派保持交流和对话的前提下，来表达自己强烈的不满。基于这样的处境，我们可以对敬虔派的思想活动做一个粗略的分析。敬虔派在致力于突出善行[5]的同时，不可能不顾忌主流派对善功论

5　需要说明的是，敬虔派与康德在语言上经常使用的"道德"，并非我们传统上所理解的一套具体既成的社会规范，而是指涉某种行动的终极性根据。在这样的语

的坚决抵制。换句话说，不论敬虔派以何种方式来说明敬虔离不开善行的道理，也绝不会使自己行动的理由明显表露出善功论的倾向。我们可以设想，每当敬虔派在以敬虔的名义对某一种具体的善行发出号召的时候，主流派一定会从善功的角度予以驳斥。与此同时，敬虔派并不会轻易放弃自己的主张，而是在一次次的争论中不断调整和完善自己的论证思路。在这个过程中，每一位真诚的敬虔派成员都会培养出这样一种具有张力性的意识：一方面，竭力强调善行对敬虔的必要性；另一方面，竭力防范善功论倾向对敬虔的损害。值得注意的是，敬虔派的这种张力意识是在与路德宗主流派的对话交流中形成的，一旦脱离了与路德宗之间的基本共识，这种张力意识便很难再得到维持。

敬虔派的这种张力意识不仅在内部成员之间是一种共享性的情结，而且也同时具有极强的感染力。我们知道，康德从小成长在一个敬虔派的家庭，他的父母也都是那种真诚且严肃的敬虔派成员。可想而知，康德必然从他的父母那里受到过道德品行方面的严格教育，并且成效显著。这一点从康德在学校中的良好表现就可以看出。[6]然而，真正的敬虔派并不会满足于对某一种具体善行的履行，而且还要时刻谨防自己的善行是否会沦为善功的危险。也就是说，这种主导性的张力意识在某种程度上会强化敬虔派在善功倾向上的警惕与隐忧，从而在他们坚持践行敬虔行为的同时，也始终伴随着认罪悔改的祷告与谦卑慎行的心态。事实上，康德对于敬虔派信徒的这种信仰生活并不陌生，尤其被他们所展现的高贵品德所深深触动。[7]也就是说，尽管敬虔派在信仰生活的形式上并没有对康德造成实质可见的影响，但是敬虔派在人格气质上所兼具的火热刚毅与节制谦卑，却深刻地感染了康德，甚至在某种意义上规定了他在道德哲学上的设想。

我们想进一步分析的是，敬虔派的这种张力意识实际上反映的是一个关

境中，"道德"就必然会涉及"德行"的认定问题。我们在这里之所以使用"善行"，是为了与路德宗主流派所指控的"善功"有所对应。在不加说明的情况下，"德行"与"善行"在我们这里基本上是通用的。

6 参见〔美〕曼弗雷德·库恩：《康德传》，第77-87页。

7 康德这样评价敬虔派："即使当时人们没有清晰的宗教概念……诸如'德行'与'虔诚'等用语也不够清楚或充分，但是人们事实上都是有德行且虔诚的人。当然一直有人对敬虔派指指点点。够了！那些真正严肃的敬虔教徒散发尊贵的气质，并拥有作为一个人所能拥有的最高品德，即静穆、喜悦与不为激情所扰动的内在平安。没有任何困境或压迫可以令他们不悦，没有任何争端可以激怒他们或让他们产生敌意。"参见〔美〕曼弗雷德·库恩：《康德传》，第71-72页。

于善的认识问题。同时围绕这个认识问题，敬虔派孜孜不倦地为敬虔行为从上帝那里寻找依据，而康德则致力于为道德行为奠定理性的基础。对于敬虔派的信徒来说，敬虔就意味着按照上帝的旨意去行事。由于上帝的旨意必然是善的，因而按照敬虔行事就相当于向善而为。对信徒来说，如何按照敬虔行事是他们信仰生活中的核心关切。不过，究竟何为上帝的旨意却并不是一个简单的问题。因此，按敬虔行事的这一迫切诉求还涉及一个如何认识上帝旨意的问题，也即是如何认识善的问题。对于康德来说，道德必然是善的，按道德行事自然就是行善。一个人要想弃恶从善就意味着他需要按照道德行事。不过，要想做到这一点，首先需要对道德行为进行界定。由于道德行为需要与善相符合。因此，在对善缺乏认识的情况下，是无法对道德行为进行界定的。可见，无论是敬虔派为敬虔行为所进行的竭力辩护，还是康德为道德行为所提供的理性论证，双方在思想出发点上是一致的，即都是在为自身的行动寻求某种终极性的根据。这也同时表明，双方实际上都体验到了一种关于善的生存张力，即一方面向善是一个明确的生存方向，另一方面在对善的认识上却陷入困境。为了讨论上的方便，我们将善所指向的生存方向统归为"至善"，并将善所涉及的认识内容归之为"善观念"。由此，这里的生存张力就呈现为一种至善与善观念之间的认识张力。

尽管康德从敬虔派那里分享了关于善的生存张力，但是他在处理方式上却与敬虔派最终分道扬镳了。接下来，我们将在至善与善观念之间的认识张力中来分析康德与敬虔派的根本性分歧。

二、必然义务与任性自由

从反思的角度来看，若一个行为被界定为善，所依据的必然是一种相应的善观念。善观念都是对至善的把握与认识，但是任何一种善观念的建立都无法脱离感官经验层面上的条件。这也就意味着，由善观念所决定的行善动机总是不可避免地要归结为一种基于自爱的幸福诉求。出于这个原因，任何具体的善行都会在不同的程度上暴露出善功的倾向。这里所反映的正是至善与善观念之间的认识困境。对于敬虔派而言，敬虔务必需要在行善中落实，但与此同时，对于善行的认识却总因为存在善功倾向而宣告失败。我们想指出的是，敬虔派在这里所凸显出来的问题意识，也同样传递给了康德在道德领域中的思考。

如果延续前述反思中的推论，避免善功论的关键就在于解决以下两个问题：如何使善观念脱离感官经验的成分，以及如何使行善动机脱离自爱的因素。但值得注意的是，敬虔派并没有在这个推论的方向上继续推进。在敬虔派信徒的生存意识中，上帝是他们共同的信仰对象，也是终极性的至善所在。由于至善对于信徒来说是一种明确的信仰对象，并且具有实在性。因此，在面对至善与善观念之间的认识张力时，信徒一方面会按照自己当下的善观念来行事，但另一方面也会因着自己的善观念所暴露的善功论倾向而认罪悔改，从而进一步完善自己的善观念。也就是说，信徒基于对上帝的信任情感而使自己成为一个接受者，从而使自己的善观念处于一种更新变化的认识过程之中。需要强调的是，在这个过程中，信仰与理性之间的张力是始终存在的。从这个意义上来看，敬虔派所追求的敬虔生活，并非在于一劳永逸地掌握一种终极性的行事标准，而是在对上帝的信任情感中保持一个接受者的地位，在对至善的恒切追求中保持善观念的更新变化。

在康德这里，至善与善观念之间的张力问题主要反映为如何实现一种道德生活。我们先来看康德在《仅限理性界限内的宗教》首版序言中对道德概念所做的总体界定：

> 既然道德是建立在人这种自由的存在物的概念之上，人这种存在物又正因为自由而通过自己的理性，把自己束缚在无条件的法则之上；那么，道德也就既不为了认识人的义务而需要另一种在人之上的存在物的理念，也不为了遵循人的义务而需要不同于法则自身的另一种动机。[8]

通常情况下，人们都不太会去追究康德在建构这样一种道德概念时的思想出发点，最多只是笼统地将康德这样做的根据归结为理性优于感官经验的可靠性和普遍性。无可否认，将理性奉为所有问题的最高根据可谓是启蒙运动以来人们所达成的广泛共识。然而，固然理性可能具有某种形式上的统一性，但是人们具体的思想方式却并不由理性的形式本身所发起，而是在根本上受驱于他们各自的生存关注。为此，我们想要分析的是，在康德决定运用理性的形式来对道德概念进行界定之前，他所关心的问题究竟是什么？我们注意到，康德试图通过义务概念来重新界定道德行为。在康德看来，真正的道德行为需要排除感官经验的条件与基于自爱的动机，否则，所谓的道德行为就会沦为一

---

8 Immanuel Kant, *Religion within the Boundaries of Mere Reason and Other Writings*, p.33.康德：《单纯理性限度内的宗教》，李秋零译，序第 1 页。如无特别说明，后续引文中的中译文均采用李秋零的译本。

种伪善。[9]具体来看，康德对于道德行为或者义务概念的界定是围绕两个问题而展开的，即怎样认识义务以及怎样履行义务。前一个问题是从客观性的角度来规定义务，即义务并不依赖于感官经验的条件；后一个问题是从主观性的角度来规定义务，即义务并非出自于自爱的动机。我们不难看到，一方面，康德在这里分享了敬虔派的问题意识，也就是如何处理至善与善观念之间的张力问题；另一方面，康德对于道德行为的界定方式与我们在前述中为了使敬虔行为避免善功论而给出的推论思路基本上是一致的。这也就表明，康德实际上走上了一条旨在取消至善与善观念之间的认识张力的道路。

严格来说，任何一项道德的行为首先是根源于一种与之对应的善观念。根据康德对伪善问题的看法，伪善的道德行为根源于某种掺杂了感官条件与自爱动机的善观念。因此，要想避免伪善的道德行为就需要排除善观念中的感官条件与自爱动机。换句话说，真正的道德行为所依据的善观念，必然是与感官条件与自爱动机彻底无关的。康德的义务概念正是在这个意义上被界定的，即义务行动所依据的是一种完全脱离于感官条件与自爱动机的善观念。显然，这样的善观念也就等同于至善本身。由此可见，康德实际上通过建构出一种完全排除感官条件与自爱动机的善观念，从而消解了至善与善观念之间原本的认识张力。尽管纯粹出于义务而实现的道德生活具有一种终极性的意义，但是如何使得善观念与至善相符合这一问题意识却是每个人的一种原始性的生存诉求。这也就意味着，我们在谈论这种具有终极性的道德生存时，不能忽略每个人普遍所具有的原始性的生存起点。由此所引发的问题是，与终极性相对应的原始性具体意味着怎样的生存状态呢？

我们在分析义务概念时注意到，感官性与自爱一直被康德视为道德的两大死敌。我们在前述中已经将其作为康德的起点性的问题意识进行了追踪。而这一次，我们想依次分析二者在康德论述中的具体使用，从而对一种原始性的生存状态进行说明。让我们再次回到康德的那段引文。康德一开始先提出了一个道德前提，他强调：“道德概念必须建立在人这种自由的存在物的概念之上。”可见，在康德看来，道德的可能性必须以一种自由为前提。那么，这种自由指的是什么呢？事实上，康德这里所谓的自由是相对于自然属性的必然

---

9 王强反对从“先验-经验”的二元思路上来看待伪善问题，而是主张对其在历史中的直接表征进行一种人格化形态的追踪。参见王强：《从“根本恶”到恶习——康德伪善批判的历史主义路径》，《安徽师范大学学报（人文社会科学版）》2016年第1期，第96-104页。

需要而言的，这种必然需要主要体现为一种由感官性所驱使的生存状态。就一种个体性的生存而论，感官性具体指的是那些类似于动物性本能的自然需要，例如，我们常说的食和色。动物的所有活动可以说完全是受驱于感官性。尽管人也存在感官性的自然需要，但是人却可以使自己的生存不像动物那样完全被感官性所主导。在康德这里，人的这种能够克服感官性的能力就是理性，人对这种能力的实现就是自由。从获得理性功能的意义上来看，这种自由构成了每个人实现道德的前提条件。但是从摆脱必然性的意义上来看，这种自由也意味着每个人都有偏离道德的可能。也就是说，这里所谓的自由仅仅在于保障道德实现的可能性，而并不必然促使道德的实现。由此可见，相对于终极性的生存状态而言，原始性的生存状态既指涉一种由感官性所主导的动物性的生存，也指涉一种摆脱了动物性但尚未实现道德的生存。于是，我们不得不追问这样一个问题：那种一方面摆脱了感官性的主导，但另一方面却并没有实现道德的人，他们究竟拥有一种怎样的生存状态？他们与实现道德的人是如何区别开的？他们此时的自由又意味着什么？

上述中的这些问题，实际上所涉及的都是人在取得自由之后的意志决断环节，也就是康德所谓的"自由任性"。我们先来看康德对于那些实现道德的人所具有的意志是怎样描述的，他指出："人这种存在物又正因为自由而通过自己的理性，把自己束缚在无条件的法则之上。"也就是说，道德的实现必须以一种终极性的法则为依归。那么，这种终极性的法则指的是什么呢？如果说这个法则指的就是理性法则，那么问题在于，不仅实现道德的人，即使那些没有实现道德的人也同样是凭借理性取得自由意志的。可见，直接将法则诉诸理性本身是说明不了问题的。为此，我们可以基于前述中的义务概念，先从作为法则对立面的自爱开始分析。我们知道，每一个人的生存都是对善的追求，而每一个人都是按照自己的善观念行事。从这个意义上来说，一个人按照自己的善观念行事就是一种自爱的表现。不过，既然这种表现是每一个人的普遍性倾向，那么对其冠以自爱之名似乎就显得没有这个必要。然而，如果一个人的生存根本无法与其他人相脱离，并且也充分意识到自己的善观念与其他人的善观念存在明显的分歧，而他却仍旧坚持按照自己的善观念行事，那么在这个时候谈论这个人的自爱就会具有某种意义了。因为在人与人之间的关系中，各自的善观念总会存在分歧，因此，只有兼顾到所有人的善观念才能从根本上保障每个人的生存，这就需要每个人的善观念归向一种终极性的至善。在这种情况下，一味地坚持自己的善观念显然是不合宜的。也就是说，为了实现终极性的至善，尽管自己仍拥有某种善观念，但是此时自爱的动机却绝不应该再成为自己意志决断的根据。在康德看来，人的这种能够取代自爱动机的意志，只能来源于一种对法则本身的敬重。人通过自由意志的决断，并从实践上遵循法则，这即是对道德行动的实现。从这个意义上看，实现道德行动所遵循的法则实质上正是终极性的至善。

我们看到，康德从克服个体感官性出发，在取得了自由的同时便设定了一个自由任性的环节。也就是从这个环节开始，人们的生存不再仅凭借感官性的自然需要，而是在根本上依据于各自所拥有的善观念。事实上，通过善观念，每个人既可以在自爱的动机与目的下行事，也可以在道德行动中达到至善。特别地，有关这个环节的讨论，我们引入了一种人与人之间关系的谈论语境。在这样的语境中，善观念与至善之间的生存张力也就引发了善恶问题。在下一部分的论述中，我们将关注康德在善恶问题上的讨论，以及他所提出的心灵改变这一生存方案。

三、善恶准则与心灵改变

一方面，恶的普遍存在是我们凭借生存体验就可以直接证实的；另一方面，人皆求善也是我们只要通过反思就可以在论证中呈现的。在这样一种张力意识下，我们不难看到，既然没有一个人会按照自己眼中的恶去行事，那么恶的出现就意味着人在善观念上出了问题。一般来说，我们对于恶的判断往往是依据于人所表现出来的具体行为。但由此所判定的恶，不仅完全依赖于感官经验而难免具有某种随意性，而且也通过一种现象上的恶而掩盖了人皆求善的生存冲动。我们知道，每个人所做出的行为都由自己的善观念所决定。这也就意味着，恶的问题只能从对行为起决定作用的善观念上入手。问题在于，我们如何理解善观念意义上的恶呢？由这同一个问题意识出发，康德诉诸一种"恶的准则"，他说：

> 人之所以称一个人是恶的，并不是因为他所做出的行动是恶的
> （违背法则的），而是因为这些行动的性质使人推论出此人心中的恶
> 的准则。[10]

---

10 Immanuel Kant, *Religion within the Boundaries of Mere Reason and Other Writings*, p.46.康德：《单纯理性限度内的宗教》，李秋零译，第 2 页。

　　根据康德的论述，恶本质上是对法则的违背，而一个人违背了法则也就意味着他采纳了恶的准则。可以看出，康德在使用中实际上是将法则作为判断准则的一个标准，即违背法则就导致恶的准则，遵从法则就得到善的准则。从法则与准则的这种关系上来看，这与我们所谈论的至善与善观念之间的关系正好是对应的。鉴于我们已经在前述中将法则揭示为一种终极性的至善，康德在这里所谓的准则实际上就相当于每个人在行动中所依据的善观念。从这个意义上来看，我们在前面提出的对善观念意义上的恶进行揭示的问题，在康德这里就归结为一个对恶的准则进行探究的问题。[11]接下来，我们想要在一种善观念与至善之间的张力框架下对康德的准则概念进行分析。

　　通常情况下，我们既无法直接洞察他人行为背后的善观念，也很难觉察到自己所依据的善观念。这反映的是善观念在人们意识层面上所具有的一定"隐秘性"。我们知道，当人们根据善观念而采取行动的时候，往往是在一种理所当然的意识状态下进行的。对处于这种意识状态中的人来说，他的善观念往往是不会被明确意识到的。就一个被做出来的意志决断而论，相对于那种在明确的意识下所考量的根据，这种在无意识下所依据的善观念自然就被人们体验为某种自由的特质。然而，一个人从主观根据中所体验到的自由始终都无法超出这个人的善观念所规定的范围。这就意味着，一方面，我们不能苛求这个人做出某种超出他的善观念规定范围的决定；另一方面，这个人从主观根据中所体验到的自由仅仅是他当下的善观念对他的思维规定的一种反映。在这个意义上，每个人的善观念实际上都处于一种自由与必然性的悖论之中。我们认为，康德在界定准则概念时对于上述问题是有所体察的，这一点在他接下来关于"本性"与"主观根据"这两个概念的使用中有充分的体现。

---

11 保罗·盖耶尔所提供的一个提示值得我们重视。他指出："在最近对《单纯理性限度内的宗教》的阐释中有一种倾向，说康德认为恶的起源总具有社会的特征——社会的压力、竞争等——因此恶只能以社会的方式，通过康德所称的'伦理的共同体'（ethical commonwealth）来克服；（脚注 Allen Wood, *Kant's Ethical Thought*, pp.283-320; Sharon Anderson-Gold, *Unnecessary Evil: History and Moral Progress in the Philosophy of Immanuel Kant*, Albany, NY: State University Press of New York, 2001, pp.25-52; and Philip J.Rossi, S.J., *The Social Authority of Reason: Kant's Critique, Radical Evil, and the Destiny of Humankind*, Albany, NY: State University Press of New York Press, 2005, pp.67-112.）但显而易见的是社会提供了选择恶的机遇和诱惑的同时，社会机构也提供了选择善克服恶的教育和鼓励，在康德看来，选择屈从于诱惑去做恶和选择克服这些诱惑都总是个体的自由行为。"参见〔美〕保罗·盖耶尔：《康德》，宫睿译，北京：人民出版社，2015 年，第 241 页。

我们知道，本性通常可以指称规定人们行动的某种终极性原因。而这种终极性就决定了本性对于人们行动的某种必然规定。一般来说，本性所决定的行动根据必然与那种出于自由的行动根据是截然对立的。但需要注意的是，康德并没有在通常的意义上使用本性概念。他说：

> 这里把人的本性仅仅理解为（遵从客观的道德法则）一般地运用人的自由的、先行于一切被察觉到的行为的主观根据，而不论这个主观的根据存在于什么地方。但是，这个主观的根据自身总又必须是一个自由行为（因为若不然，人的任性在道德法则方面的运用或者滥用，就不能归因于人。人心中的善或者恶也就不能叫做道德上的）。[12]

我们看到，康德这里所谓的人的本性实际上与一个人的主观根据是相等同的。康德之所以将本性与主观根据相提并论，显然不是由于他对自由与必然性之间的对立一无所知。我们指出，康德实际上意识到，这里所涉及的问题是我们在前述中所提及的一种主观性特征，即每个人的善观念都处于某种自由与必然性并存的悖论之中。由此可以设想到的是，尽管一个人可以在意志上做出一种所谓的自由决断，但是只要一个人的善观念固定不变，那么他的主观根据就像一个人的本性那样实际上可以归结为一种必然性。换句话说，只要一个人的善观念固定不变，那么无论是将他所做出的行为归之于他的主观根据，还是归之于他的本性，二者在一种必然性的意义上是一回事。事实上，就善观念所具有的这种悖论性而论，本性与主观性是可以共存的。也是为了呈现这种悖论性，康德通过对二者的兼并融合来实现一种双重性的内涵：一方面，主观根据所要表明的是一种意志决断上的任性自由，这是道德上或善或恶的必要前提；另一方面，本性所要说明的是一种终极性的原因，这使得我们不能继续追究在它之上的更高根据。可见，这种双重性的内涵既满足了道德上或善或恶的条件，同时也提供了道德上或善或恶的根据。据此，康德完成了在准则层面上谈论道德善恶的所有准备。他总结到：

> 因此，恶的根据不可能存在于任何通过性好来规定任性的客体中，不可能存在于任何自然冲动中，而是只能存在于任性为了运用自己的自由而为自己制定的规则中，即存在于一个准则中。关于这

---

12 Immanuel Kant, *Religion within the Boundaries of Mere Reason and Other Writings*, p.46.康德：《单纯理性限度内的宗教》，李秋零译，第3页。

个准则，必然不能再继续追问……如果我们说，人天生是善的，或者说天生是恶的，这无非是意味着：人，而且是一般地作为人，包含着采纳善的准则或采纳恶的（违背法则的）准则的一个（对我们来说无法追究的）原初根据……[13]

我们可以看到，康德的准则概念实质上建立在主观根据与本性之间相互融合的结果之上。换句话说，准则既需要以意志的自由任性为条件，同时也必须在所提供的根据上具有终极性。从康德的界定方式上来看，他显然意识到每个人的准则就像每个人的善观念那样，处于一种悖论性的关系之中。在康德看来，只要一个人采纳了善的准则，这个人在道德上就是善的。一旦一个人采纳了恶的准则，这个人在道德上就是恶的。然而，善恶问题终究是我们现实中无法逃避的生存问题。当我们意识到善恶问题是由每个人所采纳的准则而决定的时候，我们总想要诉诸某种所谓的客观标准来对善恶进行评判。根据康德的论述，善的准则就是对法则的遵从，恶的准则就是对法则的违背。[14]由于准则的悖论性，我们对于善恶的认识只能基于自己所采纳的准则。这也就意味着，即使一个人所采纳的准则实际上遵循了法则，但是只要法则尚未纳入他的准则之中，法则对他来说也是毫无作用的。但是面对普遍的恶，呼吁人们弃恶从善又是一个迫在眉睫的事。因此，对于一个已经将恶的准则纳入自身的人来说，他如何有可能将法则纳入自身呢？

根据康德对准则的界定，一个人尽管能够意识到自己与他人在准则上的差异，但是却无法对准则的善恶进行终极性的评判。从主观意识的角度来看，一个人所采纳的准则对于他来说，并不存在善恶判断的问题。因为这正如一个人所依据的善观念对他来说必然是善的一样，一个人所遵从的准则对他来说也必然是善的。此外，由于一个人对道德善恶的认识只能基于自己所遵从的准则。因此，一个人对他人的准则所形成的认识，必定要受到自己准则的规定。这正如一个人想对另一个人的善观念有所认识，他就必须首先接受对方的善观念。值得注意的是，我们在这里所谓的透过准则所获得的认识与那种对于自然对象的客观认识是不同的。康德也充分意识到了这种认识活动所涉及的意志环节，这可以从他关于自由任性这一环节的分析中看出。他说：

---

13 Immanuel Kant, *Religion within the Boundaries of Mere Reason and Other Writings*, pp.46-47.康德：《单纯理性限度内的宗教》，李秋零译，第3-4页。

14 康德在一个人遵从或违背道德法则的问题上，引入了禀赋、倾向、心灵秩序等概念的讨论。我们将在下一节中对这些概念具体展开讨论。

　　　　任性的自由具有一种极其独特的属性，它不能够为任何导致一
　　　种行动的动机所规定，除非人把这种动机采纳入自己的准则（使它
　　　成为自己愿意遵循的普遍规则）。只有这样，一种动机——不管它是
　　　什么样的动机——才能与任性的绝对自发性（即自由）共存。但是，
　　　道德法则，在理性的判断中自身就是动机。而且谁使它成为自己的
　　　准则，他在道德上就是善的。但是，假如法则并没有在一个与它相
　　　关的行动中，规定某人的任性，那么，就必然会有一个与它相反的
　　　动机对此人的任性发生影响[15]

　　我们知道，动机往往对人的行动具有某种推动性。但是准则又同时要求着
一种自由任性的属性。康德在这里所呈现的这种张力，实际上体现了一种重要
的认识论意义。根据康德的论述，一个人的自由任性表现在，动机被纳入自己
的准则之前，是起不到任何对行动的推动作用的。也就是说，一个人对于一个
动机能否获得真实的认识，取决于这个人是否将这个动机纳入自己的准则之
中。否则，这个动机由于对他来说不具有实在性，从而也就制约了他对其的认
识。从这个意义上来看，对于两个各自采纳了不同准则的人来说，他们是无法
真正认识对方的动机的。除非，一个人能够改变自己的准则，使自己的经过改
变之后的准则与对方取得一致。只有在这种情况下，真正的理解才能实现。可
见，这里实际上所涉及的是准则改变的问题。当一个人从一个准则向另一个准
则转变时，他的认识也必然会随之发生改变。此外，康德还强调道德法则并不
需要像准则那样必须借助于所纳入的某种动机才能对人的行动有所推动。道
德法则可以直接通过纯粹的理性判断来推动一个人的行动。一个将善的准则
纳入自身的人，也就意味着他是一个完全依据于纯粹的理性判断而行动的人。
从这个意义上来看，要使得一个人将道德法则纳入其自身，就需要将蕴含着动
机的准则彻底转换为一种纯粹的理性判断。事实上，康德在这里谈论了两种关
于人的改变问题。前一种是指一个人的准则从一种向另一种改变，康德将这种
涉及动机的转换称之为"习俗的转变"。后一种指的是一个人的准则向道德
法则的改变，康德将这种从动机到理性判断的改变称之为"心灵改变"。我们
来看一段康德对这两种改变方式的进一步说明。他说：

　　　　如果一个人感到自己在遵循自己的义务的准则方面是坚定的，

---

15 Immanuel Kant, *Religion within the Boundaries of Mere Reason and Other Writings*,
　　p.49.康德：《单纯理性限度内的宗教》，李秋零译，第 7 页。

他也就认为自己是有道德的。即使这不是出自所有准则的最高根据
——即不是出自义务，而是例如，毫无节制的人为了健康的缘故而
回到节制，说谎的人为了名誉的缘故而回到真诚，不正义的人为了
安宁或者获利的缘故而回到公民的诚实，等等。所有这些都是根据
备受赞颂的幸福原则。但是，要某人不是仅仅成为一个律法上的善
人，而是成为一个道德上的善人（上帝所喜悦的人），即根据智性
的特征（virtus noumenon[道德本体]）是有道德的。如果他把某种
东西认作义务，那么，除了义务自身的这种观念之外，他就不再需
要别的任何动机。这一点，只要准则的基础依然不纯，就不能通过
逐渐的改良，而是必须通过人的意念中的一场革命（一种向意念的
圣洁性准则的转变）来促成。他只有通过一种再生，就好像是通过
一种重新创造（约 3:5；创 1:2），以及通过心灵的改变才能成为一
个新人。[16]

在这一段文字中，康德为我们展现了准则与法则之间的关系。在康德看
来，一个人从一种准则向另一种准则的转换有时确实会促使某种更具道德的
行为结果。例如一个人通过将动机从肆意妄为转换为寻求健康，就能够促使他
做到节制。一个原本惯于弄虚作假的人在开始关注自己名誉的好坏时，他就至
少会在公众面前努力做一个诚信之人。一个谋求私利的人一旦意识到自己的
好处需要公平正义来保障的时候，他自己也不得不遵纪守法。尽管准则与准则
之间可能存在动机意义上的高低之分，但是所有的动机归根结底都是基于幸
福原则，或者说都是出于自爱。从某种意义上来说，使得一个人在动机上实现
转换，并非难事。由于所有动机都可以归之于自爱，一个人在动机上的转换实
际上可以通过长期习惯的养成来实现。康德也是在这个意义上将其称之为一
种"习俗上的转换"。然而，法则与所有准则都不同。根据康德的想法，法则
是所有准则的最高根据。相对于一个采纳准则的人依据动机而行，一个遵从法
则的人则是按照义务而行。据前述，义务意味着对感官经验与自爱动机的彻底
清除。因此，对于康德来说，义务对一个人的推动作用纯粹是通过他的理性判
断来实现的。但是由于人们往往惯于依赖于自爱动机行事，要使一个人的行动
根据从自爱动机向理性判断转变，仅仅通过准则层面上的逐渐改良是无法实

---

16 Immanuel Kant, *Religion within the Boundaries of Mere Reason and Other Writings*,
 pp.67-68.〔德〕康德：《单纯理性限度内的宗教》，李秋零译，第 35-36 页。

现的，而只能诉诸一种意念的革命，也就是康德所谓的"心灵的改变"。

总的来看，康德对于善观念改变的问题进行了两种划分：一种是准则与准则之间的转换；另一种是用法则对准则的终极性替换。基于至善与善观念之间的张力关系，前者所对应的是从一种善观念到另一种善观念的转变，后者所对应的是善观念最终对至善的完成。事实上，无论是在准则与法则之间，还是在善观念与至善之间，从逻辑上来说，每一个人对于法则或者至善的认识都缺乏终极性的根据。换句话说，每个人所宣称的法则或者至善在别人眼中无非都是某种准则或者善观念。康德对此无疑是有所意识的。对于基督徒来说，上帝所代表的无疑是终极性的至善，而对于上帝旨意的理解则涉及自己的善观念。也就是说，基督徒同样需要面对一个在上帝的旨意与自己对上帝旨意的理解之间的认识张力。事实上，基督徒凭借信任情感在对上帝旨意的寻求中，往往会经历一个认罪悔改的心路历程。而这个过程会促使他意识到自己的善观念所发生的改变。这种独特的经历会培养出人们一种对未来可能出现的新的善观念的生存意识。康德在他所生活的基督教的思想背景下，对于基督徒这种独特的生存意识想必是有所体察的，尽管康德未必会完全遵照一个信徒的思维方式，但是这种具有感染性的生存意识足以促使他发出"我可以希望什么"这样的反思。与此同时，康德也看到了某些基督徒在自诩上帝旨意权威发言人时所表现的伪善，从而将这种伪善的根源归结为一个人在善观念上的固步自封和顽固不化。从这个意义上来看，康德关于心灵改变这一想法正是基于对基督徒所特有的生存意识所进行的深刻反思，或者说，康德在心灵改变这一问题上的灵感正来源于基督教的思想资源。

然而，康德并没有沿着这条反思之路走向基督教在善观念上不断更新变化的过程。在康德看来，这种准则之间的转换，也即是善观念之间的改变，对于遵从法则或者达到至善并没有实质的助益。为此，康德诉诸一种在智性意义上的理念革命，即借助于纯粹的理性判断来实现一种由准则向法则（或者由善观念向至善）的心灵改变。我们看到，康德通过对主观基础的深入追踪，从而将心灵改变从一个一般的伦理问题提升为一个涉及生存终极性的宗教哲学问题。然而，根据康德的论述，他并没有满足于对这一宗教哲学问题在纯粹分析意义上的揭示，而是继续前进，将其作为一个有待建构的目标。也就是说，康德在确立了这一宗教哲学的问题之后，随即便在主体理性主义的思路上对心灵改变的实现过程进行了一种建构。不过，在康德的建构过程中，却引发了一个非常核心性的争议。在下一节的内容中，我们将转向康德的这一建构性思路中来，同时揭示其理论建构中所存在的一个颇具争议性的疑难。

第二节　由心灵改变所引发的问题

我们在上一节论及准则的悖论性时对康德的"本性"概念进行过一定的分析。我们认为，康德是从人的善观念的角度，也就是从人的主观根据所具有的终极性意义上来使用本性概念的，目的是为了表明准则对于每个人而言的逻辑在先性，即康德所谓的"原初主观根据"。从这个意义上来说，本性是不存在善恶之分的，或者说，本性就主观性而言都是善的。然而，一旦我们引入心灵改变的问题，也就是将本性置于一种善观念与至善之间的张力关系中，对于本性的善恶界定就会引发一种逻辑困境。我们知道，一个人在行动上所依据的准则，无论是善的还是恶，本质上不受除自身以外的任何因素的决定。在这个意义上，我们可以说，这个人的行动出于他的本性。就心灵改变作为一种需要而论，我们可以得到一个本性为恶的逻辑推论。考虑到一个依据准则行事的人意味着他在运用一种主体的自主性。因此，一个人要使自己所依据的准则发生改变，也必然需要以某种自主性的形式来实现。换句话说，除了根据自身中的因素，任何外在的因素都无法促使一个人发生心灵的改变。为了从一个人的本性中为心灵改变寻找根据，我们就需要一个本性为善的逻辑推论。

接下来，我们打算通过对国内学界的一场译名之争的回顾，从而来展现康德的本性概念在涉及善恶属性的界定问题上所引发的逻辑困境，并最终给出我们对于禀赋与倾向二者之间关系的理解。

一、国内学界一场持续的争论

国内学界曾针对康德所界定的本性概念进行过一番争论，这场争论的起因是邹晓东在《哲学门》杂志上发表了一篇名为《"本质"对"本性"：主体性自由概念的困境——兼论李秋零译〈单纯理性限度内的宗教〉对康德"本质"概念的误读》的文章。[17] 正如在题目中所表明的，这篇文章旨在针对李秋零教授在其《单纯理性限度内的宗教》这部译著中将"Natur/nature"一词译为

---

17 邹晓东：《本质对本性：主体性自有概念下的心灵改善困境——兼论李秋零译〈单纯理性限度内的宗教〉对康德'本质'概念的误读》，《哲学门》总第 16 辑，第 237-257 页。

"本性"而提出质疑，并主张译作"本质"。由于这场关于"Natur/nature"译名之争的焦点正是在于如何理解禀赋与倾向这两个概念之间的逻辑融洽问题，因此，我们想借助于对这场学术争论的简要回顾，从而来呈现康德的本性概念在涉及善恶界定时所引发的逻辑困境。

我们先来对邹文的问题意识与论证思路进行梳理。如何实现人的自由生存是邹文起点性的问题意识。生存意义上的自由概念涉及的是人的善恶选择问题。由于恶不仅被看作是对人生存的损害，而且在现实中是普遍存在的。因此，人普遍地致力于对恶的弃绝，并同时寄望于对善的实现。这种弃恶从善落实在人的生存选择上，便是对自由的实现。可见，这与康德所提出的心灵改变问题是一致的。邹文开宗明义地指出，康德就本性概念而做的界定实际上是基于一种主体性自由概念而建构起来的理论体系。根据邹晓东的说法，任何一种由此建构起来的理论体系都只能对人的本性做出纯然为善的规定，从而无法为生存中的恶提供来源上的说明，最终在实现自由生存的问题上就必然会陷入理论困境。为了表明这种理论困境并非仅限于康德的道德哲学，邹晓东试图对《中庸》也进行一种主体性自由概念的解读。

邹晓东从儒家思孟学派的角度对《中庸》所指涉的本性概念进行了阐释。他指出，《中庸》所谓的"天命之性"是对人的生存的终极性规定，它所指向的是一种纯善的生存状态。尽管现实中的人由于普遍地偏离于本性，从而沦为恶的生存。但是本性却始终是人理应遵循的生存之道。因此，寻求由本性所规定的纯善生存，便是中庸之道的旨趣所在。他提醒我们注意，《中庸》作者提出的这种性善论的根据并非在于具体的观念内容，而是取决于人的生存是否遵循于本性的规定。我们看到，邹晓东所提供的不仅是《中庸》关于人的本性的内涵，而且也是他依据儒家思孟学派对本性的中文传统语境所进行的规定。进一步，邹晓东便将《中庸》与康德的道德哲学进行对照分析。在他看来，康德对人的生存的终极性规定可以归结为道德法则（命题）与人格性禀赋（道德情感），而将二者合并起来就相当于《中庸》的本性内涵。实际上，邹晓东是在试图使《中庸》与康德的道德哲学在关于人的纯善本性的规定上取得一致。

邹晓东在确立了这种一致性的同时，实际上也使二者具备了共同的善恶判断标准：与本性相符合的就是善的生存，与本性相违背的就是恶的生存。我们知道，为了说明恶的普遍存在，康德提出了人的趋恶倾向。根据康德的理论，一个人所表现出来的倾向是趋善还是趋恶，这取决于他所采纳的是何种准则。

邹晓东对此指出，在理解康德的准则概念时，应该做出现实生存与本性生存的区分。[18]根据他的解读，康德之所以使用自由任性而非自由意志，乃是因为前者基于或善或恶的现实生存，而后者所针对的是纯善的本性生存。就人的生存状态而言，相对于纯善所对应的"本性"概念，邹晓东针对现实生存所呈现出来的善恶两可性而提出了"本质"的概念。这是由于他意识到，为了使人的趋恶倾向与人的纯善本性在关于恶的理论说明中能够自恰，有必要借助于本质概念来指涉现实的生存状态。于是，康德所提出的趋善或趋恶的倾向就可以归之于人的本质，从而避免与归之于人的本性的纯善相对立。作为一种对照分析，邹晓东将《中庸》所指的"诚"或者"不诚"理解为人对纯善本性的符合或者违背，并在本质的意义上将其与康德所提出的趋善或者趋恶的倾向对等起来。我们看到，邹晓东通过使康德的道德哲学与《中庸》的生存主张在"本性-本质"的理论框架上取得一致，从而使二者都归之于同一种自主性自由的设想。

基于上述中我们所梳理的论证思路，邹晓东反对李秋零在其《单纯理性限度内的宗教》的译著中将康德大量使用的"Natur/nature"译为"本性"。特别地，他对于李秋零将其中的一个标题"Der Mensch ist von Natur böse/Man is evil by nature"译为"人天生是恶的"[19]这一做法提出强烈质疑。在邹晓东来看，"本性"只能用于对人的一种原初的生存状态的规定，并且所指向的是纯善。而一旦涉及人在生存状态中的恶，就必须引入"本质"这个指涉人的现实生存状态的概念。也就是说，要想对人的善恶属性进行有效地说明，就需要将人的现实生存与人的理想生存区分开来。邹晓东认为，李秋零由于并未对康德思路中"本性-本质"的思路框架有足够的重视，尽管他在纯善"本性"的意义上将康德所使用的"Anlage/predisposition"恰当地译作"禀赋"，但却将本该属于"本质"层面的"Natur/nature"译成了"本性"。再加上，"本性"在由思孟学派所规定的中文语境中，往往代表的是一种纯善的理想生存。这也就意味着，李秋零对"Natur/nature"所采用的"本性"这种译法，既不能与康德所使用的"禀赋"概念有所区分，也与中文语境的传统用法不相适应。邹晓东实

---

18 我们在前述中分析过，康德的准则概念实际上处于自由与必然的悖论性之中。尽管在提法上与邹晓东有所不同，但是实质上我们都看到了康德在试图处理本性（纯善或至善）与现实（善观念）之间的生存张力。

19 Immanuel Kant, *Religion within the Boundaries of Mere Reason and Other Writings*, p.55.康德：《单纯理性限度内的宗教》，李秋零译，第 17 页。

际上是强调，"人向善的原初禀赋"与"人天生为恶的 Natur"必须从两种不同的生存状态上来理解，否则，这必然会使康德关于 Natur 的界定陷入理论说明上的疑难。接下来，我们将转入李秋零对这番质疑的回应。

李秋零发表了一篇名为《"本性"还是"本质"？——答邹晓东先生》的文章，以此作为针对邹晓东所提出质疑的回应。李秋零首先通过查考两部德文权威词典来阐明 Natur 的释义，并总结到：

> Natur 的根本含义就是未经人的参与或者加工的原生态，是自然而然地生成的东西。只是因为这种原生态决定着进一步的发展，它才具有了"本质"的含义。因此，中国哲学界在翻译西文著作时，natura/Natur/nature 几乎无一例外地被翻译作"自然"，或者在涉及人的"自然"时，翻译作"本性"。鉴于 Natur 的词根是"生"，这里的"本性"指的是一种生而具有的"性"。诚如邹文所言，《中庸》所说的"天命之谓性"就是这种意思。[20]

李秋零的看法是，尽管 Natur 一词在某种意义上确实具有"本质"的含义，但是就国内学界的惯例译法而言，Natur 一词应被译为"自然"或是"本性"。尽管李秋零并不反对邹晓东关于《中庸》的解读，但是他从生而具有的这一特征出发，将《中庸》所说的天命本性与 Natur 一词所具有的内涵等同了起来。也正是出于这个原因，李秋零并没有像邹晓东那样将 Natur 所反映的生存状态归之于人的现实性，而是坚持将其当作人的生存起点。此外，针对邹晓东在本性的规定上将儒家思孟学派的诠释传统等同于中国哲学思想史上的标准说法这一点，李秋零并不接受。在他看来，中文语境下的"本性"概念并非必须按照《中庸》所规定的那样只能是纯善的，而是可以将恶的可能性容纳在内的。我们知道，邹晓东之所以主张将 Natur 翻译成本质而不是本性，正是因为纯善本性无法将恶容纳在内。李秋零由于并没有将《中庸》语境下的本性内涵视为我们在理解康德 Natur 概念时的必须条件，因此，对于他来说，人的 Natur 既可以包含向善的禀赋，也可以容纳趋恶的倾向。换句话说，对于邹晓东来说无法兼容的向善禀赋与趋恶倾向，在李秋零看来则是可以共存的。

事实上，尽管李秋零不必沿着邹晓东的思路去处理向善禀赋与趋恶倾向之间的理论矛盾，但是他还是感到有必要就如何将向善禀赋与趋恶倾向统一

---

20 李秋零：《"本性"还是"本质"？——答邹晓东先生》，《哲学门》总第 16 辑，第 277-292 页。

在 Natur 之中这一问题提供一些说明。李秋零在论及倾向时说到：

> 它（指倾向，笔者注）可能（能够）是与生俱有的，乃是因为它作为一种可能性存在于人的 Natur 之中；它是赢得的，乃是因为它只是"趋"善或"趋"恶，惟有通过人对准则的自由选择，它才成为现实，才具有善或恶的特性。需要指出的是，倾向与 Anlage 还有一个康德没有明确表述出来的区别，即 Anlage 一词本身包含着"在"，是一种实体性的存在，而倾向（Hang）则是一种姿态，由于人有三种 Anlage，这三种 Anlage 可以有不同的存在次序，所以倾向实际上只是 Anlage 的一种存在方式。Anlage 是一种现实性，而倾向却不是现实性。[21]

我们注意到，李秋零将倾向理解为一种或善或恶的只具有方向意义的可能性。也就是说，倾向本身并不能决定 Natur 的善恶。按照李秋零的说法，只有当倾向通过人对准则的自由选择而成为现实时，才能对 Natur 的善恶起到决定性的作用。不同于对倾向作为一种可能性存在的强调，李秋零将禀赋（Anlage）理解为一种实体性的存在，也即是现实性。自然地，我们想要追问的是，既然作为可能性的倾向不能决定 Natur 的善恶，那么作为现实性的禀赋能否成为决定 Natur 善恶的根据呢？我们来看李秋零接下来的论述，他说到：

> 由此可见，康德所说的"人的 Natur"，也不是邹文所说的善与恶的"混合体"。Natur 中的 Anlage 是纯善的，但由于 Anlage 有多种，其"放置"的次序就包含着可善可恶的可能性，而 Natur 中又包含着颠倒放置的倾向，因此，人的 Natur 固然可以说是可善可恶，但若说"善与恶可以在其中共居"，就有欠准确了。Natur 中没有现实的恶，即便是恶的最高主观根据，也仅仅意味着一种为恶的可能性。而 Anlage 仅仅是一种素质，在没有借助倾向使其具有次序之前，还谈不上是一个"体"。
>
> 当然，Natur 同时又必须是人的一个、确切地说是第一个（逻辑上的第一个）自由行为。在这个自由行为中，由于人采纳了恶的准则，趋恶的倾向成为了现实，造就了恶的 Natur。这种 Natur 既是与"生"俱有的，又是人的自由意志的作品。"[22]

---

21 李秋零：《"本性"还是"本质"？——答邹晓东先生》第 277-292 页。
22 李秋零：《"本性"还是"本质"？——答邹晓东先生》第 277-292 页。

　　我们看到，李秋零通过否定倾向对 Natur 的善恶所具有的决定性作用，从而取消了邹晓东一直以来所关注的 Natur 中善恶共存的理论疑难。不过，为了进一步使 Natur 概念彻底摆脱邹晓东关于本性概念所设定的中文语境，李秋零还需要致力于一种对 Natur 可善可恶的理论说明。也就是说，尽管趋恶倾向对于 Natur 善恶的决定性作用已经被取消了，但是李秋零还是不得不继续处理向善禀赋对于 Natur 善恶的影响问题。可以设想的是，由于纯善的禀赋中不能掺杂任何的恶，因此，禀赋最多只能用于设定某种善的 Natur，但却无法对恶的 Natur 进行任何说明。换句话说，如果禀赋对 Natur 的善恶具有决定性作用，那么，禀赋所具有的纯善性就必然使得 Natur 为善。这样一来，Natur 的可善可恶便无法得到说明。为了能够对某种恶的 Natur 进行说明，李秋零指出，Natur 固然不存在现实的恶，但是却具有一种为恶的可能性。不过，这种为恶的可能性还是指着趋恶的倾向而言的。而为了能够从根本上实现 Natur 的可善可恶，还需要进一步取消禀赋的纯善性对 Natur 的善恶所造成的必然性影响。为此，李秋零将禀赋归之于人所具有的某种中性的素质。并且同时强调，在这些中性的素质还没有借助于倾向而构成某种次序之前，禀赋并不具备任何善恶的特性。也就是说，李秋零取消了禀赋的纯善性与 Natur 善恶属性之间的必然关联。[23]

　　我们来对以上的回顾做个小结。邹晓东主张，在翻译 Natur 时应该用人在现实生存状态中的"本质"概念来取代人在理想生存状态中的"本性"概念，目的是为了解决纯善本性无法容纳恶的理论疑难；李秋零教授为了避免善恶共存这一理论困境，将纯善禀赋与趋恶倾向对 Natur 善恶的决定性作用双双予以取消，从而在对 Natur 所具有的自由任性这一特征进行强调的同时，又将 Natur 在译法上的"本性"特征保留了下来。从表面上看，邹晓东与李秋零教授之间的争论主要是围绕 Natur 的译法问题而展开的，但是二人的根本性分歧

23　我们想进行一点补充的是，李秋零并没有像邹晓东那样从禀赋的纯善性出发来处理善恶问题，而是对禀赋在 Natur 善恶的影响上进行了一种弱化处理。尽管李秋零没有明确指出，但是我们从他关于禀赋与倾向的论述中隐约可以看到一种"质料-形式"的结构关系。我们可以这样看，作为纯善素质的禀赋可以相当于一种以实体性而存在的质料，而体现善恶可能性的倾向则在次序的意义上可以相当于不具备任何实体性质的纯形式。因此，无论是纯善的质料，还是纯粹的形式，都无法决定 Natur 的善恶。只有在作为质料的禀赋获得作为形式的倾向之后，才能构成了李秋零所谓的一个"体"，也即是或善或恶的 Natur。换句话说，李秋零将决定 Natur 善恶的根据既没有单独归结为禀赋，也没有单独归结为倾向，而是归结为一种禀赋与倾向的"结合体"。

实际上在于如何理顺禀赋与倾向之间的逻辑困境这个问题之上。[24]接下来，我们将重新回到康德的原始文本，进一步深入以上这场争论所揭示的核心议题，并给出我们的分析。

二、向善禀赋与全善

接续我们在前述中关于善恶准则的讨论。由于每个人的准则都处于一种自由与必然的悖论性之中，因此在准则的层面上无法进行普遍有效的善恶判断。由于这个原因，人们可能会放弃继续去追究人天生在道德上是善的还是恶的这样的选言命题，而是转去设想，人天生在道德上既不是善的也不是恶的，又或者，人天生在道德上既是善的又是恶的。但是康德提醒我们，由于现实中的恶是不容否认的，因此，作为每个人行动根据的准则，必然存在真正的善恶之分。康德还提示我们，这后两种想法实际上是与两个古典的道德哲学问题相对应的，即德性是学习来的还是天生的，以及德性是否是唯一的。为了说明每个人在道德上的确定性，也即旨在保持所谓的道德严峻主义的立场，康德试图从一个人所怀善恶意念的属性上来对这种模棱两可的道德态度进行驳斥。这最终归结为这样一个问题：一个人或善或恶的意念究竟是天生就有的，还是后天获得的。这个问题显然很棘手，可以设想，如果意念是天生的，那么就丧失了自由任性的前提，由于道德无法基于必然性而存在，从而道德上的善恶也就无从谈起；但如果意念是凭借后天因素获得的，那么也就意味着可以对它的主观根据进一步进行追究，从而导致无穷后退，最终道德上的善恶也就只能随意而定。可见，无论选择两者中哪一个，道德善恶的确定性都难以保证。为此，康德对"意念"[25]这个概念做了特别的规定，他说：

---

24 这场争论在当时以谢文郁教授的另一篇文章而暂告一段落。参见谢文郁：《性善质恶——康德论原罪》，《哲学门》总第 16 辑，第 258-276 页。然而，时隔十年，这场关于如何理解康德的本性概念的争论又再次引起了学界的关注，这次思想上的碰撞主要发生在舒远招教授与谢文郁教授之间数次的交流与商榷之中。参见舒远招：《康德的人性善恶论是"性善质恶"吗——对谢文郁教授〈性善质恶——康德论原罪〉一文的商榷》，《中国社会科学评价》2018 年第 4 期，第 86-126 页；谢文郁：《康德宗教哲学的问题意识与基本概念》，《中国社会科学评价》2018 年第 4 期，第 101-113 页。需要在此说明的是，我们接下来所提供的分析思路，很大程度上都受益于谢文郁教授在这两次争论中所做的回应。

25 李秋零将 Gesinnung/disposition 一词译为"意念"。但是谢文郁与邹晓东认为，考虑到这个概念是一个强调内在（或思想）倾向性的概念，译作"意念"会引导汉语读者注重其观念性而忽略其倾向性，因此主张将其译作"意向"。本文在这里所谓天生拥有这种或者那种意念，作为与生具有的属性，在这里也并不就意味着，意念根本不是由怀有它的人获得的。即是说，人不是意念的造成者；而是意味着，它只不过不是在时间中获得的（即人从幼年起，就一直是这样的或者那样的）罢了。意念，即采纳准则的原初主观根据，只能是一个惟一的意念，并且普遍地指向自由的全部应用。但是，它自身却必须由自由的任性来采纳。……关于这种采纳，不能再看出其主观的根据或者原因……由于我们不能从任性的任何一个最初的时间性行为中，引申出这一意念，或者毋宁说引申出它的最高根据。[26]

根据康德的规定，意念既不是天生就存在的，也不是后天学习获得的，而是处于一种这样的悖论之中：虽是天生的但却并非一直就具有，虽是获得的但却并非凭借任何后天的因素。如此一来，人们既不能因为道德是天生的而推卸自己在道德上或善或恶的责任，也不能因为道德是获得的而否认道德所具有的先天规定性。可见，康德对于道德善恶的确定性的维护是通过他对意念概念的特殊规定来实现的。在康德看来，一个人的意念是他在采纳准则时的原初主观根据。这不禁令人感到，康德所提出的意念概念似乎有点多余。我们知道，康德在界定准则概念时，同时赋予其自由任性与终极性的主观根据这两个特征，也即是我们所说的自由与必然的悖论性特征。在这个意义上，我们说，一个人所采纳的准则就等同于他所依据的善观念。于是，我们不禁要问，既然康德已经表明我们不能对一个人采纳准则的更高主观根据继续进行追究，那么为何还要提出意念这个概念，将其说成是准则的原初主观根据呢？如果要使其前后不发生矛盾，我们只能认为，康德之所以提出意念这个概念只是想从内容与目的的层面上对准则进行说明。也就是说，准则与意念实质上处于同一个层面，并不存在逻辑上的前后之分。[27]我们从引文中也可以看到，康德对意念

保留李秋零的译法。参见邹晓东：《本质对本性：主体性自有概念下的心灵改善困境——兼论李秋零译〈单纯理性限度内的宗教〉对康德"本质"概念的误读》，《哲学门》总第 16 辑，第 237-257 页。

26 Immanuel Kant, *Religion within the Boundaries of Mere Reason and Other Writings*, p.50.康德：《单纯理性限度内的宗教》，李秋零译，第 8-9 页。

27 陈晓川强调了意向（意念）所具有的主体性，从而在这个基础上对准则与意向（意念）进行了一定的区分，但并不涉及二者之间的逻辑先后关系。参见陈晓川：《面向恶而实现的自由——康德式善人的维度》，北京：中国社会科学出版社，2015 年，第 88-89 页。

的界定与他对准则的界定在原则上是一致的。

我们看到，康德通过提出意念这个概念，不仅对道德善恶的确定性进行了维护，也从一种内容与目的的层面上对准则进行了说明。准则所兼具的自由与必然的悖论性特征反映在意念的层面上就是获得性与天生性的双重性内涵。天生性自然意味着一个人所具有的本性，但获得性所规定的却是一种可能性。也就是说，一个人所具有的意念，或者他所采纳的准则，实际上正是这个人对他本性的可能性的一种实现。当然，正如康德所强调的，至于为何这个人所实现的本性是这一种可能性而不是那一种可能性，这个问题是不能再继续追究的。因为任何一种可能性的实现都是依据这个人的原初主观根据。在这个意义上，康德将人本性的可能性称之为人的原初禀赋，并将其归纳成三种：动物性的禀赋、人性的禀赋以及人格性的禀赋。根据康德的论述，动物性的禀赋指的是人出于自然的、纯粹机械性的自爱而表现出某些生存本能，主要包括自保性、繁衍性以及社会性；人性的禀赋是指人出于自然的但却有理性参与的自爱，从而基于一种与他人的竞争意识来谋求自身的优势和幸福；人格性的禀赋是指人出于对道德法则的敬重情感，而将道德法则接纳为自己所有行动准则的最高根据。

既然这三种原初禀赋中的任何一种都可以成为一个人的原初主观根据，同时，一个人所采纳的准则既可以是善的也可以是恶的，那么这是否意味着，这三种原初禀赋之间就已经存在善恶之分了呢？我们注意到，尽管康德提出动物性禀赋与人性禀赋都有可能被嫁接某些具有针对性的恶习，但是他却强调这些恶习并非是以禀赋或本性为根源而自动滋生的。也就是说，这些恶习还不能成为禀赋为恶的判定根据。此外，康德在对人格性禀赋的规定中，却明确否决了恶习会随之出现的可能性。甚至一个人在自由任性中对人格性禀赋的采纳还被他规定为具有善的特征。从这个意义上来看，能否实现人格性禀赋的道德目的似乎可以成为禀赋为善的判定根据。然而，由于禀赋只有在被纳入准则时才能实现其目的，因此，就采纳准则所必须的自由任性来说，人格性禀赋显然不能作为唯一或必然的选项。换句话说，人格性禀赋对于一个采纳准则的人来说，只具有一种可能性的意义。而为了维持人格性禀赋的可能性意义，或者说，为了保证自由任性的属性，动物性禀赋与人性禀赋不仅是不可或缺的，而且在自由任性的最大程度上还要求一种与人格性禀赋具有同等的可能性。从这个意义上来看，这些禀赋的善恶属性似乎又是不可分而论之的。下面我们来看康德是如何对这些禀赋的善恶属性进行规定的。他说：

　　　　人身上的所有这些禀赋都不仅仅（消极地）是善的（即它们与道德法则之间都没有冲突），而且都还是向善的禀赋（即它们促使人遵从道德法则）。它们都是原初的，因为它们都属于人的本性的可能性。人虽然可以与目的相违背地使用前两种禀赋，但却不能根除它们中的任何一个。我们把一个存在物的禀赋既理解为它所必需的成分，也理解为这些成分要成为这样一个存在物的结合形式。[28]

　　在康德看来，这些禀赋不仅是善的，而且还是向善的。我们进一步来分析他的理由。显而易见的是，动物性禀赋的自然目的与人性禀赋的幸福目的并不像人格性禀赋的道德目的那样是直接与道德法则相符合的。然而，对禀赋的原初性的规定却不允许我们追究在自然目的与幸福目的之前是否存在违背道德法则的意图。也就是说，即使伴随动物性禀赋与人性禀赋的恶习偶然出现，也仅仅是意味着是对自然目的与幸福目的的违背，我们从中得不出与自然法则相冲突的结论。至于这些禀赋对一个人在遵从法则方面的促进意义，其实我们在上一段的分析中已经给出了理由，即一个人在采纳道德法则时所必须的自由任性，需要这些禀赋构成同等的可能性。也就是说，这三种禀赋在实现道德目的这一终极性方面，都具有不可或缺的意义。可见，这三种禀赋一方面是作为每个人本性中缺一不可的组合成分；另一方面也因其各自不同的原初目的构成了每个人本性的可能性。就这些禀赋所要实现的原初目的而言，它们都是善的。就这些禀赋所共同构成的终极性目的的条件而言，它们都是向善的。

三、趋恶倾向与善恶两可

　　在表明这三种禀赋对于一个人的本性来说都是不可或缺的同时，康德还指出，一个人可以与目的相违背地使用这些禀赋。根据康德的论述，当一个人与目的相违背地使用动物性禀赋和人性禀赋时，会有与之伴随的恶习出现。但我们不得不追问的是，既然这些禀赋都是善的，那么这些恶习来源于何处？为了回答这里的问题，康德接下来引入了"倾向"的概念，他说道：

　　　　我把倾向理解为一种性好（经常性的欲望）的可能性的主观根

28　Immanuel Kant, *Religion within the Boundaries of Mere Reason and Other Writings*, p.52.康德：《单纯理性限度内的宗教》，李秋零译，第12页。

据，这是就性好对于一般人性完全是偶然的而言的。倾向与一种禀赋的区别在于，它虽然也可能是与生具有的，但却不可以被想象为与生具有的，而是也能够设想为赢得的（如果它是善的），或者由人自己招致的（如果它是恶的）。[29]

我们在分析倾向之前，先来关注一下康德所谓的"性好"在这里的含义。根据康德的论述，性好既能够在某种自然属性的意义上成为一个人的主观根据，同时又对于人性来说具有偶然性。可见，性好是一种以禀赋为基础，但又并非呈现为某种必然性的东西。正如康德举例说明的麻醉品，作为一种性好，麻醉品就某种自然禀赋来说，对任何一个人都必然构成某种先天的诱惑力。但是，这种决定麻醉品上瘾的禀赋要成为一个人的准则则完全是出于偶然的。我们知道，尽管这三种具有不同目的的禀赋共存于人的本性之中，但是这并不意味着人需要同时满足这些禀赋的所有目的。事实上，人只能将这三种禀赋中的一种纳入自身准则，从而当他被其中一种禀赋的目的所驱动时，就必然与目的相违背地使用其他两种禀赋。由于每一种禀赋都具有各自所针对的原初目的，因此，就任何一种禀赋对一个人的准则所进行的规定来说，这具有一种必然性。但由于每一种禀赋的可能性在自由任性中都是同等的，因此，就一个人所采纳的是何种禀赋而言，这又出于一种偶然。可见，性好所指涉的正是禀赋对一个人的准则而言所兼具的必然与偶然的特性。

从性好所依据的必然性基础来看，禀赋本身并不能成为善恶判定的根据。但是就性好具体以何种禀赋呈现出来所涉及的偶然性而论，这就为自由任性提供了条件。康德以此为出发点，开始对恶进行界定。他论述到：

> 但是，这里所说的仅仅是那种本真恶或者道德上恶的倾向；由于这种恶只有作为对自由任性的规定，才是可能的，而自由任性又只有通过其准则，才能被判定为恶的或者善的。所以，这种恶必然存在于准则背离法则的可能性的主观根据中……[30]

可见，康德之所以引入倾向概念，旨在通过一种自由任性的环节来处理恶的问题，这同时也将问题指向了人在行使准则时的具体动机。从动机的角度出发，康德设想了三种不同层次的趋恶倾向。第一是指人心或人的本性上的脆

---

29 Immanuel Kant, *Religion within the Boundaries of Mere Reason and Other Writings*, pp.52-53.康德：《单纯理性限度内的宗教》，李秋零译，第 13 页。

30 Immanuel Kant, *Religion within the Boundaries of Mere Reason and Other Writings*, p.53.康德：《单纯理性限度内的宗教》，李秋零译，第 13 页。

弱，也就是说一个人虽然在自由任性中将人格性的禀赋纳入自身的准则，但是却无力将其作为动机；第二是指在道德动机中混杂了其他动机，也就是说一个人尽管做了符合道德法则所要求的事，但是却并非单纯地出于道德动机；第三是指人心的颠倒或人的本性败坏，这种情况是说一个人从意念上将其他动机置于道德动机之上，从而导致他的准则根据从根本上败坏了。不难看出，康德在这里对趋恶倾向所做的划分，为的就是想将这种趋恶倾向归咎在人的责任上。但康德同时还强调，这种趋恶倾向实际上属于人的一种普遍性的自然倾向。他进一步说：

> ……但倘若不是所有准则的主观最高根据与人性自身，无论以什么方式交织在一起，仿佛是植根于人性之中。上述情况就又与恶的普遍性无法协调，所以，我们也就可以把这种倾向称做是一种趋恶的自然倾向；并且由于它必然总是咎由自取的，也就可以把它甚至称做人的本性中的一种根本的、生而具有的（但尽管如此却是由我们自己给自己招致的）恶。[31]

我们看到，康德将趋恶倾向规定为人的本性中一种根本的、生而具有的恶。对此，我们不禁要问，康德为什么在将趋恶倾向归咎于人的责任之后，同时还要再为趋恶倾向赋予某种本性意义上的属性呢？这不是自相矛盾吗？关于这一点，我们需要从两个方面来看。一方面，康德为了使趋恶的倾向在自由任性的前提下得以归咎为人自身方面的责任，从而规定了趋恶倾向所具有的偶然性，或者说可能性。从这个意义上来说，一个人究竟在道德上是向善还是趋恶，这实际上就取决于这个人究竟将何种禀赋纳入自身的准则，或者说，一个人在他的准则中所实现的是何种性好。另一方面，康德为了使现实中普遍存在的恶得到有效的说明，从而又不得不将趋恶倾向归结为人的自然属性。这也就意味着，康德需要为趋恶倾向从人的原初禀赋中寻求某种根据。他对此解释道：

> 道德法则是借助于人的道德禀赋，不可抗拒地强加给人的。而且，如果没有别的相反的动机起作用，人就也会把它当做任性的充分规定根据，纳入自己的最高准则，即，人就会在道德上是善的。不过，人由于其同样无辜的自然禀赋，毕竟也依赖于感性的动机，

---

31 Immanuel Kant, *Religion within the Boundaries of Mere Reason and Other Writings*, p.56.康德：《单纯理性限度内的宗教》，李秋零译，第18页。

并把它们（根据自爱的主观原则）也纳入自己的准则。但是，如果
他把感性的动机，作为本身独立地规定任性的东西纳入自己的准则，
而不把道德法则（这是他在自身之中就拥有的）放在心上，那么，
他就会在道德上是恶的。[32]

在康德看来，道德上的善恶（尤其是遵循道德法则的善）首先是以禀赋为
基础的，这是人能否实现道德的先决条件。这具体表现为这些禀赋以某种动机
的形式被一个人纳入自身的准则。而道德上善恶的决定条件则在于禀赋具体
以何种动机构成一个人的最高准则。如果这个最高准则是由人格性禀赋所规
定的道德法则而构成，那么这个人就在道德上是善的；如果这个最高准则是由
自然禀赋所依赖的感性动机而构成，以至于将道德法则置之不理，那么这个人
就会在道德上是恶的。基于我们在前述中的分析，每一种禀赋就人的本性而言
都是缺一不可的。由此，这些禀赋所提供的所有动机，无论是道德法则，还是
感性动机，它们在一个人的身上始终是共存的。接下来的问题是，这些存在差
异但又共存的动机具体是如何构成人的准则的呢？我们注意到，康德在提出
所谓的"最高准则"时，也就意味着还有其他较低的准则。考虑到这些动机并
非一致，而人的每一种动机似乎都可以独立地成为某种准则。因此，人就会拥
有各不相同的准则于一身。正如一个在道德上是善的人，尽管他的最高准则是
道德法则，但是这并不意味着他就因此避免了那些基于感性动机的其他准则。
同样的，一个在道德上是恶的人，在他将感性动机纳入自身的最高准则时，也
并不意味着他就因此丧失了道德法则。沿着这个思路来看，康德似乎倾向于为
人建构某种高低程度不同但又必须共存的准则集合。

根据康德对道德上善恶的判定，那些在准则上以实现道德法则为动机的
人就在道德上是善的，而那些在准则上以满足感性目的为动机的人就在道德
上是恶。然而，由于每个人既不能彻底根除感性动机，也不会完全丧失道德法
则。如果我们沿着前面的分析思路，每个人必定是集各种善恶的准则于一身。
由此，这必然将得出一个人既是善又是恶的推论。显然，这与康德所贯彻的道
德严峻主义立场是相违背的。事实上，康德在意识到了这个可能导致的推论之
后，便将道德上的善恶说明从单个动机的角度转向了所有动机所构成的整体
结构上，他接着说：

---

32 Immanuel Kant, *Religion within the Boundaries of Mere Reason and Other Writings*,
  pp.58-59.康德：《单纯理性限度内的宗教》，李秋零译，第 22 页。

因此，人是善的还是恶的，其区别必然不在于他纳入自己准则的动机的区别（不在于准则的这些质料），而是在于主从关系（准则的形式），即他把两者中的哪一个作为另一个的条件。因此，人（即使是最好的人）之所以是恶的，乃是由于他虽然出了自爱的法则之外，还把道德法则纳入自己的准则。但在把各种动机纳入自己的准则时，却颠倒了它们的道德次序。[33]

我们从这里看到，康德实际上已经放弃了之前所倾向的"准则集合"的设想，而将道德上的善恶说明诉诸各个不同的动机在整体上所构成的某一种准则的特征。也就是说，准则不再是由某个单一的动机来构成，而是源于这些不同的动机所构成的某种关系。根据康德的论述，这种结构具体体现为动机之间的主从关系。进一步，他将道德法则主导感性动机的关系确立为正当的道德次序，而将道德法则附从感性动机的关系认定为颠倒的道德次序。如果一个人所采纳的准则符合了道德次序，那么他就在道德上是善的。如果一个人所采纳的准则颠倒了道德次序，那么他就在道德上就是恶的。一般地，就道德上的恶来说，我们应该继续追问一个人在颠倒道德次序时的原因与根据。但是，由于准则在康德的规定中是无法继续追究的，因此，对道德上恶的判定只能以某种构成准则的动机关系为最终根据。不过，由于动机毕竟根源于禀赋的原初目的，而所有的原初禀赋都属于人的本性的可能性。因此，相对于人的本性的可能性而言，由动机关系所构成的或善或恶的准则也就可以被看做是人的本性的现实性。

总的来看，在康德试图为准则所具有的自由与必然的悖论性提供进一步说明的同时，实际上也为人的本性建构了一种两个不同层次上的理论说明。首先，康德为了确保道德上的善恶之分，从而基于意念的双重性特征推导出人所拥有的三种禀赋。一方面，他根据意念的天生性确立了禀赋的原初性，从而使这些禀赋得以避免沦为与道德法则相违背的动机；另一方面，他又根据意念的获得性为禀赋的落实增设了一个自由任性的环节，这不仅决定了这三种共存的禀赋具有同等的可能性，而且也为所有禀赋确立了一种可能性意义上的善。接着，康德引入了倾向概念来说明恶的普遍存在问题。他为了使恶的倾向兼具自由任性与自然属性这两项特征，在强调了禀赋需要在动机的层面上首先获

---

33 Immanuel Kant, *Religion within the Boundaries of Mere Reason and Other Writings*, p.59.康德：《单纯理性限度内的宗教》，李秋零译，第 23 页。

得现实性的意义之后，便将人在道德上的恶归结为一种动机层面上的结构性谬误，也即是在所采纳的准则中对道德次序的颠倒。由此可见，在康德关于人的本性的谈论中，禀赋所对应的实际上是一种生存的可能性，这无疑是纯善的。而倾向所对应的则是一种生存的现实性，这既可以是善的，也可以是恶的。

不过，需要我们注意的是，从逻辑形式上来说，康德所谈论的善（禀赋）与恶（倾向）可以直接呈现为一组对立性的概念。然而，就人生存的意义而论，禀赋（可能性）与倾向（现实性）并不能同时呈现在我们的生存意识之中。换句话说，康德实际上并不是在同一个层次上界定禀赋与倾向这两个概念的。从这个意义上来看，康德所谓的心灵改变并非单指倾向层面上的变化（习俗的改变），而是旨在实现一种从倾向向禀赋的"回归"。这里的问题也就可以归结为：如何在现实性中（或善或恶）重获生存可能性（纯善）。换句话说，如何实现两个不同层次上的生存转换。

分析到这里，我们需要暂时停下脚步。事实上，相对于将心灵改变作为一个宗教哲学问题的纯粹揭示，康德在理性建构的这条路上显然已经走了很远。从思想史上的发展来看，后续的思想家大都倾向于接受康德所确立的一种基于理性建构的思路，并在这个起点上继续前进。但与此同时，也有少数的思想家并没有急于去接手康德尚未完成的建构性任务，而是回到康德所揭示的心灵改变这一宗教哲学问题本身中来，并将其作为重新出发的起点。但不可否认的是，如果单从思想史的主流性呈现来看，由康德所确立的主体理性主义似乎已经成为大势所趋，而对于其他的不同思路的提出，特别是我们上述所提及的新起点，往往会遭到强烈的排斥和压制，甚至很容易就会被视为某一种"异端邪说"而遭到忽视。为了能够在最大程度上排除一些不必要的偏见，在我们从康德之后的西方思想史中追踪上述这一新起点之前，我们想先插入一段东西方文化交流史上关于心灵改变这一宗教哲学问题的讨论，以此来表明，上述所提及的新起点其实在东西方思想史上都有其明显的线索可循。

为了使即将插入的这段东西方文化交流史与我们上述的讨论在概念界定和分析思路方面能够有所契合，我们有必要在此先提供一些铺垫性的说明。明末清初，在传教士利玛窦与当时中国的中士所代表的东西方文化之间，发生了一次激烈的思想碰撞。我们想呈现的是双方在《天主实义》第六篇中的一场争论，主要是双方围绕张载的"无意为善"这一思想而进行的。"为善"困境的背后所反映的是如何在生存中实现弃恶从善的问题意识。这与我们所谈论的心灵改变这一生存关注是一致的。据前述，康德关于心灵改变的论述同时存在着"分析"与"建构"这两个维度。这与张载提出"无意为善"时的思想方式是极为相近的。原本二者在对这两个维度的转换方面都是相对隐秘的，但是后者思想中的两个维度的问题在经过了利玛窦与中士之间的这场争论之后，却被极大地凸显出来了。更重要的是，在这场极具"化学效应"的思想史争论中，我们在上述所提到的那个新起点，最终在中国思想史的资源中得到了呼应。

第三节　寻找生存出发点

在《天主实义》第六篇，中士和利玛窦[34]围绕"为善"问题，展开了一场以"利"与"仁义"、"无意"与"正意"为核心的争论。如何"为善"是双方共同的问题关注。一方面，"善之生存"[35]意味着生存起点的普遍向善性，即每一个人都只会按照自己眼中的"善观念"行事。尽管每个人的"善观念"存在差异甚至截然对立，但是这种生存冲动对于每个人的生存来说却是不可或缺的。另一方面，"生存之恶"代表着生存进程中所遭到的压制和扼杀，即那些与良好期望背道而驰的生存恶果。然而，每一种生存之恶，都可以追溯到与之对应的每一个"善观念"这个源头。由于我们既不能为了避免"生存之恶"而否定所有的"善观念"，也不能为了维持"善之生存"而固执于某个"善观念"，因此，这里所反映的两难实则向我们揭示了"为善"背后的认识困境。在这一节的讨论中，我们将以上述中"为善困境"的问题意识为线索，一方面，揭示利玛窦与中士在处理这一困境时所存在的不足与缺陷；另一方面也将进一步挖掘与展现儒家思想资源中的可鉴之处。

---

34 谭杰经过考辨之后认为，《天主实义》第六篇可能反映的是利玛窦与章潢在南昌的一次对话。参见谭杰：《〈天主实义〉之成书过程再考辨》，《北京行政学院学报》2013 年第 4 期，第 124-128 页。尽管《天主实义》在文字上表现为西士与中士个体之间的对话，但正如冯应京在引言中所指的"大西国利子及其乡会友与吾中国人"，这场对话实际上反映的是两个群体之间的思想碰撞。考虑到利玛窦始终都作为西士群体的鲜明代表，而中士群体中的可考人物却存在多位，故我们在行文中将对话双方表述为"中士与利玛窦"。

35 谢文郁从生存的角度将"人皆求善"所代表的生存倾向称之为"生存即善"。本文在相同的意义上使用"善之生存"这一提法是为了与"生存之恶"相对应。参见谢文郁：《善的问题——柏拉图和孟子》，《哲学研究》2012 年第 11 期，第 89-94 页、93 页。

一、建构还是解构

我们先来看为善困境在这场争论中的具体表现。在《天主实义》第六章的开篇，中士首先向利玛窦提出质疑：

> 承教，一则崇上帝为万尊之至尊，一则贵人品为至尊之次。但以天堂地狱为言，恐未或天主之教也。夫因趣利避害之故为善禁恶，是乃善利恶害。非善善恶恶正志也。[36]

我们注意到，中士似乎对于天主教的"神-人"关系理念并无太大异议，但对天堂地狱之说却充满质疑。也许有人会问，中士既然对于上帝之说是承认的，那为何不接受天堂地狱之说呢？这个问题实际上反映了生存悖论与不同生存意识之间的关联。这里的"为善"并不能简单地等同于行善事，也不是对善仅限于理念层面的设想，而是在生存悖论的意识下，要求对一种终极性的"善"进行孜孜不倦地追求，我们可以将所有为此的追求方式称之为"求善之路"。生存悖论的直接诉求在于实现善之生存、避免生存之恶。而求善困境的出路和求善之路的目标都共同指向一种终极性的善。我们知道，尽管不同的生存意识决定不同的求善之路，但是从善所指向的一种终极性的意义上来说，"天-人"和"神-人"两种理念之间在某种程度上还是契合的。因此，这一点并没有引起中士的强烈反对。然而，问题一旦关涉到"求善之路"，中士的立场就变得鲜明起来。在中士看来，天堂地狱之说实际上是意味着把对利害的追求等同于对善的追求，而这一点与中士的既有理解体系存在明显冲突。中士认为，将"趣利避害"作为生存出发点，尽管也会在一定程度上达到"为善禁恶"的现实效果，但这在本质上只是从一种善观念到另一种善观念的调换过程，永远无法达到"喜爱善、恨恶恶"的终极性目标。[37]可见，天堂地狱之说之所以遭到中士这么强烈的质疑，并不在于这一说法的内容本身，而是在于这一说法在实质上是将利害设定为求善之路的生存出发点。

中士将生存出发点的根据转向了儒家经典：

> 吾古圣贤教世弗言利，惟言仁义耳。君子为善无意，况有利害

---

36 〔意〕利玛窦：《天主实义今注》，〔法〕梅谦立注，谭杰校，北京：商务印书馆，2015 年，第 159 页。

37 事实上，只要尚未意识到善观念之间的张力问题，无论是儒家所谓的"善善恶恶之正志"，还是西士所谓的"天堂"，都必然会成为各自关于终极之善的评判标准。试想，如果中士直接将自己的善观念等同于终极之善本身，那么他必然会将西士所谓的"天堂"之说看作为一种对终极之善的窜改和谬误。反之于西士亦然。

之意耶？[38]

中士明确指出，"仁义"才是求善之路的生存出发点。但是接下来，中士除了表明"利"是"仁义"的对立面之外，并没有对"仁义"进一步界定，但是在文字的表述上，似乎将"仁义"与"无意"关联起来。我们注意到，中士将"利害之意"与"无意"对立起来。逻辑上，"无意"的对立面不只是"利害之意"，还应包括"其他之意"。在"有意"的范畴内，"其他之意"与"利害之意"之间可以是一种在类别上或程度上的区别，而"无意"与"利害之意"之间却缺乏直接的可比性。相应的，同样处于对立关系中的"仁义"与"利害之意"，它们之间的关联也并非是直接的。"仁义"既可以作为一种在程度或类别上区别于"利害之意"的"正意"，也可以作为脱离于整个"有意"范畴的"无意"。前者强调对生存出发点的调换，后者强调对生存出发点的否定。值得注意的是，这种在解读上的两可性，也正是中士和利玛窦在争论中各自所采取的逻辑起点。我们从后续的对话中可以看到，利玛窦根据的是前一种解读，即坚持以"仁义"为"正意"，我们称之为"正意"的建构思路。而中士实际上要表达的是后一种解读，主张以"仁义"为"无意"，我们称之为"无意"的解构思路。

在"正意"的建构思路中，利玛窦同时在两种意义上将"利"设定为一种整体性的范畴。如果在价值判断的意义上区分这个范畴，那么"利"就是作为"意"在类别上或程度上的一种单位变量；如果在生存的意义上强调这个范畴的普遍性和必要性，那么"利"就代表着普遍且必要的生存倾向，也就是本性冲动或生存激情。面对中士对"利"的否定态度，利玛窦指出：

> 人孰不悦利于朋友？利于亲戚？如利不可经心，则何以欲归之友亲乎？仁之方曰：不欲诸己，勿加诸人。既不宜望利以为己，犹必当广利以为人。以是知利无所伤于德也。利所以不可言者，乃其伪，乃其悖义者耳。[39]

利玛窦在这里强调的是，没有一个人的生存不是以某种"利"作为出发点的。但同时他也承认，不同的"利"在价值判断的意义上是存在差异的，例如有"己利"和"广利"之分。不过，不同的"利"之间的差异必须限制在"利"的范畴之内进行区分。在这个意义上，"利"在本质是一种不带价

---

38 利玛窦：《天主实义今注》，第 159 页。

39 利玛窦：《天主实义今注》，第 165-166 页。

值取向的本能范畴。"知利"就代表获得了生存出发点。如果彻底否定"利"，那么就意味着将丧失生存出发点。可见，尽管利玛窦并不否认"利"有时会被赋予某种价值取向，但在根本上，他将"利"等同于生存不可或缺的前提和动力。

基于对"利"这样的理解思路，利玛窦对"仁义"进行了解读：

> 孟轲首以"仁义"为题，厥后每会时君，劝行仁政，犹以"不王者，未之有也"为结语。王天下顾非"利"哉？[40]

利玛窦通过将"王天下"归属在"利"的范畴之内，抹消了在"利"和"仁义"之间本质上的不同，而仅仅将两者归结为一种在程度或类别意义上的差异。既然"行仁政"本质上也是以"王天下之利"作为生存出发点的，那么在"利"的范畴内，"仁义"就成为了一种以"利"为单位变量而达到的某个临界值。值得注意的是，在利玛窦那里，这个关于"仁义"的临界值并没有终止，而是继续扩展到"来世之利"的终极临界点，从而最终建构起从"现世之利"到"来世之利"完整的量变区间。利玛窦对此的具体论证是这样：

> 论利之大，虽至王天下，犹为利之微。况战国之主，虽行仁政，未必能王；虽使能王，天下一君耳。不取之此，不得予乎彼，夫世之利也如是耳矣。吾所指来世之利也，至大也，至实也，而无相碍，纵尽人得之，莫相夺也。[41]

可见，利玛窦虽然揭示出"现世之利"的某种有限性，但同时又强调"现世之利"与"来世之利"之间的必要性关联，最后在这种必要性关联的两个端点上依次设定了生存出发点和终极之善，即从"现世之利"到"来世之利"。

利玛窦关于"利"的理解和思路，实际上是源于他从本性冲动或生存激情中所体验到的生存张力。也就是说，这种本性冲动或生存激情既是善之生存的源动力，又是生存之恶的驱动力。但很显然，利玛窦在这种张力的体验中首先意识到的是本性冲动或生存激情对于维系生存的必要性。在这种生存意识的主导下，利玛窦摆脱生存张力的方式就在于将本性冲动或生存激情重新定位于"来世之利"的方向上。利玛窦通过对"现世之利"和"来世之利"的建构，既确保了本性冲动或生存激情的始终在场，又在善之生存和生存之恶的对立之间打开了一条贯通之路。当这些铺垫都做好了之后，利玛窦

---

40 利玛窦：《天主实义今注》，第 165 页。
41 利玛窦：《天主实义今注》，第 166 页。

便将"正意"，即由天主教所提供的一套观念对象或者知识体系，设定为新的生存出发点。

那么，中士能否对利玛窦关于"现世-来世"的这套建构方案满意呢？我们来看中士的回应：

> 行善以致现世之利、远现世之害，君子且非之；来世之利害又何足论欤。[42]

可见，中士非但不认可利玛窦所设定的"来世之利"，而且对于"现世之利"和"来世之利"之间关系的看法与利玛窦是截然相反的。对于利玛窦来说，"现世之利"在某种程度上可以理解为一种求善的手段或者途径，"来世之利"才是终极性的生存目标。因此，"来世之利"远比"现世之利"更为重要，更为终极。而在中士的思路中，追求"现世之利"已非属君子所为，而追求"来世之利"则比非君子所为更为不堪。也就是说，在中士的眼中，尽管"现世之利"和"来世之利"都是不应该追求的目标，但相比之下，追求"来世之利"比追求"现世之利"在不当的程度上更甚。结合前面的分析，我们看到，中士对于"利"的否定是异常坚决和彻底的。然而，他对于"利"的否定并非仅仅是一种在概念意义上的固执，而是基于一种强烈的生存意识。中士所面对的生存张力主要集中在善观念上。一方面，每个人的生存出发点都离不开善观念的自主设定；另一方面，每个人所设定的善观念本质上都是利己之私，最终都将损害生存。在这种生存意识的主导下，中士解决生存张力的方法就是阻止利己之私成为每个人的生存出发点。中士之所以主张将"仁义"作为每个人的生存出发点，是因为他试图采用一种具有终极性的指向来使得生存出发点免于落脚在私利之上。同样是在一种生存悖论的张力中寻找出路，与利玛窦偏向建构的思路不同，中士则偏向了另一端，即为了彻底取消私利，索性主张"无意"的解构思路。从"仁义"到"无意"实际上都是中士在解构思路上的一种贯彻。

总之，从生存意识的角度来看，中士和利玛窦之间的争论可以归结为双方的生存出发点之争。利玛窦所建构的"正意"成为新的生存出发点，虽然能够保持本能冲动或生存激情，但每一个人都可以按照这样的思路将自己的生存出发点奉为"正意"。这样做看似是在正本清源，实则只是善观念之间的一种调换。中士在对"利"进行彻底解构的同时，实则是对一切善观念的解构。但

---

42 利玛窦：《天主实义今注》，第168页。

如此一来，我们也就丧失了必要的生存出发点。人们通过放弃自己的善观念而换来的某种共同的终极性的指向往往是缺乏现实性和实在性的。逻辑上，这两种生存起点是一种非此即彼的对立性关系。但在生存的意义上，这二者实际上共同构成了一种辩证性的生存张力，并在根本上推动着我们的生存。当然，在多数情况下，人们往往为了摆脱这种生存张力，从而走向了一种顾此失彼的生存极端。但这样一来，弃恶从善的生存诉求也将随着生存张力的消解而一同被取消了。由此可见，尽管中士与利玛窦都意识到求善困境并试图寻找出路，但从其回应来看，二者最终都过于匆忙将生存张力取消了。

二、"利"与"仁义"之间的生存张力

从《天主实义》的文本内容来看，中士在对利玛窦的回应上确实有失偏颇，但是中士所引用的关于"利"与"仁义"的思想资源却值得我们进一步追踪与挖掘。让我们回到与之相关的原始语境中来：

> 孟子见梁惠王。王曰："叟不远千里而来，亦将有以利吾国乎？"
>
> 孟子对曰："王何必曰利？亦有仁义而已矣。王曰'何以利吾国'？大夫曰'何以利吾家'？士庶人曰'何以利吾身'？上下交征利而国危矣。"[43]

孟子指出，无论是王、大夫还是士庶人，他们各自所追逐的"利"，实质上都是为了私己国、私己家、私己身。总而言之，"利"的本质就是"私己"。表面上看，孟子在这里批判的对象是针对梁惠王狭隘的国家主义，但是作为一种情词迫切的生存警告，这也透露出孟子对"利"所导致的普遍性的生存之恶的强调。"利"不单能导致"国危"，更是一种遍及国、家、个人的全面性的生存危机。如果孟子关于"利"的看法只是强调否定性的一面，那么就与中士的理解并无不同。然而，孟子对"利"的解构并非像中士那样单纯为了否定，而是旨在呈现某种肯定性的指向。孟子在后半部分对梁惠王说：

> 万乘之国，弑其君者，必千乘之家；千乘之国，弑其君者，必百乘之家。万取千焉，千取百焉，不为不多矣。苟为后义而先利，不夺不餍。未有仁而遗其亲者也，未有义而后其君者也。王亦曰仁义而已矣，何必曰利？[44]

---

43 《孟子·梁惠王上》。
44 《孟子·梁惠王上》。

孟子强调"仁"是利其亲者的生存出发点，"义"是利其君者的生存出发点。但是我们注意到，"不遗其亲"正是"利吾家"的直接表现，而"不后其君"又与"利吾国"在实质上同属于相同的出发点。也就是说，这里的"仁义"既作为"利"的对立面，又同时与"利"在生存出发点的意义上合而为一。这里看似前后矛盾的地方，实则反映了孟子对于生存张力的深刻体验。孟子观察到，"利"除了作为一种在价值取向意义上的判断对象之外，还隐含了一个关于生存倾向的普遍性事实，那就是"人皆求利"的本能冲动或生存激情。换句话说，在"人皆求善"的生存意识中，"利"在脱离价值判断的情况下实际上就表现为每个人在各自生存起点上的"善观念"。就一种普遍的生存倾向来看，"人皆求利"与"人皆求善"一样，都是"善之生存"，二者并无区别。当然，一旦把"人皆求利"落实到现实社会中，势必就会引发"上下交征利"的局面，最终必然导致国危、家危、身危的生存之恶。在这个意义上，"利"又作为生存之恶的源头。以上就是孟子对"利"所具有的辩证性的一种生存体验。因此，基于这样的一种生存体验，孟子眼中的"利"，并不仅仅特指某些具体的私己现象，而且还同时代表一种只以自己的善观念为出发点的生存方式。也就是说，"利"一方面是为了避免生存之恶而应该摒弃的对象，但另一方面它又是维持"善之生存"所必须的本能冲动或生存激情。

为了解决"利"在生存体验中的这种张力，孟子提出"仁义"概念来对"利"进行解构。在当时的语境中，"仁"强调了一种相对于个体而言的社会性要求和转向，"义"代表了一种相对于"礼崩乐坏"之现状而言更为合宜的方案。"仁义"可以大致理解为一种合宜的社会关系。[45]也就是说，由于"利"的私己性缺乏社会关系的考量，从而导致生存之恶。因此，"仁义"的概念是相对于"利"的私己性而提出来的。尽管相对于每一种具体的"利"之私己性，都有一种"仁义的"具体方案与之对应。但由于孟子所获得的关于"利"的辩证性的生存体验，因此，"仁义"本身并非直接等同于一种可得的具体方案，而是作为一种针对私己之利的辩证性环节。每一次"仁义"对"利"进行解构的同时，"仁义"都会保留"利"之中的本能冲动或生存激情，以此重新指向那终极之善。由于"仁义"获得了一种关于善的终极性指

---

45 谢文郁结合词源学和语境的角度对"仁义"的内涵进行了深入地分析，认为"仁义"即为"合适的社会关系"。但同时强调，"仁义"在本性之善的意义上，是作为一种生存出发点来讨论的。参见谢文郁：《善的问题——柏拉图和孟子》，《哲学研究》2012 年第 11 期，第 89-94 页。

向，从而具备源源不断的更新和活力，因此得以避免沦为另一个"礼崩乐坏"的生存之恶。所谓"由仁义行，而非行仁义也"[46]，也在某种程度上表明孟子对于"仁义"作为这种辩证性环节的强调。

总的来说，"利"与"仁义"之间辩证性的关系构成了孟子所体验到的生存张力，这种生存体验使得孟子意识到了一种生存出发点的两难困境：他既不能简单地把"利"归结为"仁义"的绝对对立面，否则"仁义"的生存出发点将无处可寻；同时，"仁义"又绝不能完全等同于"利"本身，否则的话，就会导致私利横行无阻，生存之恶加剧。也就是说，孟子始终使自己小心游走于这种生存张力之中，从而避免落入张力关系中的任何一边。由此可见，尽管中士和利玛窦也感受到了一定的生存张力，但是相较于孟子，二者的体会还远不够深刻。中士只是感受到了"仁义"对于"利"的解构力量，但是却忽略了"利"之中的本能冲动或生存激情也是"仁义"所必需的。利玛窦虽然注意到了"利"与本能冲动或生存激情的关联，但却尚未意识到"利"有解构的需要，最终将生存张力简单地处理为一种对生存出发点的调换。

三、从"无意"到"本性"

中士在"仁义"与"无意"之间的同义调用，体现了一种从儒学经典向理学传统的概念的贯通和生存意识的传承。中士所谓"为善无意"的这种提法，来自于张载在《正蒙》中的一处表述：

> 有意为善，利之也，假之也；无意为善，性之也，由之也。[47]

我们知道，由于每个人都以自己的善观念作为生存出发点，因此，人们所有的生存出发点都可以归结为"有意"的某种形式。在这个意义上，"有意"实际上代表了一种以自己的善观念为出发点的生存状态，而这反映的正是人们的一种生存常态。需要注意的是，张载在这里正是想要对这种生存常态进行解构。我们指出，从生存意识的角度来看，张载之所以这么做是在于他从这种生存常态中体会到的辩证性张力，即"有意"一方面作为每个人必要的生存出发点，另一方面又是一切生存之恶的根源。基于这种张力意识，张载试图以"无意"对"有意"进行解构。[48]

---

46 《孟子·离娄下》。

47 《正蒙·中正》。

48 宁新昌通过追踪孟子"性善论"的本能意义来为张载的"无意"提供立论。然而，他未注意到，"性善论"本身并非是自足的，其本能意义需要回到生存张力中来

　　事实上，张载的解构方案并非个人独创，而是始于宋代理学关于道德实践的一场重要争论。[49]为了厘清"无意为善"具体是如何从生存意识中呈现出来的，我们有必要继续追踪更早的儒学渊源。"无意"最早可追溯到孔子的"毋意"。[50]在文本内容上，"毋意"只是"四毋"之一。从生存分析的角度看，"四毋"尽管各有所指，但是最终都可以归结为善观念的问题。孔子的意图就是劝诫人们不要对自己的善观念固守僵化。尽管针对如何重构生存出发点的问题，我们并没有关于孔子就此更多的文本线索。但是就思想史的连贯性来说，我们有理由相信，孔子对生存悖论是有所体会的。也就是说，张载从孔子那里所继承的，并非一种单纯概念上的提法，而是源于一种生存意识上的共鸣。

　　中士在面对利玛窦提出的"诚乃儒家之正意"的观点时，以"毋意，毋善毋恶"[51]作为回应。也就是说，中士这一次的解构是从善观念推进到善恶的价值判断本身。然而，尽管在解构的程度上有所深化，但是中士并没有将"诚"与"意"之间的生存张力引入讨论，[52]从而导致自身的反驳缺乏力度。利玛窦之所以将"诚"解读为"正意"，在于他对本性之善与善观念之间的生存张力缺乏体会。事实上，所谓的"正意"无非是出自于某种自以为是的"善观念"，并将这种"善观念"等同于"本性之善"。

　　孔子的"毋意"之说也许尚有许多讨论空间，但是张载在沿用这一概念时，实际上已经融入了自身的张力意识：

　　　　毋意，毋常心也，无常心，无所倚也。倚者，有所偏而系着处也，率性之谓道则无意也。性何尝有意？[53]

　　　　处理。参见宁新昌：《从道德无意识看张载的"无意为善"》，《渭南师专学报（综合版）》1990 年第 2 期，第 63-66 页。

49　王见楠等人将"无意为善"所涉及的意识有无问题归结为"渐修"与"顿悟"之争。这虽然对"有意"与"无意"之间的张力有所揭示，但尚未触及生存意识的分析。参见王见楠、陆畅：《宋代理学中"无意"问题之考辨》，《南昌大学学报（人文社会科学版）》2015 年第 6 期，第 21-26 页。

50　《论语·子罕》："子绝四：毋意、毋必、毋固、毋我"。

51　利玛窦：《天主实义今注》，第 160 页。

52　谢文郁通过对"诚"这种情感的认识论分析，揭示了本性之善和善观念之间的生存张力。一方面，本性之善是求善之路的终极指向，只能在"诚"中自我呈现；另一方面，善观念是求善之路的必经环节，但若执着于此，将不可避免地脱离"诚"而导致自以为是。参见谢文郁：《〈中庸〉君子论——困境和出路》，《文史哲》2011 年第 4 期，第 17-19 页。

53　《张子语录·语录中》。

我们注意到，在张载对"毋意"的界定中，除了保留解构性之外，还引入了"性"这个概念。按照张载的说法，"无意"的这种生存状态等同于"率性之道"。在生存出发点的意义上，张载用"性"来界定"无意"。在前面的分析中，由于中士是在一种纯粹解构的意义上使用"无意"的，从而激发利玛窦对生存出发点的丧失问题产生强烈的质疑。但在张载看来，尽管"无意"这种生存状态是一个不断对生存出发点进行解构的过程，但是解构所指向的目标是不断对"性"的回返。由于"性"能够对人的生存发挥"由之"、"率之"的引导功能，因此，作为一种在对"意"的解构过程中所呈现出来的结果，"性"才是张载最终要把握的生存出发点。与"意"不同的是，"性"这个生存出发点所导向的是一种自发的、不受条件决定的生存状态。对于理学传统来说，"无意"作为一种儒释道所共通的"遮诠之法"，[54] 旨在清除对生存倾向的外在性的遮蔽和主观性的误导，从而恢复生存倾向原初的自由和自主。

既然"性"可以驱动一种原初的自由自主的生存倾向，那么作为生存出发点的"性"就必须是善的。逻辑上，如果"性"是恶的，那么自由自主的生存倾向就会遭到破坏；如果"性"是可善可恶的，那么自由自主的生存倾向也得不到保证；如果"性"是既不善又不恶的，那么它就根本无法作为生存的出发点。尽管"性善论"可以在纯粹的推论中呈现，但是对于张载来说，"性善论"在根本上是由一种特定的生存意识所推动的。[55]根据张载的思路，"无意为善"旨在以"性"取代"意"作为生存出发点。但是，"性"不是可以直接获得的，而是在对"意"解构的过程中呈现的。这里的辩证性在于，"性"被呈现出来的过程恰恰又是一个生存出发点不断丧失的过程。为了避免生存之恶，对"意"进行解构是必须的；同时，为了不丧失生存出发点，就需要在对"意"的解构中来重新设定。在这样一种生存意识的推动下，张载的"无意"实际上并不是针对生存出发点的一种全面解构，而是旨在重构一个新的生存出发点。在张载的界定中，"意"是导致生存之恶的生存出发点，而"性"则是恢复善之生存的生存出发点。就两个过程的同一性而言，张载的"无意"既

---

54 王见楠、陆畅：《宋代理学中"无意"问题之考辨》，《南昌大学学报（人文社会科学版）》2015 年第 6 期，第 21-26 页。

55 金银润指出了一种在"气质之性"与"天地之性"之间的逻辑困境，这反映出从纯逻辑的角度来理解张载的"人性论"是有局限性的。参见金银润：《去恶成性及其内在困境——张载的人性论探析》，《河南师范大学学报（哲学社会科学版）》2011 年第 5 期，第 15-19 页。

是对以"意"为生存出发点的解构，同时又是以"性"为生存出发点的重构。从这个意义上来说，张载的"性善论"也正是基于他对生存张力的深刻体验。

做个小结。为善困境是中士和利玛窦共同的问题意识。在这场争辩中，中士由于意识到善观念是生存之恶的源头，故而强调对生存出发点的解构。利玛窦由于意识到善观念是善之生存的动力，故而坚持对生存出发点的建构。由于对生存张力的体会和认识不足，双方均武断地将一种原本辩证性的关系处理为一种纯粹的对立性的关系。随后，我们在对原始语境的追溯中看到，孟子的"仁义"与张载的"无意"实际上都是基于对生存张力的深刻体验从而将为善的出路首先诉诸一种解构，但与此同时，二人也都试图从人的原始性生存的纯善性这一点来重新确立一个新的生存出发点。不过，从逻辑上来看，一旦将生存出发点落脚在人的纯善本性之上，那么也会引发一种"求善"与"本善"之间的悖论：如果本性原初是善的，那么就不需要再去求善；如果追求善成为一种必要，那么本性为善也就失去了实质性的意义。事实上，单从"为善"出路的设定上来看，这种"性善论"的思路与康德关于心灵改变的理性律构可谓是极为接近的。

此外，如果我们充分注意到利玛窦与中士关于建构与解构这两种起点上的争论，那么我们就不难发现，尽管中士在理解张载的"无意为善"时有所偏颇，但同时也突出了张载思想中一个重要的解构性因素。这个解构性因素不仅是作为前提性的环节，而且在某种意义上也呼应了我们在前述中所提到的那个不同于理性建构的新起点。

在下一章中，我们将再次接续康德之后的西方思想史的发展脉络，追踪施莱尔马赫是如何引入了一个不同于理性建构的新起点的。

第三章 接受性主体的回归——施莱尔马赫对生存意识的分析

　　学界有一个现象值得我们注意，人们往往倾向于直接追随康德为实现心灵改变的实现所确立的建构性思路，但是对于他所揭示的作为一个宗教哲学问题的心灵改变本身却缺乏足够的重视。这一现象所反映的便是近代主体理性主义在整个思想界所占据的统摄性地位。不过，从西方近代思想史的发展来看，沿着康德所建造的思想地基出发，实际上发展出两支截然相反的思想脉络：一则是沿着康德理性建构的思路不断强化壮大，黑格尔可谓集大成者；另一则是回到"原问题"，并致力于对另一个新起点的确立，施莱尔马赫正是这一思路的重要开创者。我们知道，黑格尔与施莱尔马赫在他们所同时生活的时代中，在诸多意见上都表现得针锋相对。不过，我们这里不拟对二人之间具体的思想分歧展开讨论，而是旨在展现二者在思想上的分野实际上可以在康德这里找到共同的问题史渊源。进一步说，我们在这一章主要讨论的问题是，施莱尔马赫是如何在康德原本应该停下来的地方重新向前的。

　　面对由康德所揭示的心灵改变这一宗教哲学问题，相对于近代主体理性主义为认识者所确立的绝对自主性，施莱尔马赫则试图为认识者寻求一种新的认识起点。在这一章中，我们将首先通过对施莱尔马赫早期思想探索的追溯与剖析，以此来揭示他的整个敬虔学说是如何与康德在问题意识上是具有共享性和接续性的。其次，我们将追踪施莱尔马赫对一般的生存意识的理论分析，通过对情感因素的分析与强调，从而来阐述他所确立的新起点是如何与近代主体理性主义区别开来的。最后，我们将借助于施莱尔马赫对敬虔意识的多样性分析，具体来说明情感性因素是如何对人的观念体系与理解结构起到解构性作用的。

第一节　敬虔与神学——施莱尔马赫思想的生存背景

　　根据我们在第一章对敬虔派的思想背景所进行的分析，从表面上看，"何为敬虔"是当时敬虔派与主流路德宗之间争论的焦点所在。但由于双方始终都没有脱离"行善"与"善功"之间的张力意识，因此，"何为敬虔"这一问题始终作为一场基督教内部（新教路德宗）的话语权争夺，并没有超出基督教内部的讨论范围。然而，随着启蒙思潮的传播与扩散，尤其是康德的道德哲学对基督教保守派神学的攻陷，基督教不得不面对由理智的全面协调所带来的外在挑战。对此，基督教界主要从两个方面进行了防守，其一通过固守诸如"超理性"、"超自然"等神学概念，来抵御理性协调在宗教思想领域的全面进犯；其二试图为宗教的生活领域设定某些独特的行为模式及其所被赋予的意义，以此与道德宗教划清界限。处在当时思想背景下的施莱尔马赫尽管也主张基督教应该进行某种自我辩护，但是在他看来，基督教的本质需要追溯至"敬虔"这个源头，这既不能等同于某种被标记上"超理性"或"超自然"的神学概念与知识，也并非取决于某种特定的行动本身及其所导致的结果。事实上，施莱尔马赫为基督教所提供的这种前所未有的辩护方案，不仅为当时陷入危机的基督教神学重新注入了一股强劲的发展活力，而且也为一般意义上的宗教研究开辟出了一条崭新的思想路径。我们想要指出的是，施莱尔马赫关于敬虔的基本思路实际上与他的两段宗教经历存在着密切的关联。在这一节中，我们的分析将从施莱尔马赫的头一次心灵挣扎着手，继而回顾他接下来那段与康德同样感到压抑的宗教体验，最终展现施莱尔马赫的敬虔学说是如何与他的生存紧密结合在一起的。

一、家族遗产与灵性试炼

　　与康德一样，施莱尔马赫也成长在一个德国敬虔的基督徒家庭，并且也同样在中学阶段体验过严苛的宗教监管制度。正如我们在上一章所分析的，这种对宗教监管制度中强制性的不满，促使康德日后极力地排斥伪善的敬虔，转而追求一种不为外力所迫使的道德哲学。但与此不同的是，同样的不满并没有使施莱尔马赫就此放弃神学的学习与研究，反倒成为一种思想动力推动他为宗教敬虔寻求新的理解与阐释。我们不禁要问，基于大致相同的成长经历，为何施莱尔马赫会走向一种与康德截然不同的思想道路呢？对于这一问题，我们需要追溯施莱尔马赫所经历的一段兄弟会的生活。我们想要说明的是，这次经历不仅是促使施莱尔马赫最终与康德在思想上分道扬镳的关键因素，而且也在某种意义上构成了施莱尔马赫整个学说的思想起点。不过，我们还想要强调的是，与其将这段经历简单地归之于施莱尔马赫生命中的一种必然，不如将这段经历看作是他所遭遇的一次"灵性试炼"。

我们之所以将施莱尔马赫的这次心灵挣扎称之为"灵性试炼"，绝非想要不加分析地直接取其某种特定的宗教内涵，而是旨在将我们的分析带入一种宗教生存的语境，从而可以在一般的意义上展现宗教生存中的人所具有的思想方式与问题意识。出生于 1768 年的施莱尔马赫自小就表现出异于常人的敏感与聪慧。在启蒙思潮广泛的传播与渗透下，时值少年时期的施莱尔马赫就非常乐于在理智活动中肆意畅游，并且在日益深刻的反思中，逐渐对自己从家族接受下来的宗教信仰的可靠性萌生起了怀疑，他在时隔多年后的自传中写到：

> ……自己的痛苦，这是一种奇怪的怀疑主义，我陷入了这样一种思想：所有古代的作家和同他们有关的古代历史都是假的。我的理由是，我不知道这种真实性的证据，并且在我看来，我从中所知道的一切都是虚构的，都是没有联系的，当然除了这个理由外，我并没有其他的理由。人家还一直说我有一个好脑袋，而我发现自己其实是极其无知和无能的，我真想靠我这一发现来摧毁人们关于我有一颗好脑袋的看法，这种看法唤起了我心里的沉默的感觉，而正是这种沉默促使我保留上述那种异常的、使我十分痛苦的思想，我也决定只靠我随着时间的推移而自我发现的东西，来证实或否定这种异常的思想。[1]

一个人经过充分的反思而对某些事物产生怀疑，这一点并不难理解。但我们注意到，施莱尔马赫将这种怀疑与自己的痛苦感受联系在一起。一般来说，怀疑并不必然与痛苦相关联。我们需要对施莱尔马赫这种特殊的关联进行分析。就一般的宗教现象来看，宗教信仰在代际之间的传递与继承既是可能的，但同时也并非是必然的。施莱尔马赫此时所面临的问题是，他从父辈那里所接

---

1 〔德〕F.W.卡岑巴赫：《施莱尔马赫传》，任立译，北京：商务印书馆，1998 年，第 6 页。

受下来的关于宗教的知识与理念，在理智的反思面前似乎都显得缺乏根据。像生活在那个时代中的多数青年人一样，施莱尔马赫大可以怀着一腔对启蒙运动高涨的热情走向一种内心的欣喜与释放。然而，他非但没有这么做，反而宁愿继续遭受并且持续忍受于痛苦之中。推崇启蒙思想的人也许都会认为，施莱尔马赫的痛苦是源于他在理性启蒙面前表现的犹豫不决和懦弱无能。然而，正如施莱尔马赫在信中所强调的，即使他遭受痛苦也要诉诸某些"自我发现的东西"。这里所透露的信息至少可以向我们表明一点，施莱尔马赫的痛苦绝非来源于他在理性启蒙面前的踌躇与压抑。甚至可以说，这恰恰反映了启蒙精神在施莱尔马赫身上的充足体现。既然启蒙思想并不能为施莱尔马赫的痛苦提供有效且充分的说明，那么我们还需要追踪他生存中的其他线索。

让我们再次回到宗教继承的问题上来。施莱尔马赫的痛苦是否来源于他意识到自己可能对家族所做的某种背弃吗？这当然也是极有可能的。我们知道，施莱尔马赫可谓出生于一个宗教世家，他的祖父是神学家，外祖父是宫廷牧师。他不仅在很小的时候就有一位牧师身份的父亲作他宗教的启蒙导师，而且还有一位格外敬虔的母亲作他在信仰生活中的引路人。从这个意义上来看，施莱尔马赫对宗教的背叛必然会引发他所在家族的大地震，这对他来说也就意味着要为此承担无法想象的巨大压力。不过，这种推测不久就将被施莱尔马赫在此之后的另一段宗教经历（即他于 1785 年进入巴比神学院学习期间，后文将详细论述）所推翻了。当施莱尔马赫意识到父亲误解自己离弃于信仰的时候，他无奈地说道：

难道不是我们两人都尊崇的上帝创造和养活了您和我吗？为什么我们不再能在一个圣坛边上跪下，向我们共同的父亲祈祷呢？[2]

很显然，施莱尔马赫并不认为自己在信仰上与父亲有任何本质的不同。这也就表明，他的痛苦并不来自于因为背弃信仰而对家族感到的羞愧。不可否认，施莱尔马赫确实会因为与父亲在信仰理解上的分歧而感到痛苦，但是这与他早先由怀疑伴随而来的痛苦是截然不同的，后者实际上是一种基于自我反思的心灵挣扎。尽管施莱尔马赫的痛苦并非出于对家族信仰的背弃，但却与他对家族信仰的继承有关。事实上，正是因为施莱尔马赫从家族继承了某种涉及信仰的因素，从而才引发了来自理智层面上的激烈冲撞。启蒙思潮的强劲渗透无疑促成了这次理智冲撞的契机，但是一种想要固守父辈遗传的倾向却构成

2　〔德〕F.W.卡岑巴赫：《施莱尔马赫传》，第 14 页。

了施莱尔马赫这场心灵挣扎的更为根本性的因素。这也就意味着，施莱尔马赫从家族中所继承下来的，除了一些关于宗教的知识或观念，还伴随着一种出于情感层面上的固守倾向。在这种情况下，一旦那些关于宗教的知识或观念经过充分的反思而显得不再具有根据的时候，尚存的情感与理智之间的对立就被推向了一种极端。施莱尔马赫之所以在理智的激烈碰撞中饱尝痛苦，正是由于他感受到处于对抗之中的情感与理智始终呈现为两种具有独立源头的力量，谁也永远无法吞并谁。从一种宗教体验的角度来看，我们将施莱尔马赫所遭受的上述经历称之为一种"灵性试炼"。这种特殊的宗教体验因其所具有的两个因素而表现为一种双重性：既可以选择将主体理性作为出发点，对那些无法与理性相协调的宗教成分进行改造或舍弃；也可以选择将情感性的固守倾向作为出发点，将所有的宗教内容，包括那些无法与理性相协调的成分统统接受并确立下来。需要强调的是，这两个方向具有同等的可能性。

1783 年春天，施莱尔马赫被父母送往一所兄弟会的学校。[3]这所尼斯基师范学校并非是针对于神学方面的教育与研究，而主要旨在为教区培养和输送基层的神职人员。由于这所兄弟会学校格外注重对宗教生活的辅导，并且十分强调学生对兄弟会团体的融入，因此，每个来到这里的学生所获得的，往往不是对神学知识或理论的掌握，而更多是敬虔生活的操练与敬虔情感的培养。从这种意义上来说，这所兄弟会学校相当于一间针对兄弟会的修道院，每一个来到这里的人都被期望过上一种像每一个兄弟会成员那样的生活。

事实上，刚来到尼斯基的施莱尔马赫不仅并不情愿融入兄弟会，而且他的理智怀疑在这所学校的独特氛围中反而受到了进一步的激化。换句话说，施莱尔马赫来到兄弟会学校之后，等于是陷入了一种更深程度的"灵性试炼"。期间，施莱尔马赫在写给胞姐的一封信中，详细讲述了他在这场"灵性试炼中"

3　根据卡岑巴赫在《施莱尔马赫传》中的记述，施莱尔马赫的父母均为敬虔的基督徒，他们之所以将施莱尔马赫送往兄弟会的学校主要有两个重要的原因。其一是他们已经开始为自己的儿子对信仰所萌生的怀疑而感到担忧。为此，他们希望自己的儿子能够通过兄弟会的生活而在信仰上得到某种坚固。事实上，他们的愿望最终实现了。其二，施莱尔马赫的家族与兄弟会之间的渊源颇深，尤其是他父亲，在很大程度上将兄弟会视为理想基督徒的典范。因此，在施莱尔马赫的父母看来，将自己的儿子委托给兄弟会来教导与培养，自然是再好不过的了。不过，也正是由于他的父母对兄弟会所怀有的这种理想化观念，当施莱尔马赫后来进入到巴比神学院，并逐渐表现出对弟兄会神学的反叛举动之后，他的父亲因误解自己的儿子背弃信仰而一度陷入深深地忧虑与失望之中。

所体验到的心路历程。我们想不惜篇幅地将信的内容以较为整体的形式摘录下来，从而在后面的论述中陆续对他在信中所表达的生存关注予以分析。他在信中写道：

关于无限的惩罚与报应的学说，已经以极其惊人的方式，使我充满了童稚的幻想，在我 11 岁的时候，我已因此渡过了许多不眠之夜，我计算着基督的痛苦和惩罚的关系，惩罚正好就是痛苦，这种计算使我不得安宁。现在开始了一场新的斗争，这场斗争是由在兄弟会中应该怎样对待关于自然的毁灭和超自然的仁慈的作用的学说所引起的，几乎每次讲道都要涉及到这个问题，而这场斗争一直几乎持续到我成为兄弟会成员才告结束。我的个人经验已足以向我证实了神秘的苦修体系的这最根本的两大支柱，在我看来，每一件善行如果不是可疑的，就纯粹是虚伪的。因此，我就处于极度痛苦之中，人们常常把这种痛苦归咎为是我们这些改革派信徒造成的，这就使我失去了某些东西：对人本身的道德能力的信任，而又不给我某种补偿。因为我徒劳地追求超自然的感情，每当我用关于未来报应的学说的观点来看待我自己的时候，我就深信这种超自然感情的必然性，每一场布道和每一首圣歌，甚至每当我看到这种气氛中的这些如此使人感动的人们的时候，都使我相信在我之外的这种超自然感情是真实的，这种超自然的感情似乎也只是躲避我一个人而已。因为尽管我相信我也掠取了这种感情的一点影子，但它马上就表现为我自己的作品，表现为我的幻想作为的一次无结果的努力。我那超群的母亲徒劳地想把关于惩罚和报应的较准确的概念同我在兄弟会里听到的说法统一起来，徒劳地想使我的心平静下来。在这种情况下，我坚决得赞同兄弟会的说法，并把没当上兄弟会成员看作是很大的不幸，这一切就都是很自然的事情了。我甚至决定，如果我不能进尼斯基学院的话，那我就宁可在兄弟会里学会一种受人尊重的手艺，也不到兄弟会以外去走一条通向学术荣誉的道路，在普勒斯的老师曾激励我走这样一条道路。我极其激动地想到我的这个决定是如此的伟大，它第一次使我从内心里有点赞同一种超自然的作用。[4]

---

4 F.W.卡岑巴赫：《施莱尔马赫传》，任立译，第7-8页。

正如施莱尔马赫在程度的意义上所感受到，兄弟会的初期经历引发了他内心的一场"新的斗争"，他从中不断接触到的诸如"超自然的仁慈"、"超自然的感情"等这些说法，都在不断地加剧着他的痛苦。他越是努力用理智去协调这些说法，就越意识到这是完全不可能的。为了能够更为具体地展现施莱尔马赫的生存意识，我们想进一步结合这封信所提及的内容展开讨论。在上一章关于敬虔派的分析中，那种由基督徒的恩典意识所引发的"敬虔生活（即善行）"与"善功论"之间的生存张力，到了施莱尔马赫的时代已经被康德所确立的道德哲学大大削弱和压制了。也就是说，人们更倾向于将宗教中的救赎问题与理智活动相协调。康德哲学促使人们相信，任何善行的实现都需要一种相应的道德能力为前提。这也就意味着，一旦宗教的救赎学说获得了理智上的协调，就必然将导致善功论的出现。施莱尔马赫在信中所提到的"改革派信徒"，主要针对的就是那些坚持路德宗神学立场的新教徒。正如他们所强调的，善行在基督徒的信心中意味着一种获得救赎的结果或表现，而绝不能归之为一种凭借人的道德能力而取得的善功。显然，从这种恩典意识出发，善功论是必须予以抵制的。于是，有两种截然对立的生存诉求摆在了施莱尔马赫的面前，一方面，作为一个宗教生存中的人，获得救赎始终是他的终极目标；另一方面，作为一个深受启蒙思潮浸淫的人，实现理性的全面协调无疑是他的时代使命。因此，由这两种对立且共存的生存诉求所引发的痛苦，就成为施莱尔马赫所必然要面对的挑战。

分析到这里，我们需要再次强调前面所提及的灵性试炼的双重性问题。对于施莱尔马赫来说，要么将宗教救赎统一于主体理性的最高使命，要么将理性协调置于宗教救赎的诉求之下。这两种生存选择一方面具有同等的可能性，另一方面也意味着两种生存出发点。根据施莱尔马赫的自述，他内心持续不断的这种痛苦斗争，直到他成为兄弟会成员才告结束。正如事实所表明的，施莱尔马赫在这场灵性试炼中最终走向的是后一种情况。值得我们注意的是，与他在理智上的疑虑最终获得消解所伴随的，正是他对一种"超自然感情"的体验与获得。

按照一般的想法，我们总是想要追问施莱尔马赫之所以接受的是后一种情况而不是前一种情况的原因。但正如我们反复对"灵性试炼"所界定的那样，由于这两种生存出发点的可能性是完全对等的，因此，施莱尔马赫最终的走向并非是某种基于必然性的结果。也就是说，理性协调上的要求与情感倾向上的固守，二者缺一不可地共同构成了施莱尔马赫所面临的这场灵性试炼。事实上，我们在这里阐述的最终目的，并非在于将他的这一选择当成一种结果而去追究其原因，而是旨在将他的这一选择当作是一种对他具有生存起点意义的"机缘"。从这个意义上来说，这场"灵性试炼"不仅事实上构成了施莱尔马赫整个学说的思想起点，而且由此所确立的起点意识也成为施莱尔马赫与纯粹的思辨哲学分道扬镳的决定性因素。不过，就我们阐述的需要而论，施莱尔马赫这种独特的思想方式最终得以在他的自我意识中得到确立，还需要在分析中结合他即将遭遇的一段颇受压抑的神学院经历。

二、启蒙精神与神学反叛

如果说尼斯基的经历是施莱尔马赫的信仰在"转危为安"中趋于平稳的阶段，那么巴比神学院的经历则使他再次进入了一种由神学理解所引发的冲击与震荡阶段。与尼斯基师范学校的氛围完全不同，巴比神学院为了将学生培养成属于兄弟会的神学家，不仅在神学思想上对学生采取严格的权威式教育，而且在日常生活上也对学生施加近乎严苛的"敬虔式"监管。就后一方面来说，施莱尔马赫与康德可谓"同病相怜"。他们二人都对学校里的这种宗教督查制度表达过强烈的控诉与极度的不满。有意思的是，相较于康德在学校期间的循规蹈矩，施莱尔马赫则表现得反叛得多。由于学校时刻警告学生要堤防哲学与科学领域的革新，这反倒刺激了学生对当时影响广泛的康德思想的极大的兴趣和关注。施莱尔马赫与几个志同道合的同学成立了一个以新潮思想为兴趣的俱乐部，他们透过《耶拿文学报》来了解康德，而且还秘密地阅读维兰特的诗、歌德的《少年维特之烦恼》和当时那些情感小说。[5]施莱尔马赫在巴比神学院的这些出格表现甚至一度令学校方面对他的信仰产生怀疑。

尽管神学院的时光令施莱尔马赫感到无比的压抑，但是得益于俱乐部成员之间的交往互动，总是能够使得他压抑的心情得到一定程度上的缓解。不过好景不长，由于种种原因，这些志同道合的伙伴逐个散去，施莱尔马赫又再次陷入一种深深的孤独感之中。在这个时候，施莱尔马赫开始求助于自己的父亲。他开始给自己的父亲写信，甚至是以略显任性的口吻来表达自己强烈的压抑与孤单。施莱尔马赫在一封时隔六个月的回信中向父亲说到：

> 我不忍心使您明白您是弄错了。……我现在已失去了信仰。我

5　F.W.卡岑巴赫：《施莱尔马赫传》，第11-12页。

不能相信，把自己只是称作人类之子的人，会使永恒的、真正的上帝，我不能相信，他的死就是代表着和解，因为他从来没有明确地这样说过，而且因为我也不能相信，这种和解是必不可少的；上帝很明显地并没有把人创造成为完美无缺的，而只是创造了追求这种完美无缺的人，因此上帝也不可能为了人的不完美而永远地惩罚他。……大约有一年之久，它们萦绕在我的脑际，是长期的苦思冥想造成我这个样子的。我请求您不要向我保留您那些最强有力的驳倒我的这些想法的理由，但请您坦率地承认，我认为您现在还不能说服我，因为我仍坚持我的这些想法。[6]

施莱尔马赫此时的状态看上去很像是一种灵性试炼的死灰复燃。但我们马上会发现，这次的情况是有所不同的。事实上，施莱尔马赫这次所承受痛苦主要来源于两个方面，其一，他不得不舍弃自己曾经毫无保留地从兄弟会那里接受下来的神学观念；其二，他充分地意识到，自己的父亲会因此而将自己视为一个信仰的背弃者。相较于灵性试炼中的施莱尔马赫在抉择上所呈现的"模棱两可"（同等可能性），这次我们从他坚定的立场背后似乎感受到了一种强大的支持力量。为了能够对这种强大的支持力量有所揭示，我们需要将施莱尔马赫的这次经历与之前的灵性试炼结合起来进行分析。不难发现，施莱尔马赫表现在这两段经历上的不同之处，主要反映在他对于弟兄会所提供的神学观念表示接受还是拒绝。对此，我们需要对他前后两种截然相反的做法背后的根据进行追踪。

在灵性试炼阶段，施莱尔马赫起初根本无法接受兄弟会所提供的那套神学观念，甚至还表现出一定程度上的抵抗。不过，随着逐渐对兄弟会的融入，他不仅愿意毫无保留地接受之前一直抵抗的那些神学观念，而且还在与家人的通信中完全采用一种兄弟会内部流行的语言。[7]我们不禁要问，是什么促使施莱尔马赫发生这种前后的转变呢？当然，就一种灵性试炼而言，发生在他身上的这种转变并不是必然的。但我们还是可以在分析的意义上对这种转变进行追踪。施莱尔马赫曾坦言，自己因无法寻获兄弟会成员的那种"超自然感情"而痛苦不已，这种痛苦一直持续到自己真正成为兄弟会的成员时才告结束。我们在前述中已经提及，施莱尔马赫的痛苦很大程度上源于他在试图用理

6　F.W.卡岑巴赫：《施莱尔马赫传》，第 13 页。

7　F.W.卡岑巴赫：《施莱尔马赫传》，第 7 页。

智对这些神学观念进行协调时所遇到的困境。正如他所说的，"尽管我相信我也掠取了这种感情的一点影子，但它马上就表现为我自己的作品，表现为我的幻想作为的一次无结果的努力。"[8]可见，尤其是对于那种"超自然感情"而言，施莱尔马赫所进行的理智活动不仅对它的获得完全无所助益，而且总是意味着又一次努力的失败。

我们知道，在兄弟会所提供的那些神学观念中，除了"超自然感情"之外，当然还有许多其他的内容，例如，我们在前述中所提及的"超自然的仁慈"等。不过，相较于"超自然感情"而言，其他以知识性内容为特征的神学观念在某种程度上更容易被理智所把握。一般来说，一个人对于这种"超自然感情"的获得很难仅仅在理智的层面上得到满足，除非能够在他主观意识的层面上获得确实的体验。想必，在兄弟会所提供的那些神学观念中，"超自然感情"是最令施莱尔马赫感到挫败与无奈的。然而，也正是出于这个原因，能否得到对这种"超自然感情"的体验，也就成为施莱尔马赫最终能否融入兄弟会的关键所在。从这个意义上来说，一旦施莱尔马赫获得了对这种"超自然感情"的体验，那么也就意味着他获得了接受兄弟会神学观念的起点。换句话说，真正促使施莱尔马赫成为兄弟会的成员，并且接受兄弟会所提供的一整套神学观念的决定性因素，正是他对"超自然感情"的确实体验。

事实上，施莱尔马赫是带着一种从对"超自然感情"的体验中所获得的激情进入巴比神学院的。不过正如我们在前述中所介绍的，巴比神学院旨在为学生提供一套"既定"且"权威"的神学观念，这实质上是侧重于对学生进行一项基于某种知识体系的思维训练。我们知道，在此之前，施莱尔马赫凭借对"超自然感情"的体验，已经将弟兄会学校所提供的神学观念接受了下来。换句话说，只要施莱尔马赫还拥有对"超自然感情"的确实体验，那么他就没有理由对巴比神学院所提供的这套更为系统的神学观念表示拒绝。但我们所看到的是，施莱尔马赫对待神学院所提供的这套神学观念的态度却表现为从开始的激烈反叛，到最终不惜与父亲决裂也要予以放弃。当然，我们大可以推断施莱尔马赫之所以这么做是由于他彻底放弃了从家族所继承下来的信仰。不过，事实却并非如此。我们来看施莱尔马赫时隔多年回顾这段经历时所表露的心声：

再也没有别的组织能像兄弟会这个组织这样，使我对我思想的

8　F.W.卡岑巴赫：《施莱尔马赫传》，第8页。

整个进程，从良知的最初觉醒直至我现在所处的状况，有着生动的回忆。最初觉醒的是人对同高尚世界的关系的意识，当然是在一个微小的图景中……最初形成的是一种神秘的构想，它对我来说是极其重要的，它把我才从怀疑主义的一切猛烈冲击中解救出来，并使我维持自我的禀赋。当时这个自我正在萌发，现在业已形成，我可以说，我又成为一个兄弟会的教徒，不同的只是一个高级兄弟会的教徒而已。[9]

施莱尔马赫强调，自己后来针对兄弟会所表现出来的反叛，并非代表他从根本上对宗教信仰的否定与弃绝。按照施莱尔马赫的说法，他从兄弟会所获得的，是一种从尼斯基学校到巴比神学院一以贯之的力量，并且自己在这种力量的支持下不断发展成熟。我们想指出的是，施莱尔马赫所表现出来的反叛并非意味着他所获得力量的丧失，反而是他在这种力量的支持下发展成熟的表现。这种发展成熟具体表现在，受到这种力量的支持与推动，施莱尔马赫不再满足于当下所给定的理解方式（弟兄会所提供的神学观念），于是激发了他想要进一步发挥理智的理解功能的冲动。从这个意义上来说，神学院所提供的这些特定的神学训练，此时已经成为阻碍他继续从"超自然感情"中获得满足的桎梏。施莱尔马赫之所以最终自诩为一个"高级的"兄弟会教徒，并非为了表现自己在理智或知识程度上的某种优越性，而是为了说明自己能够在一种不依赖于特定的神学观念与行为方式的情况下，而从一种一以贯之的力量中确立自己兄弟会成员的身份。

在对待兄弟会神学的做法上，施莱尔马赫经历了一个由起先接受到后来放弃的过程。这两段表面上看似矛盾的经历却使得他逐渐意识到了一种一以贯之的力量。基于上述思想张力的推动，施莱尔马赫最终将弟兄会的神学观念从这种属于宗教核心本质的力量中剥离了出去。接下来，我们将追踪施莱尔马赫如何在理论的层面上来呈现宗教生存中的这种根源性力量的。

三、敬虔情感与生存起点

我们看到，施莱尔马赫的那两段经历都是与兄弟会相关的。在任何一个像兄弟会这样的宗教团体中，往往具有某种特定的思维方式与行为模式。对于多数的宗教团体而言，那些尚未将特定的思维方式与行为模式纳入自身的人，是

---

9 F.W.卡岑巴赫:《施莱尔马赫传》，第 14 页。

不具备成员资格的。从这个意义上来看，判断一个人是否为兄弟会的成员，就取决于他能否体现出兄弟会所特有思维方式与行为模式。一般情况下，兄弟会的成员都是理所当然地遵照共同的思维方式与行为模式，并将其赋予某种绝对性。对于兄弟会的成员来说，成为一个理想的基督徒也就意味着最终获得兄弟会所特有的思维方式与行为模式。然而，基督教内部还有其他许许多多像兄弟会这样的宗教团体，每一个宗教团体不仅都需要严格遵照各自所特定的思维方式与行为模式，而且也都在不同程度上将自身所遵照的思维方式与行为模式赋予某种绝对性。我们知道，施莱尔马赫曾在尼斯基期间确实表现得像一个"合格"的兄弟会成员，他的父母也对此表示格外满意。但值得注意的是，施莱尔马赫所经历的那场灵性试炼却使他比一般的兄弟会成员意识到了某些更多的东西。

我们知道，施莱尔马赫是带着对信仰根据的疑虑而接触到兄弟会的。这也就意味着，施莱尔马赫必然会在更为具体的层面上对兄弟会所主张的思维方式与行为模式产生质疑。正如我们在前述中所做的分析，这场灵性试炼并不必然促使他最终扫除理智上的所有疑虑。出于这个原因，施莱尔马赫在理智上经历了一个从无法接受到完全接受的过程。他因此清楚地认识到，自己之所以能够接受兄弟会所提供的那些神学观念，并非是因为这些神学观念符合理性，毋宁说这种认为其符合理性的看法只是作为一种结果。在我们看来，此时的施莱尔马赫并不一定对于促使自己接受那些神学观念的力量有充分的认识。不过，他至少非常明确地感受到这种力量与自己所获得的"超自然的情感"是密切相关的。严格上来说，施莱尔马赫关于究竟是什么力量推进了自己理智上的理解这一问题是在他进入巴比神学院学习以后才逐渐清晰的。由于巴比神学院坚持从一种强制性的神学观念与行为模式上来确立并强化学生的信仰，这无疑就激起了原本已经成为兄弟会成员的施莱尔马赫内心的强烈抵触。在极力做出反抗的过程中，他逐渐感受到了一种从决定加入兄弟会那一刻开始直到此刻都始终在场的力量，这种力量既是推动自己在理智上得以理解那些神学观念的起因，也是支持自己坚决反对将神学观念或行为模式与信仰相等同的根据。在施莱尔马赫看来，这种力量正是构成一个人宗教生存的核心本质，同时也是基督教内部一直以来在"何为敬虔"这一争论上的焦点所在。因此，对于"敬虔"的追溯就成为施莱尔马赫最为主要的生存关注与问题意识。

施莱尔马赫在《基督教信仰》这部著作中明确给出了敬虔的界定："作为

一切宗教团体的基础之'敬虔'，若纯就其本身来说，不是'知'，也不是'行'，却是一种'情感'，或说'直接的自我意识'的表现"。[10]根据施莱尔马赫的论述，认知同时兼具"自我内存"与"自我超出"的特性。对应于这两个特征，他分别从知识的内容与对知识的确信这两个方面来论证知识与敬虔之间所存在的关系。就前一个方面而论，如果敬虔取决于知识的内容，那么"基督教信仰学的最完全教师，就会老是最敬虔的基督徒了"。这一假设的结论不仅从施莱尔马赫自身的经历中得不到亲证，而且也会在以下这种普遍的现象面前站不住脚，即"那在这知识上有同等程度的人，可能在敬虔的程度上大不同，而且有同等敬虔程度的人，却可能有不同程度的知识"。[11]在施莱尔马赫看来，作为"自我内存"的知识内容，也即是关于敬虔的知识，并不必然与敬虔构成对应性的关系。就后一个方面而论，如果敬虔取决于对知识的确信，那么这就等于将敬虔诉诸"思考本身的明晰与透彻无疑"这一衡量标准。如此一来，"凡思考宗教命题最明晰而透彻，而各条亦互相连系之人，必即是最敬虔的人"。[12]这一推论再次遭到施莱尔马赫的坚决否决。对于施莱尔马赫的经历而言，自己越是对那些涉及超自然的神学命题思考地明晰而透彻，就越是加剧自己对整个宗教根据的怀疑。毋宁说，这种对知识的确信只可能作为某种出敬虔所导致的结果，但绝非导致敬虔的原因。施莱尔马赫进一步指出，由于对知识的确信涉及认知这一动作，因此，这种"自我超出"意义上的认知严格说来已经涉及到了某种行动。

针对于行动所具有的"自我超出"这一特性，施莱尔马赫分别论及了作为起点的行动动机与作为目标的预期结果。他认为，"就后者来说，没有人会因所期达成结果之大或小，而归于所践行为之多敬虔或少敬虔"。[13]也就是说，行动所达至的结果与仅限"自我内存"意义上的知识内容一样，都无法与敬虔之间构成对应性的关系。根据施莱尔马赫的想法，既然行动本身的性质无法

10　Friedrich Schleiermacher, *The Christian Faith*, T&T Clark ltd, 1999, p.5；〔德〕士来马赫：《宗教与敬虔》，谢扶雅译，香港：基督教文艺出版社，1967 年，第 302 页。后文中出现的中译文均采用谢扶雅的译本。

11　Friedrich Schleiermacher, *The Christian Faith*, p.9；士来马赫：《宗教与敬虔》，谢扶雅译，第 306 页。

12　Friedrich Schleiermacher, *The Christian Faith*, p.9；士来马赫：《宗教与敬虔》，谢扶雅译，第 306 页。

13　Friedrich Schleiermacher, *The Christian Faith*, p.10；士来马赫：《宗教与敬虔》，谢扶雅译，第 307 页。

从行动的结果中获得有效的说明，那么我们就需要从行动的动机中寻找能够决定行动本身性质的依据。为此，施莱尔马赫指出，任何一个动机实际上都必然基于某个特定的"自我意识的决断"。由于这种"自我意识的决断"通常都可以在情绪感受的层面上得到相应的反映，因此，我们就可以根据情绪性质的特征（欢愉或者痛苦）来对行动的动机进行相应的界定。从这个意义上来说，如果敬虔的行动只能取决于敬虔的动机，而敬虔的动机又是由某种相应的"自我意识的决断"所构成的，那么我们将最终追溯到一种具有特定情感特征的敬虔。施莱尔马赫的这番论证表明，敬虔之所以不能等同于敬虔的知识或敬虔的行动，乃是在于这些实际上都可以通过自我意识追溯至一个的情感性的源头。他对此进一步解释道：

> 这里我们把"情感"与"自我意识"同等并列，我们绝非有意把这两个词描述为直是同义语。"情感"一词在通常生活的言谈中，久已通用在宗教界内，但作为科学用语，则需要更精审地加以界定，所以就加上"自我意识"一词。因之，倘若有人从广义地、要把这"情感"一词包含那不自觉的状态也在内，他便会被提醒，我们在这里不作这样广义之用。再者，在"自觉"一词特加"直接的"的形容词，免得有人想到一种非关情感的自觉，意即是，用这自觉的名称于似为一种客观觉识的，即由自我沉思而间接得着的自觉。甚至当这样地在一特定时间中认识我们自己，像好比在思考或意念中，是很趋向接近，甚或渗透于各个刹那的心理状态；这一种自觉，确只出现为是心境本身的一种伴随物。然而真正的直接自觉，既不是认识的表象，却是正常意义下的情感，就决非只是一种伴随物。[14]

从这段论述中可知，施莱尔马赫实际上是在对"情感"与"自我意识"进行一种相互限定。首先，他排除了那种不涉及自我意识的情感状态。例如，一个完全由愤怒情绪所控制的人，往往就会对于当下的情感处于不自觉的状态。这种尚未出现自我意识的情感状态就并非他所谈论的情况。其次，他也排除了那种并非由情感所导致的自我意识。尽管他并不否认那种完全通过思辨活动而获得的"客观觉识"也会有情感相伴随，但由此所获得的自我意识与作为思辨伴随物的情感之间只构成一种间接的关系。而他所强调的则是情感

---

14 Friedrich Schleiermacher, *The Christian Faith*, p.6；士来马赫：《宗教与敬虔》，谢扶雅译，第 303 页。

在自我意识的构成上所体现的直接性意义。可见，施莱尔马赫实际上对敬虔所归属的那种特定的情感范畴进行了严格的限定，他一方面排除了那种完全不在自我意识之中的情感，另一方面也排除了那种仅仅伴随着思辨活动而来的情感。最终，他将敬虔界定为一种既涉及认识活动但又不被认识活动所决定的情感状态。

从某种意义上来看，施莱尔马赫对于敬虔的界定思路也是他对自身宗教经历的一种如实反映。尽管他在尼斯基时期的表现与他在巴比神学院期间的反叛可谓判若两人，但也正是这两段看似矛盾的经历，一方面促使他对自身信仰的根据进行了深刻的反思，另一方面也推动他从生存起点的意义上对敬虔进行了深入的追踪。在施莱尔马赫最终对敬虔的界定中，之所以将"知"与"行"排除在外，并不在于对"敬虔的知识"或"敬虔的行动"的否定，而是旨在从一种生存起点的意义上将敬虔本身呈现出来。在下一节中，我们将关注施莱尔马赫具体是如何对决定敬虔的那种特定的自我意识进行分析的。

第二节　意识与思辨：施莱尔马赫对生存张力的重建

在上一节中，我们通过追踪施莱尔马赫早年的宗教经历，大致展现了他长期以来都贯彻始终的一种生存关注，即如何追溯敬虔的真正源头。我们看到，他带着这一问题意识经历了一番思想挣扎之后，最终落脚于一种关于敬虔的特定情感，或者说是一种直接决定敬虔的自我意识。在这一节中，我们打算展开讨论施莱尔马赫对此更为完整和深入的论述。

我们知道，自笛卡尔以来，如何在思想起点的意义上确立主体性这一问题意识，基本上主导并推动着西方近代思想史整个的发展脉络。在施莱尔马赫那个时代，一种由主体理性主义所确立的自主性倾向已经成为大势所趋。特别地，康德遵循这一思路将基督教原先在人们生存中的地位及意义进行了一番重大改造。出于当时想要为基督教所遭受的批判进行某种辩护的动机，施莱尔马赫就如何理解主体性意识发展的完善性这一问题，向当时占据主导的自主性倾向提出了异议。对于后者来说，主体性意识发展的完善性就在于从最大程度上实现一种绝对自主性。事实上，经过施莱尔马赫在主体性问题上所进行的"复位"与"清算"，一种由接受性倾向所构筑的自我意识的完善性逐渐在近代西方思想史上显露出来。在这一节中，我们将通过追踪施莱尔马赫关于主体性意识、对象的呈现方式以及敬虔的张力意识这三个方面的论述，从而来展现自主性与接受性这两种基本的生存倾向具体是如何发挥作用的。

一、两种主体性意识：绝对自主与相对共存

正如我们在上一节中所论及的，启蒙精神在施莱尔马赫的思想中可谓发挥着巨大的作用。无论是他在早期反思中所萌生的怀疑倾向，还是他在中学期间所表现出来的神学反叛，这些思想历程实际上都是启蒙精神在他身上的有力体现。不过，对于启蒙精神的继承并没有促使施莱尔马赫像他同时代的多数思想家那样采纳主体理性主义意义上的主体性，而是推动他从自我意识的发展完善这个角度重新审视主体性的确立问题。为此，他将人的自我意识的发展划分为低级、中级和高级三个阶段。接下来，我们想要通过对这三个阶段的逐一分析，来展现施莱尔马赫对主体理性主义所进行的批判以及他对主体发展完善性的理解。

施莱尔马赫首先这样论及自我意识发展的最低级阶段。"客观的与内省的，或者知觉与感情，实在无分彼此，而弥留于一种混沌混乱状态中"。[15]从严格意义上来说，这种主体与客体尚未明确分立的意识状态只能算作自我意识的某种"前状态"。根据施莱尔马赫的说法，这种状态近似于动物性的生存意识，或者接近于尚未学习语言的孩童意识。尽管他试图将这种意识状态对应于人的现实生存，但是在我们看来，这个所谓的最低级阶段主要是旨在为主体性的确立提供一种理论意义上的过渡性说明。进一步说，就是为了能够在一种连贯性的意义上呈现主体性意识从尚未觉醒到获得确立的发展过程。

相对于低级阶段所对应的主体性意识的尚未觉醒，中级阶段则对应于主体性意识的确立。主体性意识的出现就同时意味着主客"对立"[16]的形成。基于这种对立结构所进行的反思，会触发两种不同的主体性意识，一种呈现为独立于对象而"自存"的主体，表现为一种"自主性"的倾向；另一种呈现为相对于对象而"共存"的主体，表现为一种"接受性"的倾向。[17]尽管这两种不

15　Friedrich Schleiermacher, *The Christian Faith*, p.18；士来马赫：《宗教与敬虔》，谢扶雅译，第315页。

16　"对立"对应于施莱尔马赫英译文中的"antithesis"，原本是指逻辑论证过程中必然出现的"正反题"。这是他在论述中反复使用的一个重要概念，用来指涉主体理性主义语境所强调的思辨对象。

17　我们在本文的论述中统一采用"自主性"与"接受性"来分别对应施莱尔马赫的《基督教信仰》英译本中多次出现的"activity"和"receptivity"这两个重要概念。

同的主体性都可以在理性思辨的层面上得到确立，但施莱尔马赫却试图从自我意识的实际内容上来考察它们的现实性意义。他说：

假使我们能暂不想及与别个并存，而只想着我们自己这样，那么，那种强度表现感受性充足状况的自我意识，就根本不可能，而所有自我意识所表现者，只是发动性而已，不过这一发动性，因不引至任何对象，将只是一种向外迫促，一种无形，无色的不定活跃罢了。然而我们既然必与别个并存，因而，甚至在每一外向的自我意识中，感受性这一要素总居首先的地位；而且，甚至那伴有动作（包括认知动作也在内）的自我意识，虽然是强度地表现自发的活动，却也总是联系到一个前驱的感受性，藉着它那原始的活跃才有了定向……[18]

施莱尔马赫首先假设第一种自存性主体的存在。由于这样的主体与任何对象都全然没有关系，因此，主体不仅因为缺乏对象而无法表现出任何接受性的倾向，而且即使唯一所依据的自主性倾向也"只是一种向外迫促，一种无形，无色的不定活跃罢了"。这也就是说，这种看似实现了绝对自主性的主体，最终只会使自我意识在内容上流于一种空洞的思辨形式。让我们接着来看第二种共存性主体。我们知道，每当主体进行认识或者行动时，主体的自主性倾向就会随即显现。但由于这种主体性意识是基于一种接受性的倾向，因此，自我意识在每个瞬间所呈现的自主性倾向，就会同时关联到一个从先在意义上对主体施加影响的对象。就自我意识所呈现的内容而言，与其说主体的自主性倾向被主体的接受性倾向所取消，不如说二者被共同保留在一种相对性的关系之中。可见，所谓基于共存性主体而形成的自我意识，实际上并不意味着主体的自主性倾向就彻底遭到压制，而是与占主导性的接受性倾向共存。

在这种基于相对共存的主体性意识中，施莱尔马赫将凡是呈现为接受性倾向的意识状态统一规定为主体的"接受感"，而将凡是呈现为自主性倾向的意识状态统一规定为主体的"自主感"。事实上，接受感与自主感也就因此而构成了整个自我意识的两种基本要素。不过，他还特意指出一点，那种自存性主体在思辨形式上所表现的自主性倾向，却并不同于这里所谓的自主感。他

---

18 Friedrich Schleiermacher, *The Christian Faith*, p.13；士来马赫：《宗教与敬虔》，谢扶雅译，第 310 页。需要说明的是，凡是译文中出现的"发动性"与"感受性"，都是对应于我们在本文论述中统一采用的"自主性"与"接受性"。

为此说道：

> 当我们由内心成为什么新的，而这专为我们自己两不牵涉任何别物的时候，那不过是始终基本自同的主体的发展，而称这为"自主"是极不合式的。而当我们不能自己由内心成作什么的时候，这就单单指明主体自发活动的限度，而称这为"依靠"，是极不合式的。[19]

施莱尔马赫之所以否认自主感与依赖感取决于自主性倾向本身的状况，这不仅仅是在于表明自主感与依赖感并不取决于绝对自主的主体性意识，更重要的是为了强调自主感与依赖感都需要诉诸相对共存的主体性意识这一前提。可见，他是想通过对自主感与依赖感的分析，从而得以在相对共存的主体性意识与绝对自主的主体性意识之间做出一种明确的划分。从能否形成自我意识的实质性内容这个角度来看，施莱尔马赫在对绝对自主的主体性意识进行质疑和批判的同时，也在试图将相对共存的主体性意识以新的方式确立起来。

对此，我们想要指出的是，施莱尔马赫努力想要挑战的这种绝对自主的主体性意识，实际上所针对的正是当时在思想界备受推崇的主体理性主义。我们知道，由于主体理性主义将主体性确立在一种纯粹的理性思辨这一基础之上，从而使主体获得了一种绝对自主的思想起点。为了能够从根本上提出一种有别于主体理性主义的思想方案，他首先需要重新确立一个新的思想起点。而这个新起点所指涉的便是基于相对共存的一种新的主体性。下面，我们就来关注施莱尔马赫以这个新的主体性为起点所展开的关于自我意识的讨论。他说：

> 现在让我们思考依靠感与自主感的合一性，意思是，不但二者的主体，却连与二者相称的别个也是同一的。那么，由这两者合组的全部自我意识，乃是主体与对方之间的"交互"（reciprocity）意识。试请设想这两种情感的所有瞬间之总量，作为一个全景，那么，与它相称的别个也可想象为一整体或为一，这样，"交互"这一专名，可说是对我们一般自我意识的正称，因为它表明我们与所有一切的关系……随而我们的自我意识，即是一种我们生存于世界中，或我们与世界并存的意识，不外乎自主感与依靠感所分流的一个连串罢了。[20]

---

19 Friedrich Schleiermacher, *The Christian Faith*, p.14；士来马赫：《宗教与敬虔》，谢扶雅译，第 311 页。

20 Friedrich Schleiermacher, *The Christian Faith*, pp.14-15；士来马赫：《宗教与敬虔》，谢扶雅译，第 311 页。

根据施莱尔马赫的分析，如果将呈现在某个瞬间中的自主感与依赖感整合起来，那么由此所得到的意识内容，就不仅仅是由自主感所支持的始终自同的主体，同时也包括由依赖感所指向的相对于主体而存在的对象。在相同的意义上，如果将呈现在每一个瞬间中的自主感与依赖感全部整合为一个整体，那么与始终同一的主体相对应的，便是一个关于所有对象的整体性意识。很显然，无论是在单个瞬间中，还是在所有瞬间的整体上，自我意识所呈现的全部内容都不是主体在一种孤立的形式上可以自发完成的。据前述，由于相对共存的主体性意识是由自主感与依赖感所共同构成的，因此，自我意识的内容也相应地呈现为一种主体与对象共同参与的结果。特别地，施莱尔马赫将主体与对象之间的这种关系状态称之为"交互"。因此，我们在这个意义上也可以说，这种自我意识所呈现的任何内容都具有一种主客体之间的交互属性。

我们还注意到，施莱尔马赫将这种关于所有对象的整体性意识称之为一种"世界意识"。不过，由于这种世界意识也同样具有主客体之间的交互属性，因此，这个呈现在自我意识中的"世界"，并非是自然科学意义上那种力求纯粹的客观性世界，而是一个主体与对象在交互中所形成的世界，或者说，是一个主体与对象始终并存的世界。就主体性意识的表现而言，所谓世界意识就是指一种关于主体感到自身存在于这个世界之中的意识，又或者，主体感到自身作为这个世界的一个必要组成部分的意识。他最后总结道，包括世界意识在内的所有基于主客交互所形成的自我意识，最终都是通过依赖感与自主感这两种基本的构成要素以一种连续交织的方式展现开来的。

简要地回顾一下施莱尔马赫关于自我意识前两个阶段的论述。相对于主客体尚未二分的低级自我意识，中级阶段的发展主要涉及主体性意识的确立与发展。我们看到，他针对主体理性主义所确立的绝对自主的主体性，重新提出了一种基于相对共存性意识的主体性。继而，他向我们展现了由这个新起点所形成的自我意识是如何通过自主感与依赖感的彼此交织而获得的一种交互属性。在接下来的部分中，我们将关注施莱尔马赫是如何立足于这个新起点来推动自我意识向着高级阶段发展的。

二、两种对象的呈现方式：观念建构与情感指向

我们注意到，施莱尔马赫为中级自我意识的发展重新确立的这个新的主体性，除了旨在批判主体理性主义的绝对自主性之外，同时也在某种意义上与

主体理性主义共享了一个原始性的问题意识，即如何寻求主体性意识的绝对性。事实上，施莱尔马赫关于发展高级自我意识的设定，正反映了对这一问题意识的认可与关注。然而，不像在传统上把这个问题完全诉诸纯粹的理性思辨，施莱尔马赫则将这个问题限定在一个从中级自我意识向高级自我意识的发展框架下来考察。具体来说，就是如何使自我意识从一种部分自主感与部分依赖感相对共存的中级阶段发展成一种绝对的自主感或者绝对的依赖感的高级阶段。

施莱尔马赫首先考察了绝对自主感的现实可能性，并分为外向性活动与内在性活动这两个步骤。在他看来，能够获得自主感的外向性活动主要是指主体对于对象所施加的影响，而能够获得自主感的内在性活动则主要是指涉主体的自发性。从这个意义上来看，绝对自主感的实现就不得不具备以下条件，即所有的对象都是由主体完全决定的，以及主体的所有活动都纯粹是出于自发性的。然而，一旦相对共存的主体性意识被确立为起点，那么不仅主体的外向性活动将必然受到主体与对象的共同决定，而且主体的内在性活动也必然能在同时追溯到一个先在意义上的接受性。可见，除了诉诸一种空洞的思辨形式，我们无法在同一个自我意识的发展阶段上将部分自主感与部分依赖感直接发展成一种绝对的自主感。那么就相同的意义而论，绝对依赖感的发展情况又是如何呢？施莱尔马赫继续对此进行了分析。他基于主客之间的交互属性而论到，无论依赖感所表现的程度有多么强烈，但只要所依赖的对象是相对于主体而共存的，那么每当主体对某个对象感到依赖的意识瞬间，也必然同时伴随着一种指向对象的自主感。事实上，如果为了实现绝对依赖感而取消所有的自主感，那么这不仅意味着将使意识内容丧失上述的交互属性，而且也等同于自我意识从已经发展到的中级阶段倒退至主客体尚未二分的最低级阶段。可见，除非退至一种低等动物般混沌的意识状态，否则我们也同样无法在一种直接的意义上将部分自主感与部分依赖感发展成一种绝对的依赖感。

然而，需要我们注意的是，施莱尔马赫在考察绝对依赖感的实现问题时还特别引入了两种不同的时间性因素。在进一步的论述中，他分别基于每个单独的瞬间与所有瞬间之整体这两种时间性条件分析了绝对依赖感在自我意识中出现的可能。他说：

> 因此，严格地说，绝对依靠之感不能存在于一个单独的动念（a single moment）中，因这样的动念，就其全部内容来所，总给外物所

规定，而对这，我们总有多少自主之感。然而，伴有我们全部活动的自我意识，亦即（因我们决不是无活动的）伴有我们全部生存（our whole existence），而否定绝对自主的自我意识，本身正是一种绝对依靠的意识，因为是意识到，我们的全部活动是来自我们外部的……[21]

施莱尔马赫在这种对比中表示，那种在每个单独瞬间的意义上否定绝对自主的自我意识，始终只能表现为一种相对的依赖感；而那种在整体存在的意义上否定绝对自主的自我意识，则真正构成了绝对依赖感的来源。可见，他一方面将自我意识的每个单独的瞬间与相对的依赖感对应起来，另一方面又将自我意识的整体性与绝对的依赖感对应起来。这里的关键在于，我们如何从自我意识的角度来理解依赖感从相对性到绝对性的转变呢？对于这个问题，我们可以结合前述中所论及的世界意识进行分析。我们知道，世界意识是主体基于自身与其他共存者之间的对立而形成的一种关于整体的自我意识。因此，从某种意义上来说，只要主体还将自身作为整体世界的一部分，那么自身相对于其他共存者所具有的特殊性，就构成了世界意识中所有自主感的基础。从而，无论作为整体世界的另一部分的其他共存者所引发的依赖感发展到何等程度，但只要这个自主感的基础尚在，依赖感就永远无法在世界意识中实现一种全面性。这也就等于是说，依赖感无法实现从相对性到绝对性的转变。事实上，施莱尔马赫所强调的"我们全部活动的自我意识"以及"我们全部生存"也正是为了表明这一点，即依赖感只有通过在意识内容中得到全面的呈现，才能实现它的绝对性。

可见，要想使相对的依赖感发展成一种绝对的依赖感，关键就在于能否取消世界意识中那个构成自主感的基础。就像每个瞬间中的自主感都能同时追溯到的依赖感那样，世界意识中的那个构成所有自主感的基础，是否也能追溯到一个关于所有依赖感的来源呢？很明显，要想实现这一点就需要主体放弃自身作为整体世界的一部分，从而放弃自身相对于其他共存者而言的特殊性。然而，一旦主体放弃自身的特殊性，这也就同时意味着是对主客对立的取消。不过，为了使中级自我意识的转变不至于沦为一种对低级阶段的倒退，施莱尔马赫接下来转而关注于绝对依赖感最终所呈现的对象。让我们来看他是如何对这个对象进行追踪的。他说：

---

21 Friedrich Schleiermacher, *The Christian Faith*, p.16; 士来马赫：《宗教与敬虔》，谢扶雅译，第 313 页。

> 关于在我们命题里，绝对依靠等于"对上帝的关系"这一点，
> 应理解为：含在这种自我意识里有我们的又感受又自动之状态的
> "何由"（Whence）这一考虑，而这应依"上帝"这词而定；这正
> 为我们用那词的真正固有意义。在这关头，我们首先不可不提醒自
> 己，由于上文所显出的，这个"何由"不是指那作为时间上之存在
> 全景的世界，更不是世界的任何某一部分。[22]

我们看到，施莱尔马赫实际上是通过追溯部分依赖感与部分自主感这一自我意识状态的"何由"，从而来呈现绝对依赖感的对象的。根据我们前面的分析，基于主客对立的中级自我意识在内容构成上可以表现为一种世界意识。不过，无论是世界意识的整体，还是世界意识的组成部分，都因其所具有的交互属性而不足以构成整个意识状态的"何由"。毋宁说，无论是世界意识的整体，还是世界意识的组成部分，都需要被追溯至这一"何由"。可见，绝对依赖感的对象既不可能来源于整体世界，也不可能来源于世界意识中的任何存在者，而是最终只能指向一个能够决定整个意识状态的终极性因素。施莱尔马赫将这个终极性因素称之为"上帝"。因此，上帝就被作为绝对依赖感所特指的对象。在这个意义上，我们将这种由绝对依赖感所决定的自我意识称之为"上帝意识"。我们知道，部分自主感与部分依赖感呈现在世界意识中的交互内容，始终都是与主体相共存的；但相较而言，绝对依赖感呈现在上帝意识中的终极性因素，则是完全外在于主体的。可见，正如世界意识与上帝意识分别代表了中级与高级的两个发展阶段，共存性与外在性也各自代表了两种不同性质的对象。

由于世界意识中的任何内容都由主客对立的意识结构所构成，因此，共存性对象的呈现必然是采取某种观念的形式。然而，由于上帝意识恰恰表现为对主客对立的取消，因此，外在性对象的呈现就只能诉诸绝对依赖感本身。从这个意义上来说，上帝作为绝对依赖感所指向的对象，因其明确地有别于世界意识中所呈现的任何观念对象，从而被确立为自我意识发展至高级阶段所呈现的一种纯粹的情感对象。为了强调这种情感对象的纯粹性，施莱尔马赫说到：

> 其次，我们不可不注意到我们的命题，用意在反对这种依靠感
> 本身是以早先有关于上帝的知识为条件的见解。我们这一命题更有

---

22 Friedrich Schleiermacher, *The Christian Faith*, p.16；士来马赫：《宗教与敬虔》，谢扶雅译，第 313 页。

强调的必要，因为有许多人自命为确切具有上帝这样一概念，并认其为一种固有，完全不靠任何情感的真纯观念：而这个自我意识诚然可能相当接近于一种绝对自主之感，因而他们把我们视为一切敬虔的基本形态的那种情感，放得远远离开他们，认其为几乎是人性而下的。其实我们的命题无意要推翻这样一种固有知识的存在，而只是把它放在一边……[23]

就这段论述的用意来看，施莱尔马赫主要是想要针对当时主体理性主义所主导的语境做出某些的回应。具体来说，就是如何处理人们当时普遍接受的将上帝意识等同于一种脱离于一切情感的绝对性知识这一看法。在他看来，如果绝对依赖感是由某种先在的关于上帝的知识所决定的，那么这就意味着决定整个意识状态的终极性因素也要继续追溯至这种知识。由于任何知识在本质上都属于某种基于主客对立的观念，因此，原本作为终极性因素的上帝最终只是等同于某种被赋予了绝对性的观念对象。当然，就一种宗教的语境来说，上帝总是意味着一个绝对性的对象。即使是作为观念对象的上帝，也必然是在一种接近绝对自主感的意识中不断在程度上得到强化。然而，无论这个作为观念对象的上帝被赋予了何等程度上的绝对性，这种基于主客对立的观念所形成的上帝意识始终还是一种世界意识。换句话说，只要绝对依赖感尚未作为上帝意识的起点，那么所谓的上帝意识也无非是由一种近于绝对自主感所构建的观念性内容。

可见，施莱尔马赫这里的论述实际上是围绕上帝意识的起点之争而展开的。他表面上是在割离绝对依赖感与一种先在的关于上帝的知识之间的关联，实际上是在分离上帝意识所涉及的情感对象与观念对象。尽管他也在某种意义上肯定了上帝意识所涉及的观念表达，但是他最终还是强调上帝在根本上是作为一种情感对象，并明确地将绝对依赖感确立为高级自我意识的决定性起点。

三、敬虔的生存张力：绝对依赖感与感官性自我意识

我们在前述中已经分别论及了自我意识发展的三个阶段。现在让我们来关注这三个阶段之间的关系。施莱尔马赫对此总结了三点：首先，伴随着中

---

23 Friedrich Schleiermacher, *The Christian Faith*, p.17；士来马赫：《宗教与敬虔》，谢扶雅译，第 313-314 页。

级阶段的发展，低级阶段便告消失；其次，伴随着高级阶段的实现，中级阶段却并不会消失；最后，只要尚处于低级阶段，高级阶段就决不会出现。由于这三个阶段自低向高的发展变化分别对应于主客对立意识的未觉醒、确立与取消这三种状态。因此，从这个意义上来看，这三个阶段之间的差异都可以归结为主客对立意识的有无。然而，根据他的说明，尽管高级阶段与低级阶段同属于非主客对立的意识状态，但是高级阶段对主客对立意识的取消，既不意味着一种向低级阶段的倒退，从而避免使绝对依赖感沦为一种低等动物的混沌本能；也不表现为一种孤立的自同形式，以此避免将绝对依赖感等同于一种纯粹的思辨对象。我们看到，为了澄清这两点误区，施莱尔马赫在强调高级自我意识与中级自我意识之间的特殊关联的同时，特别引入了对宗教的敬虔意识的分析。

我们先来看一段施莱尔马赫对高级自我意识进行的说明。他说：

> 我们不可能要求最高级自我意识之恒常，除非假定那有感觉性（sensible）的自我意识总与它合流。当然，这种交合不能视为两物之融合，因为这将全然与我们所确立的它们二者之观念相违背。它无宁意味着二者在同一瞬间的共存，而这自然关涉着两者的交互关系，否则不免自我人格宣告破裂。任何人也不可能一会儿纯粹觉得他在对立范围内的关系，一会儿又觉得他根本地，一般地，在绝对依靠之中；因为，人感觉着他的绝对依靠，便是在对立范围内的这一瞬间，这一样子，而被规定了的。这在一瞬间将感觉界与高级自我意识关联起来，即是自我意识的终极点。[24]

他这里所谓的"有感觉性的自我意识"实际上所指的就是我们在前述中所论及的中级自我意识。考虑到这种自我意识在时间的进程中总是由一系列基于主客对立的不同观念所构成。因此，为了体现它变动不居的特征，我们在后文中将其统一称之为"感官性的自我意识"。根据施莱尔马赫的说法，尽管高级自我意识固然有其独特的表现，但是绝对依赖感却总是需要与感官性自我意识进行某种"合流"。他继续强调，这种绝对依赖感与感官性自我意识的"合流"，一方面保持着二者各自的不同特征，另一方面又实现了二者在瞬间中的某种联合。我们在前述中已经表明，上帝作为一种纯粹的情感对象，并不

---

24 Friedrich Schleiermacher, *The Christian Faith*, p.21；士莱马赫：《宗教与敬虔》，谢扶雅译，第 318 页。

取决于世界意识中的任何观念。这也就是说，绝对依赖感与感官性自我意识之间并不存在任何直接的关联。对此，我们需要问的是，施莱尔马赫究竟是在什么意义上谈论二者之间的"合流"呢？

我们知道，尽管高级自我意识所呈现的内容并非等同于一个基于主客对立所构成的整体世界，但是它却在绝对依赖感中指明了一种关于这个世界的"何由"，也即是对这个世界起终极决定性的上帝。因此，高级自我意识实际上并不以任何一种孤立的形式存在，而是在与每一个感官性自我意识相结合的瞬间，表现为对自我意识的一种终极性追溯。施莱尔马赫正是在这个意义上将二者关联的瞬间称之为"自我意识的终极点"。在他看来，自我意识的这种终极性发展所代表的，实际上正是人在宗教生存中的敬虔意识。因此，我们前面的问题就转换为，敬虔是如何在绝对依赖感与感官性自我意识之间的相互作用中表现的？我们来看施莱尔马赫对此所提供的两个视角。他说：

> 从下边看的，它是这样：当感性自觉完全排除了动物性混乱状态之时，就出现一种较高的趋向，与刘立作抗衡，而这趋向表达在自我意识上，便是绝对依靠之感。这时本人在带有部分自主感与部分依赖感的刻刻感性意识中，若越加同时采取绝对依靠的态度，他就越加敬虔。从上边看来，它是这样：刚才说了的那个趋向，确是人类心灵的固有天赋之势，从最初便挣扎着要打入意识圈内。但对立情态几久由动物混乱所遮蔽，它就不能做到如此。不过，随后它就肯定了自己。它越插入于那由感性所规定之自觉的刻刻，而半个也不脱漏，这样，那个人虽对其他类似有限者总得自己在部分自由部分依赖的心境中，但同时觉得自己，以及那些其他有限者，都在绝对依靠的状态中，他便是越敬虔了。[25]

所谓"从下边看"是旨在说明作为中级阶段的感官性自我意识具体是如何向高级阶段发展的。根据施莱尔马赫的论述，虽然感官性自我意识本身是基于一种主客对立的意识结构，但是自我意识的发展却要求一种超越这种对立的更高趋向。基于这种超越对立的趋向的推动，原本表现在自我意识中的部分自主感与部分依赖感就得以在同一个瞬间发展为绝对依赖感。由于敬虔正是取决于每一个这样的瞬间。因此，一个人越是能在感官性自我意识的瞬间将部

---

25 Friedrich Schleiermacher, *The Christian Faith*, p.22；士来马赫：《宗教与敬虔》，谢扶雅译，第 318-319 页。

分自主感与部分依赖感诉诸绝对依赖感，这个人也就越发敬虔。所谓"从上边看"则是为了表明作为高级阶段的绝对依赖感何以需要在中级阶段来展现自身。我们注意到，施莱尔马赫这次将自我意识中这种超越对立的发展要求，进一步确立为人的一种"原始而天生"的趋向。这也就意味着，只要暂不考虑主客对立尚未出现的低级自我意识的阶段，这种超越对立的趋向就必然存在于人生存的全部感官性领域。按照他的说法，任何一个表现为敬虔的意识瞬间，实际上都归功于这种超越对立的趋向在某一个与之相对应的感官性意识瞬间的落实。从这个意义上来说，一个人所能达到的敬虔程度，将直接取决于这种超越对立的趋向在整个感官性的领域内落实到了何种程度。

我们通过这两种关于敬虔的描述可以看到，高级自我意识与感官性自我意识总是表现为两个既相互作用又相互依存的构成要素。敬虔意识既然是以一种超越对立的绝对依赖感为终极点，那么要想在自我意识中真正实现这种高级趋向，就必然需要一个基于对立结构的意识开端。而这也就意味着，敬虔意识始终需要以某种主客对立的感官性意识为必要前提。不难看出，在这种情况下，超越对立的高级趋向与基于对立的感官性这二者始终处于一种张力性的关系之中。换句话说，敬虔意识正是在这二者之间的张力中涌现出来的。因此我们可以说，敬虔意识实际上就是某种张力意识。

为了进一步说明敬虔意识所表现的张力内涵，施莱尔马赫试图对张力两端的情绪状态进行一番比较。他指出，基于一种对立的意识结构，由感官性所决定的任何情绪必然都是在一种类似于苦或乐的框架之下呈现的。而从某种意义上来说，相对于感官性情绪的变动不居，绝对依赖感似乎就意味着一种持恒不变的自同状态。我们不禁会想，敬虔意识是否就意味着原本动荡不定的情绪状态被彻底转变为一种持恒性？或者说，敬虔意识是否就意味着人进入到一种完全不会出现情绪起伏的超然状态？施莱尔马赫对此是予以明确否定的。他认为，尽管敬虔意识需要诉诸绝对依赖感与感官性自我意识之间的结合，但是敬虔意识在每一个瞬间的情绪表现上，既不是直接取自于绝对依赖感的某种自同形式，也不是完全取决于感官性对立框架下的苦乐性质。施莱尔马赫对此说道：

> 所以在感觉的感性里已存的愉快和不愉快，不一定使绝对依靠感有同一性格。相反地，我们往往发现低级意识的哀愁和高级意识的喜乐结在同一的动念里，这足以表明高低两级并不彼此溶在这或那级，

也不中和而成为第三者。例如一个人在受苦时，能更靠托上帝。[26]

可见，在施莱尔马赫看来，敬虔意识在每一个瞬间的情绪表现都是由高级与低级这两个意识层面所共同构成的。对应于感官性自我意识的低级层面，它在情绪的表现上自然是遵循对立框架下的苦乐性质。但是对于高级层次上的情绪表现，施莱尔马赫却给出了一种不同的表述。他说：

> 这就是说：正如高级自我意识之突生，意味着生命之一种扩大，同样它若舒服地突生，窜入与一个不论是愉快或不愉快的感性自觉的关系中，这便意味着高级生命的安然进步，而比较带有快乐的烙印。反之，正如高级意识的消逝（我们如能知觉它的话），是意味着生命的萎退，同样每逢它坚困地突生时，就与它的消失相似，而只能被感着为高级生命的受窒碍。[27]

根据施莱尔马赫的论述，高级自我意识的情绪表现显然不再遵循于感官性的对立框架，而是取决于生命究竟是"扩大"还是"萎退"。不过，我们需要对他在这里所谓的生命之变化性质进一步进行分析。我们知道，在某种首要的意义上，人的生存总是以感官性为必要的基础。但正如施莱尔马赫所揭示的，单纯基于感官性的生存必然被限定在某一种主客对立的框架范围之内。另一方面，高级自我意识旨在通过实现一种超越对立的发展趋向，来打破感官性生存在当下所依据的某种固定的意识结构。换句话说，绝对依赖感在与感官性自我意识结合的瞬间，实质上是作为一种解构性的因素。但正如施莱尔马赫在这一方面所强调的，绝对依赖感只有在与感官性自我意识相结合的前提下，才具有实际的意义。那种试图单凭绝对依赖感而达到一种彻底脱离一切感官性自我意识的理想生存状态，在现实中是根本不存在的。由此可见，高级自我意识对感官性自我意识所带来的解构，并不旨在彻底取消一切的感官性生存，因为这样的话，人的生存也将不复存在。事实上，高级自我意识所发挥的解构性作用，对于任何感官性的意识结构来说都将意味着一种新的重构。这种重构对于当下的感官性生存而言，无疑具有一种扩展的意义。这也正是施莱尔马赫所谓的生命的扩大。

相对于生命的扩大是得益于感官性意识结构所得到的重构，生命的萎退

---

26 Friedrich Schleiermacher, *The Christian Faith*, pp.23-24；士来马赫：《宗教与敬虔》，谢扶雅译，第 320 页。

27 Friedrich Schleiermacher, *The Christian Faith*, p.24；士来马赫：《宗教与敬虔》，谢扶雅译，第 320-321 页。

则归结为高级自我意识的解构性作用遭到压抑。按照施莱尔马赫的看法，在高级自我意识与感官性自我意识相结合的瞬间，如果感官性生存所得到的是一种扩展，那么，即使低级意识层面表现的是忧伤，高级意识层面的情绪表现也始终是偏向快乐的。显然，这种情况是高级情感压倒了低级情绪。相反，如果感官性生存最终没有得到任何扩展，或者说，相对于高级自我意识所要实现的发展趋向而言，维持原状的感官性自我意识也就等同于一种生存的萎缩，那么，即使低级意识层面表现的是快乐，高级意识层面的情绪表现也始终是偏向忧伤的。这种情况则表明低级情绪压倒了高级情感。[28]然而，值得我们注意的是，施莱尔马赫在论及这两种情况对敬虔意识的构成所具有的意义时，并没有直接采取一种非此即彼的方式。他说：

> 这种交替，无疑地形成了所有敬虔生活的情感内容……然我们可以进而一问这种通常路程，怎样连系于我们在一较早论点中所论述（即使尚成为问题）为它的最高发展。设想那两种相反性格都在各个敬虔情绪中不断地强度攻入，因而两者更迭升至一个剧烈程度：这就给敬虔生活以一种动荡无常，为我们所不能认有最高价值的。但设想这些困难渐告消失，使得敬虔情绪成为稳定状态；同时，高级情感渐渐压倒了低级，因而在直接的自我意识中，感性自觉与其为包含苦与乐对比，无宁为帮助绝对依靠感之出现，使那对比就转入至仅仅认知的境界。那么，苦乐对比几乎又从高级生命里消除这一事实，无可争论地，表示着高级生命已到达了最丰富的情感内容。[29]

按照施莱尔马赫的想法，由于人的现实生存始终离不开感官性的支持，这就使得敬虔情绪的"通常路程"必然呈现为一个由上述两种情况所形成的交替过程。从这个意义上来说，任何一种在瞬间中表现的敬虔情绪，无论是高级情感压倒低级情绪的情况，还是低级情绪压抑高级情感的情况，实际上都同样可以归结为高级情感与低级情绪之间的这种张力。与此同时，他也强调，敬虔就其所实现的"最高的价值"而言，并不得益于上述两种情况之间交替的剧

---

[28] 施莱尔马赫在论述中强调，由于我们这里的分析是以高低两种意识的结合为前提的，因此，在后一种情况中，即使就最终的情绪表现来说仍然是感官性的，但是我们也不能直接将其等同于一种由孤立的感官性自我意识所决定的情感状态，而是将其归之为一种高级情感被感官性情绪压抑的情况。

[29] Friedrich Schleiermacher, *The Christian Faith*, p.24；士来马赫：《宗教与敬虔》，谢扶雅译，第 321 页。

烈程度，而是取决于高级情感能够在多大程度上压倒低级情绪，最终使得这一交替过程趋于一种低级情绪逐渐受压制的稳定状态。不过，即使在这一实现过程中，高低级两个意识层面之间的张力也是必不可少的：一方面，任何一种基于感官性自我意识的苦乐对立，总是指向一种超越对立的高级发展趋向；另一方面，作为一种解构性因素的绝对依赖感，总是离不开某种特定的感官性意识结构。我们想要指出的是，尽管施莱尔马赫试图描述一种近乎完美的敬虔情绪，但是这与其说他是在暗示敬虔的完美状态所具有的现实性，不如说他是在强调构成敬虔的这种张力意识所具有的持续性。

在此做个小结。我们这一节的内容主要是接续上一节中关于敬虔的真正源头这一问题的探讨。面对当时主导思想界的主体理性主义语境，也即是将主体性确立在纯粹的理性思辨之上的这种设想，施莱尔马赫从自我意识的角度对其进行了一番"复位"与"清算"。在揭示出这种绝对自主的主体性意识最终必然导致空洞形式的同时，他将另一种表现为相对共存的主体性确立为一个新的意识起点。从这个新的主体性意识出发，施莱尔马赫向我们展现一种由部分自主感与部分依赖感交织而成的自我意识，以及它在整体上表现为一种由主体与共存性对象所组成的世界意识。不过，不同于理性思辨所能达到的绝对自主性，自我意识所能实现的终极性发展在于一种绝对依赖感的出现。由这种绝对依赖感所决定的高级自我意识便是所谓的上帝意识。相对于世界意识通过主客对立的意识结构所呈现的观念对象，上帝意识则通过绝对依赖感对主客对立的取消而呈现出一种纯粹的情感对象。在将绝对依赖感确立为高级自我意识的一个情感出发点之后，我们转向了施莱尔马赫关于敬虔张力的探讨。施莱尔马赫提醒我们，由于我们的生存始终离不开基于主客对立的感官性自我意识，因此，由高级自我意识所决定的敬虔意识并非直接诉诸一种孤立形式的绝对依赖感本身，而是需要以一种由绝对依赖感与感官性自我意识所共同构成的生存张力为前提的。我们看到，施莱尔马赫所界定的敬虔概念已经不再是一个由绝对自主的主体性所建构的主客二分的形式，而是表现为一种旨在超越感官性生存的张力意识。

第三节　情感与观念：施莱尔马赫的敬虔理论

在上一节的内容中，我们分析了绝对依赖感所代表的高级情感与感官性情绪之间的张力关系。根据施莱尔马赫的论述，所谓的敬虔意识既不完全取决于高级情感对低级情绪的压倒，也不会由于低级情绪对高级情感的压制而丧失殆尽。换句话说，他对于敬虔的界定并未限定于某一种特定的表现形式，而是直接诉诸张力意识本身。显然，将敬虔置于这种张力意识的分析框架之下可以在很大程度上展现敬虔意识在表现上的多元性。不过，我们也不禁会问，这种内容上相对空泛的分析框架能否为现实中存在的那些具定的敬虔意识提供有效的说明呢？

不可否认，对于任何一种具定的敬虔意识的说明都需要满足以下两个条件，其一需要表明它在范畴上与其他所有敬虔意识共同的归属性，其二需要体现它在特定的归属范畴内区别于其他敬虔意识的独特性。前者涉及的是敬虔意识的一般性范畴，后者涉及的是敬虔意识的特殊性范畴。我们注意到，施莱尔马赫在接下来的论述中开始关注现实中存在的那些具定的敬虔团体，并且也同时从一般性与特殊性这两个角度对这些敬虔团体特定的表现形式进行了分析。在这一节中，我们将关注施莱尔马赫关于敬虔意识多样性的论述。

一、一般敬虔意识的不同阶段：偶像崇拜、多神教与一神教

我们先来看施莱尔马赫针对敬虔团体的产生而给出的一种现象上的分析。他首先指出，敬虔团体出现的条件是一种存在于每个人之中的"共通意识"[30]。这种共通意识具体表现为每个人不断寻求与其他人联结的一种生存倾向。继而，他向我们展现了实现这种联合所涉及的两个环节。首先是个体自身情感的表达。在他看来，基于普遍的共通意识，个体所拥有的任何一种情感都不是为其自身而孤立存在的，而是必然会自发地诉诸某种外向性的表现。不过，对于他人来说，情感表达者自身所拥有的情感本身与那些由这种情感所引发的观念或者行动之间的分别，往往由于遭到忽略而被混为一谈。这就涉及到联合所必须的第二个环节，即对他人情感表达的感知。一般来说，某人越是能够准确地感知到他人的情感状态，他也就越容易与情感表达者获得情感共鸣。施莱尔马赫强调，最终获得情感共鸣的感知者之所以能够与情感表达者在观念与行动上联合一致，并非是仅仅通过对某种特定的观念或者行动所进行的直接模仿，而是基于某种情感在他们中间所实现的交流与传播。可见，施莱尔

---

30 "共通意识"在英译本中对应的是"the consciousness of kind"。字面意思就是关于同类的意识。参见 Friedrich Schleiermacher, *The Christian Faith*, p.27；士来马赫：《宗教与敬虔》，谢扶雅译，第 323 页。

马赫旨在说明，任何一种敬虔团体的形成与维持，在根本上都是基于一种由绝对依赖感所引发的情感共鸣。

尽管施莱尔马赫将绝对依赖感确立为敬虔团体出现的决定性因素，但是这并不意味着所有的敬虔团体都必然表现出一致性。事实上，无论是在形式上，还是在程度上，不同的敬虔团体之间都存在着一定差异。让我们来看施莱尔马赫是如何分析敬虔团体的多元性的。他说：

> 正常的偶像崇拜是基于自我意识的混乱状态，它表示着人的最低级情况，因在其中，高低无所差别，以致甚至绝对依赖感是被认为由感官所接的一种物体发生的。多神教也如此：既然在其中宗教感受性和可感性自觉的纷纭情绪相结合起来，它就这么强调情形上的芜杂分歧，以致绝对依赖感不能显出其统一，与其对于所有可感性自觉的置之不顾，却是把多头当作它的来源。但当高级自觉充分发达了以后，与可感性自觉截然分开，那时，就我们一般暴露于可感的激刺，即是，就我们是世界组成的部分，因而将整个世界纳入我们的自觉之中，并意识到其全体的有限性而说我们乃意识着自己为绝对依靠。这种绝对依靠感只能拿一神说来描述……[31]

施莱尔马赫提出了三种较为典型的宗教类型。它们一方面都属于由绝对依赖感所决定的敬虔团体，但另一方面也一般的意义上代表着敬虔意识的三种发展程度。根据他所依次论及的顺序，这三种敬虔意识实际上向我们展现了绝对依赖感是如何在程度上不断得到纯化的过程。与此相对应的，便是绝对依赖感与感官性情绪这一高低级情感之间逐步得到明确对立的过程。下面，我们打算对这三种敬虔意识逐一进行分析。

首先，偶像崇拜是绝对依赖感在敬虔意识中的表现程度最不充分的一种情况。像拜物教所表现的那样，信众有时会直接向着某个从感官世界中分别出来的特定对象投以绝对依赖感，从而使得某个特定的感官性对象明显地区别于其他所有的感官性对象。尽管这种绝对依赖感能够在程度上具有压倒所有其他感官性情绪的优势，但是在性质上却尚未与全部感官性情绪明确地分离开来。因此，偶像崇拜的张力意识在很大程度上都是基于感官性对象之间的对立性关系来表现的。

---

31 Friedrich Schleiermacher, *The Christian Faith*, p.35；士来马赫：《宗教与敬虔》，谢扶雅译，第 332 页。

　　其次，多神教是绝对依赖感在敬虔意识中的表现程度得到进一步强化的一种情况。随着偶像崇拜开始将绝对依赖感投以更多的感官性对象，原本在感官性对象之间所形成的单一的对立性关系，将逐渐呈现出多个对立性关系的并存局面。我们知道，绝对依赖感的指向始终都具有唯一性的诉求。在单一的对立性关系中，绝对依赖感指向的唯一性可以直接在感官性的层面上得到实现。但是在多个对立性关系并存的情况之下，绝对依赖感指向的唯一性就不再能直接获得满足了。这也就意味着，由绝对依赖感所指向的多个感官性对象形成了一种新的对立性关系。在处理这种新的对立性关系时，如果仍然将其等同于一种感官性层面的对立性关系，从而直接对这些并存的感官性对象进行取舍，那么这样的多神教就更接近于一般的偶像崇拜；如果将这种新的对立性关系区别于直接的感官性层面，也就是说，通过对这些并存的感官性对象进行整合与统一，从而形成一种观念层面上的对立性关系，那么这种多神教就更接近于后一阶段的一神教。就后一种情况而论，随着绝对依赖感所指向的对象开始由感官性向观念性转变，高级情感与低级情绪之间在性质上的分离也得到了一定的推进。

　　最后，我们来分析一神教的敬虔意识。多神教通过对并存的感官性对象进行一种观念化的整合统一，从而首先在形式上呈现为一种一神教。如果这种一神教所投以的绝对依赖感只是从若干的感官性对象转向了某种固定的观念性对象，那么它的张力意识在表现形式上虽然脱离了直接的感官性层面，但是所获得的观念却仍然是基于一种对立性的结构。不过，如果这种形式上的一神教致力于追求观念对象的绝对化，也就是说，它一方面使得观念对象不断地与每一个感官对象作出区分，另一方面则推动自我意识不断扩展至一种包括主体自身在内的整个感官世界，那么这样的一神教最终将获得一种超越主客对立的终极性指向。与此同时，由于观念性对象总是随着感官性对象的扩展而变化，因此，绝对依赖感便不再满足于对观念性对象的阶段性的指涉，而是直接追溯至一个能够对所有意识起到决定性作用的终极性因素。这个终极性因素即是一切感官性对象与一切观念性对象存在的根据与源头。如果这个终极性因素超越所有观念性对象而呈现为一种纯粹的情感性对象，那么这就意味着绝对依赖感在敬虔意识中的表现达到了一种最高程度上的纯化。不难看出，这个作为纯粹情感性对象的终极性因素，便是一神教中所指涉的上帝。由于这种实现了完全程度的绝对依赖感最终被确立为一种超越对立结构的高级情感，因此，一神教敬虔意识所表现的张力形式便在最大程度上实现了高低级情感之间的分离。

我们通过对敬虔意识这三个发展阶段的分析可以看到，一方面，绝对依赖感对于每一种敬虔意识说，始终都作为一种决定性的情感因素而存在；但另一方面，绝对依赖感在表现上往往会掺杂感官性或观念性的成分，这就使得张力意识在表现形式上未能对高低级情感做出明确的分离。而这种高低级情感之间所实现的分离程度也就在某种意义上决定了敬虔意识不同的发展阶段。不过，尽管每一种敬虔意识的出现都离不开绝对依赖感这一情感性要素，但这并不意味着所有的敬虔意识都必然要以一种完全程度上的绝对依赖感为前提。正如偶像崇拜与多神教所表现的那样，它们各自所代表的敬虔意识实际上就表明了绝对依赖感是在不同程度上发挥效用的。可见，虽然绝对依赖感作为一种情感性的要素普遍地存在于所有的敬虔意识之中，但它并非总能像一神教那样以纯粹情感的方式呈现为一种完全的程度，而是也会在程度不完全的条件下借助于感官性或观念性的形式来表现自身。

我们看到，施莱尔马赫实际上将敬虔意识展现为一种远比传统上的规定更具广泛性的范畴，但这并不意味着敬虔意识就失去了它区别于其他意识范畴的独特性。事实上，他为我们所限定的是一种关于敬虔意识的一般性范畴。这个一般性的范畴涵盖了绝对依赖感在任何一种程度上所构成的张力意识。换句话说，这个一般性的范畴是以高低级情感所构成的张力意识为前提的。可见，基于这个一般性的范畴，敬虔意识便作为一种独特的意识状态被确立了下来。但与此同时，施莱尔马赫又指出，如果要对敬虔意识作进一步的分析，那么这个一般性的范畴还是存在着一定的限制。他说：

> 不过，我们不可以因此而遽结论到：为了说明拜物教的产生，需要假定由其更低下的阶段，即完全没有宗教情绪那种状态。当然有不少曾描写过人类的原始状态为这样的一种猱狂时期；但是，即使我们不能否定这种状态的一切迹象，我们也无法历史地证明，或大体想象到，这个状态究竟怎样发展到以较高阶段来的。我们也无法更表明多神教藉着仅仅内在过程，把自己变化到纯粹的一神教；虽则我们至少能认其为可能……[32]

---

32 Friedrich Schleiermacher, *The Christian Faith*, p.37；士来马赫：《宗教与敬虔》，谢扶雅译，第 333 页。

我们可以将他以上的论述归纳为两点，首先，我们无法凭借这个一般性的范畴来说明这个范畴边界内外的两种意识状态之间是如何转化的。他强调，无论构成敬虔意识的绝对依赖感在程度有多么接近于无有，我们也无法据此而设定一种关于绝对依赖感出现的前意识状态。也就是说，除非绝对依赖感已经在自我意识中作为一种情感性的生存起点，否则，我们无法凭借这个一般性的范畴来谈论绝对依赖感尚未出现时的意识状态。其次，我们也无法说明这个一般性范畴之内的敬虔意识是如何从低级阶段向高级阶段发展变化的。尽管我们可以根据绝对依赖感在表现上的不同程度来区分敬虔意识的不同发展阶段，但是这并不意味着我们可以说明绝对依赖感是如何在不同程度之间进行转化的。可见，绝对依赖感在这个一般性范畴的层面上所具有的分析意义，实际上只能体现为一种普遍的属性。这也就在此提出了下一步的任务：我们尚需要在一种特殊性的层面上来呈现绝对依赖感对敬虔意识的构成。接下来，我们将转向施莱尔马赫关于敬虔意识的特殊性的分类。

二、一神教敬虔意识的发展倾向："目的论的"与"美的"[33]

我们在前面的分析中已经表明，无论绝对依赖感表现为何种程度，但只要它作为一种情感性的起点而出现，那么由此所构成的意识便是敬虔的。换句话说，所有的敬虔意识都必然基于同一个前提，即使绝对依赖感成为自我意识发展的情感性起点。在确立了敬虔意识的起点之后，施莱尔马赫继而指出，敬虔意识不仅因着绝对依赖感的不同程度而发展为不同的阶段类型，而且即使是基于相同程度上的绝对依赖感，也会存在着不同的发展倾向。下面，我们来看他是如何通过对三种一神教[34]的分析来呈现敬虔意识的不同发展倾向的。

为了寻找到对这三种一神教都适用的分析框架，施莱尔马赫首先从敬虔意识的张力关系上入手。我们知道，敬虔意识的张力关系是由绝对依赖感与感官性这两个层面所构成的。由于一神教的敬虔意识是以绝对依赖感表现的完全程度为特征的，因此，我们仅凭绝对依赖感的程度是无法区分一神教的差异性的。再者，就绝对依赖感本身而论，在尚未与感官性相结合之时，它也总是自同不变的。可见，到目前为止，除了统一于相同的程度之外，绝对依赖感无

---

33 "目的论的敬虔"与"美（感）的敬虔"对应于英译本中的"teleological religion"与"aesthetic"。参见 Friedrich Schleiermacher, *The Christian Faith*, p.42；士来马赫：《宗教与敬虔》，谢扶雅译，第 338-339 页。

34 施莱尔马赫所论及的三种一神教分别指的是犹太教、基督教以及伊斯兰教。

法为一神教提供更多的说明。于是，施莱尔马赫将关注转向了构成张力关系的另一层面：感官性。他说：

> ……那个绝对依赖感为了实现它自身在一个实际的动念（moment）里，首先必与自觉的感性刺激必然是无限歧异不同的。诚然，绝对依靠感在其本身，是一律平等联及这些刺激，并皆为它们所招致。但在类推上，我们可以假定这个关联在实际上是不单因个人更因大群而各各歧异。[35]

他强调，绝对依赖感并不是以孤立的形式存在，而是总要通过与感官性的结合才能呈现出来。由于绝对依赖感本身的自同不变，因此，无论感官性刺激呈现出怎样的多元性，但每一种感官性也都是在对等的程度上与绝对依赖感相结合的。不过，如果从经验观察上来看，感官性往往会在这种结合中呈现出某些基于个体或者群体的特定倾向。他首先指出，就个体的感官性表现而论，总有一些较容易地与绝对依赖感相结合，而另一些则较难甚至最终也无法与绝对依赖感相结合。特别地，在不同的个体之间，这种感官性倾向不仅会因人而异，而且也会因条件而异。从这个意义上来说，每个个体所形成的敬虔意识实际上都是基于某种特定的感官性倾向。不过，施莱尔马赫却并没有继续发展这个推论，反而说道：

> 但这只能在个人的场合有效……然一个宗教与另一个的不同情况，却不能这样解说，因为每一个团体无不包含一切这些分歧，无一得免于它内部这种或那种情绪，或者甚至使这一情绪比之另一情绪少有势力。[36]

在他看来，尽管敬虔意识在个体之间所表现的差异可以在某种意义上归结为感官性倾向在个体之间的有别，但是这种说明在敬虔团体之间却并不适用。他指出，在每一个敬虔团体中，个体成员之间所表现的感官性倾向往往都是千差万别的。由此可见，敬虔团体的决定性因素并不在于个体之间趋于一致的感官性倾向。既然个体的感官性倾向由于总是表现得千差万别而无法为敬虔团体提供统一性的说明，那么我们能否基于群体的感官性倾向来呈现敬虔团体的实质呢？为了便于说明群体的感官性倾向，施莱尔马赫将分析建立在

---

35 Friedrich Schleiermacher, *The Christian Faith*, p.40；士来马赫：《宗教与敬虔》，谢扶雅译，第337页。

36 Friedrich Schleiermacher, *The Christian Faith*, p.40；士来马赫：《宗教与敬虔》，谢扶雅译，第337页。

自我意识的两种基本特征之上，即受动性与主动性。[37]按照他的说法，有的群体更倾向于将主动性的自我意识与绝对依赖感相结合，并同时将受动性的自我意识继续保留在感官性之中。而另外的群体则可能会表现出截然相反的倾向。不过，除非比较的双方能够在自我意识的主动性与受动性的划分上确保一致，否则，任何基于群体的感官性倾向而进行的说明难免都是模糊不清的。事实上，不仅不同的群体在自我意识的主动性与受动性的划分上往往是不尽相同的，而且同一个群体关于自我意识的主动性与受动性的划分也是不断变化的。我们看到，由于群体的感官性倾向本身很难在准确的意义上被界定，从而也就无法为敬虔团体提供最终有效的说明。

让我们再以一个具定的宗教为例。我们知道，犹太教几乎可以算是一种纯粹的民族性联合，甚至在感官性倾向上会表现出程度较高的一致性。但显然，我们并不能将这个敬虔团体的决定性因素归之于某种特定的感官性倾向。除了上面所陈述的原因之外，这里实际上还存在着一个更为关键的理由：那些完全由感官性倾向所决定的团体，并不必然是一种敬虔团体。关于这一点，我们基于一般的经验观察就可以获证。事实上，施莱尔马赫以上这番探索性的分析旨在提醒我们，一旦忽略了绝对依赖感这一情感性的起点，那么所有关于敬虔意识的讨论都极有可能会逐步脱离于敬虔的一般性范畴，最终与其他的意识状态混为一谈。我们同时也看到，一方面，绝对依赖感作为敬虔意识的情感性起点，并不是以孤立的方式自同不变地呈现在自我意识之中，而是总要在与感官性结合起来；另一方面，尽管单从感官性的角度并不足以说明敬虔团体的决定性因素，但是绝对依赖感在每一种敬虔意识中的独特表现却始终与特定的感官性倾向存在着某种关联。可见，我们关于敬虔意识的讨论不能从张力关系中的任何一方单独入手，而是需要以张力关系本身为出发点。

据前述，一神教的敬虔意识具有两个特征，其一是绝对依赖感以完全的程度呈现为一种纯粹的情感，其二是张力关系在构成形式上表现为高低级情感之间的明确对立。在这种张力关系中，一方是旨在超越感官性对立结构的高级情感，另一方则是由感官性对立结构所决定的低级情绪。特别地，在一神教所表现的敬虔意识中，这种张力关系往往会呈现为一种普遍的上帝意识。但是，

---

37 "受动性"与"主动性"对应于英译本中的"activity"和"passivity"。结合上下文，我们想要对此说明的是，施莱尔马赫在这里使用的"受动性"和"主动性"这对概念，与他在论述中多次使用的"自主性"和"接受性"（英译本中对应于"activity"和"receptivity"）这对核心概念是有别的。

施莱尔马赫指出，对于在时间进程中不断发展的上帝意识而言，张力关系中的双方并非保持为一种互不干涉的隔离状态，而是会基于对比性的力量形成某种整体性的倾向。事实上，上帝意识的发展态势是由以下两种基本的整体性倾向所决定的：要么高级情感克服低级情绪，要么低级情绪压抑高级情感。可见，虽然一神教具有普遍的上帝意识，但是上帝意识的发展却必然基于不同的倾向而表现出不同的意识特征。为了进一步呈现敬虔意识的发展是如何由这两种倾向所决定的，我们来关注施莱尔马赫两处相关的论述。他首先向我们描述了这样一种特定的敬虔意识：

> 如果预表在敬虔情绪里的行为，是对推进上帝国有实际的贡献，这就是一个提高心神的状态，不管其所由来的是快感或不快感。但若行为是一种遁入小我，或助成把高级生命闭塞，这就是一种压下心神的状态，不管其所由来的曾为快感或不快感。[38]

我们从他所呈现的两种不同层面的意识活动中看到，一种表现为"快感或不快感"的意识层面始终被另一种表现为提高或压下的"心神状态"的意识层面所超越。我们知道，情绪上快感或不快感必然是由感官性的对立结构所决定的。但是，决定心神状态的提高或压下的因素又是什么呢？我们注意到，他将心神状态的提升归之于一种对"上帝国"的推进，而将心神状态的压下归之于一种向"小我"的遁逃。我们先来理解"上帝国"在这里的含义。尽管我们对于"上帝国"的理解总要借助于某种观念的形式，但是，如果将"上帝国"完全等同于某种观念对象，那么这就意味着"上帝国"在根本上也同样是由感官性的对立结构所决定的。如此一来，原本由不同意识层面所构成的张力关系就转变成了一种仅限于感官性意识层面上的观念之争。因此，为了完全区别于由感官性所决定的意识活动，关于"上帝国"的意识活动就需要在一种更高的层面上表现为对主客对立的意识结构的超越。从这个意义上来说，所谓推进"上帝国"的意识活动就意味着对这种超越的实现。相反，所谓"遁入小我"的意识活动就意味着对这种超越的阻碍。按照他的说法，前者是一种"提高心神的状态"，而后者是一种"压下心神的状态"。也就是说，与快感或不快感的感官性情绪不同，提高或压下心神的状态非但不是由某种对立结

---

38 Friedrich Schleiermacher, *The Christian Faith*, p.42；士来马赫：《宗教与敬虔》，谢扶雅译，第338页。"快感或不快感"对应于英译本中的"pleasant or unpleasant"，"心神状态"对应于英译本中的"the mental state"。

构所决定的，反而是取决于对感官性对立结构的超越究竟是得到实现还是受到阻碍。

事实上，相对于完全基于感官性所表现的低级情绪，这种处于张力关系中的"心神状态"正是基于绝对依赖感所表现的高级情感状态。所谓提高或压下心神的状态便是对绝对依赖感能否获得自由表达的直接反映。分析到这里，我们已经不难看出，施莱尔马赫在这里所论及的敬虔意识，就其所表现的发展态势而论，正是以高级情感克服低级情绪的整体性倾向为前提的。从张力双方的构成形式上来看，以上的这种整体性倾向被施莱尔马赫界定为一种"自然对道德的附属"，并将其划分为"目的论的敬虔"。他据此指出，在三种一神教中，除了伊斯兰教，犹太教与基督教都属于这一类型。[39]

与此同时，施莱尔马赫又向我们论及了另一种与上述明显不同的敬虔意识：

> 随而他的每一敬虔情绪里，那个关系本身便可假定为由最高本体所安排的世界万有所波及于本人影响力的结果，在高兴的情绪里成为和谐，即个人生活的美，而在不快或抑屈的情绪里成为失调与丑。这种敬虔情态，因其中每一动念无不被整个有限世界所支配，故而属于受动方面；而被吸入于绝对依靠感的这种敬虔形态，即可称为"美的敬虔"。[40]

我们看到，他同样向我们呈现了两种不同层面的意识活动，但是在关系的构成上却与目的论的敬虔有所不同。在这里，一种表现为快感与不快感的意识层面不再作为一种被超越的对象，而是成为了另一种表现为美或丑的意识层面的决定性因素。尽管"最高本体"代表了一种相对感官性而言的高级意识层面，并且也在某种意义上实现了对低级感官性的"超越"，但是这种"超越"并没有触及感官性的对立结构本身，而是将原有的感官性对立结构赋予

---

39 尽管犹太教与基督教都属于目的论的敬虔，但是二者之间还是存在着一定的差别。施莱尔马赫在论及犹太教的某种"不完全"时说到："就犹太教来说，虽然它把受动心能联系到主动的，多是在于神的赏罚里，而非在道德挑战势力里，但其上帝意识的统制形式是命令的'意志'；因而，即使它出乎受动心情，但必转至主动力。"参见 Friedrich Schleiermacher, *The Christian Faith*, p.43；士来马赫：《宗教与敬虔》，谢扶雅译，第 340 页。值得一提的是，张云涛并没有从这个意义上来解读施莱尔马赫所呈现的这种"程度上"的差别，从而认为施莱尔马赫对于犹太教的说法有失公允。参见张云涛：《施莱尔马赫论犹太教》，《暨南学报（哲学社会科学版）》2014 年第 12 期，第 136-142。

40 Friedrich Schleiermacher, *The Christian Faith*, p.42 士来马赫：《宗教与敬虔》，谢扶雅译，第 338 页。

了一种对整体意识活动的发展都具有规定性的终极意义。结合他的论述来看，在高级意识层面上所呈现的"和谐与美"，实际上就取决于意识活动的发展与"最高本体"所代表的对立结构相一致；相反，所谓的"失调与丑"则意味着意识活动的发展不符合"最高本体"所代表的对立结构。从敬虔意识的这种表现来看，无论是"和谐或失调"，还是"美与丑"，实质上也都是对绝对依赖感能否在自我意识中获得自由表达的一种反映。也就是说，"和谐与美"对应于绝对依赖感的自由表达，而"失调与丑"则对应于绝对依赖感的表达受阻。然而，由于这里的绝对依赖感始终是由感官性的对立结构所限定的，这也就意味着，敬虔意识的发展在根本上是以低级情绪对高级情感的压抑为倾向的。施莱尔马赫将这种倾向界定为一种道德附属于自然的张力关系，并将其划分为"美的敬虔"。他据此指出，伊斯兰教正是这一类型的典型代表。[41]

总的来说，通过对张力双方的对比性力量的深入分析，我们得到了决定一神教敬虔意识发展的两种基本倾向。施莱尔马赫正是根据这两种基本倾向所代表的"目的论的敬虔"与"美的敬虔"，对三种一神教进行了对比性的分析，从而为一神教敬虔意识所表现的多样性提供了说明。与此同时，我们也看到，即使是受到同一种倾向的决定，敬虔意识的发展也会因着绝对依赖感是否获得了自由表达的程度而有所不同。为了进一步理解敬虔意识所呈现的多样性是如何通过绝对依赖感的这两种表达情况而发展出来的，在最后一部分论述中，我们将追踪施莱尔马赫对基督教敬虔意识的形成过程所进行的论述。

三、基督教敬虔意识的交替环节：救赎需求与救赎满足

尽管基督教被施莱尔马赫确立为一种目的论的敬虔，但这并不意味着基督教所表现的敬虔意识会因着这同一种发展倾向而全然一致。事实上，基督教内部每一种具定的宗派都会在一定程度上强调并保持自身与众不同的独特性。因此，如何从目的论敬虔的统一性出发来说明基督教敬虔意识的多样性，就成为施莱尔马赫重要的问题意识。我们先来看他所提供的一种观察。他说：

> ……在开始时自安于贫乏的结果，而希望在处理进行中逐渐地

---

41 施莱尔马赫在论及伊斯兰教时说到："它的敬虔形态完全凝注于不变的神命之意识，而甚至自发主动的意识之所以联结于绝对依靠感，只在于它的决定像是受着神命的支配。这种定命论的性格，很清楚地显出把道德附属于自然之下。"参见 Friedrich Schleiermacher, *The Christian Faith*, pp.43-44；士来马赫：《宗教与敬虔》，谢扶雅译，第 340 页。

得到结果的完成，这将比之首先就用一个狭窄而拒外的公式，来得妥当，因为后者必然有一个或以上的公式与它相反，迟早必要同它们冲突。[42]

他提醒我们，要想为这些存在分歧的宗派提供某种统一性的说明，首先需要放弃的便是每种宗派在宣称自身时所遵循的"公式"。[43]根据他的论述，所谓的公式实际上表现为一种对思想的规定性。在这种公式的规定下，每一种宗派在形成自身独特性的同时，也必然表现出一种排他性。从这个意义上来说，宗派之间之所以表现出分歧，根本上是源于它们所遵循的公式存在差异。然而，在我们试图想要通过宗派所遵循的公式来呈现基督教的多样性时，却遇到这样一个问题：如果基督教在根本上是由宗派所遵循的公式所决定的，那么这不仅将取消基督教的统一性，而且也会使关于基督教的界定陷入混乱。可见，尽管公式对于每一种具定的宗派来说是不可或缺的，但由于公式之间的无法相容性，因此，我们无法直接通过公式本身来说明这些基督教宗派之间所存在的统一性。不过，施莱尔马赫从这些不同的公式之中发现了一个共同的要素，这就是关于"救赎"的意识。他指出，这种独特的救赎意识是所有基督教宗派在表现其敬虔意识时所普遍存在的。他说：

> ……这名词（救赎）本身在这个领域内，只是象征性的，大体意味着一种出路，由那表象为奴隶或束缚状态的恶境到达一个较好的状况……但我们若把这词应用到敬虔的领域，那么，从其目的论的立场来看，所有苦恶状况只能成自高级自觉生命之一种阻碍或被拘囚，因而弄到它无法与各种各样的感性自觉结合起来，以致几无或绝无敬虔生活。我们可以称这种状况——就其最极端的形式来说——为"无神状态"或较适当些，"忘记上帝"状态。但我们必不能以为在这种状态中上帝意识殊不可复燃。[44]

---

42 Friedrich Schleiermacher, *The Christian Faith*, p.53；士来马赫：《宗教与敬虔》，谢扶雅译，第 350 页。

43 在英译本中，"公式"对应于"formula"。值得注意的是，康德的《仅限理性限度内的宗教》中所使用的"准则"概念，其英译文也是"formula"。对此，我们将在随后的论述中表明，这个对应于"formula"的概念，无论是施莱尔马赫所谓的"公式"，还是康德所谓的"准则"，实际上指的都是人在判断选择时所必然依据的某种特定的"善观念"或者"理解结构"。

44 Friedrich Schleiermacher, *The Christian Faith*, p.54 士来马赫：《宗教与敬虔》，谢扶雅译，第 351 页。

根据他的分析，这种独特的救赎意识总是关联着一种呈现为苦恶状况的自我意识。一般来说，所谓的苦恶状况往往是由人们在生存中所遭遇的苦难所引起的，而救赎无非就意味着对苦难的解除或摆脱。然而，救赎意识在具体的形成过程中，却会因着对苦恶状况不同的理解而表现出差异性。他特别指出，如果敬虔意识的发展是由目的论的倾向所决定的，那么意识活动中出现的苦恶状况就会被理解为一种对实现高级自我意识的阻碍或停滞。而由此所形成的意识活动将会指向一种超越感官性对立结构的救赎诉求。虽然他的论述并没有涉及敬虔意识的另一种发展倾向，但是为了便于对应，我们不妨再对美的敬虔加以分析。据前述，由于美的敬虔表现为一种由对立结构所主导的倾向，因此，苦恶状况将会基于原先的对立结构而被理解为一种被赋予终极性意义的"失调与丑"。相应的，由此所形成的救赎意识则会指向一种在美感意义上"弃之而后快"的诉求。可见，从敬虔意识发展的不同倾向出发，不仅在理解苦恶状况上会出现差异，而且最终也会在救赎诉求上分道扬镳。

从以上所展现的两种理解来看，苦恶状况本身似乎可以在某种"中性"的意义上被界定。这也就表明，施莱尔马赫旨在以一种纯粹分析的方式来呈现意识活动中的苦恶状况。为了进一步说明苦恶状况的这种中性意义，我们需要将分析限定于一种完全由感官性所决定的意识状态。我们知道，人的生存始终离不开感官性的支持。而感官性必然意味着一种主客对立的意识结构。尽管基于感官性所形成的对立结构对我们的生存具有重要的推动作用，但与此同时，任何一种对立结构对我们的生存也进行着相应的规定。因此，在尚未引入高级自我意识的情况下，一旦我们生存中所表现的意识活动未能符合对立结构的规定性，苦恶状况便随之出现。可见，苦恶状况实际上就源于我们的现实生存与当下所遵循的对立结构之间出现的冲突与对立。从这个意义上来说，人们对于苦恶状况的理解所存在的差异，就必然是由高级自我意识的因素所造成的。

让我们再次回到目的论敬虔对这种苦恶状况的特定理解中。施莱尔马赫在上述引文中强调，即使苦恶状况在一种极端的情况下出现了"无神状态"，上帝意识也不会因此而全然丧失。我们如何理解这种无神状态中的上帝意识呢？我们知道，如果感官性至始至终都作为生存的唯一规定，那么由于高低级意识之间的张力关系从未出现，上帝意识也就根本无从谈起。但只要绝对依赖感作为一种区别于感官性低级情绪的高级情感而出现，那么由此所构成的高低级情感之间的张力关系，就成为了上帝意识得以出现的前提。然而，我们据前述可知，基于这种张力关系所形成的两种整体性倾向，上帝意识在表现上必然会呈现出不同的特征。从目的论敬虔对苦恶状况的特定理解来看，上帝意识的形成便是由一种指向超越对立结构的救赎诉求所决定的。为了进一步说明上帝意识与救赎诉求之间的关系，施莱尔马赫针对基督教的敬虔意识进行了分析。他说：

> 我们前此的说明，足以保证着这将不当作意指一个基督徒的全部敬虔意识，只能限于耶稣和救赎作为内容，却只意指所有敬虔情绪，就其自由表达绝对依赖感来说，却被认为藉着那救赎而存在，若那依靠感，似尚未得解救，所有敬虔情绪又都被认为有那个救赎的需求。虽然这个要素当然始终存在，但是各种不同的敬虔动念可以，并且必将在强弱不等程度之下拥有它，而不致丧失其基督的性格。[45]

在他看来，基督教的敬虔意识实际上是由特定的救赎意识所构成的。尽管救赎意识的确立必然要普遍地诉诸耶稣基督，但是救赎意识在表达方式上却并非完全一致。据前述可知，由于基督教属于典型的目的论敬虔，因此，在面对苦恶状况时，基督徒的意识活动指向的是一种超越感官性对立结构的救赎诉求。然而，需要我们注意的是，就这种救赎诉求所引发的敬虔意识而论，不仅包括对这种救赎诉求的满足状态，也包括尚未满足这种救赎诉求时的需求状态。根据他的论述，处于救赎满足的意识状态是以绝对依赖感的表达受阻为前提的，而处于救赎需求的意识状态则是由绝对依赖感的自由表达所决定的。从这个意义上来说，基督教敬虔意识的多样性正是源于救赎意识这两种不同的表达方式。为了进一步说明基督教敬虔意识的形成是如何由救赎意识的这两种表达方式所决定的，我们可以结合认识活动层面上的分析。

正如我们的意识活动需要在时间的进程中不断发展一样，我们的生存也需要在判断选择中向前推进。尽管现实生存中的判断选择往往是在观念的层面上进行的，但是任何一种观念的形成（诸如善与恶、苦与乐）都必然是基于某种特定的对立结构。从这个意义上来说，我们的生存根据便是我们在遵循某种对立结构时所形成的"理解结构"。结合前述中的分析来看，尽管任何一种

---

45 Friedrich Schleiermacher, *The Christian Faith*, p.56；士来马赫：《宗教与敬虔》，谢扶雅译，第 353 页。

苦恶状况都是在我们的理解结构中呈现的，但是由此所引发的救赎诉求却会因着敬虔意识的不同发展倾向而存在差异。特别地，由于苦恶状况在目的论敬虔的发展倾向中表现为一种超越对立结构的救赎诉求，因此，属于典型目的论敬虔的基督教在面对苦恶状况时便会诉诸一种对当下理解结构的超越。可问题的关键在于，这种对理解结构的超越是如何进行的呢？

虽然苦恶状况的出现意味着我们的生存受到了理解结构的某种限制，但是理解结构本身对于我们的生存来说却是始终不可或缺的。结合基督教的救赎诉求而论，我们既不能继续遵循当下的理解结构而在苦恶状况中深陷，但也不能为了摆脱苦恶状况而将理解结构清除净尽。因此，实现对理解结构的超越就必然要涉及两个方面：既要对苦恶状况所基于的理解结构进行一种"解构"，也要为生存的维系而"建构"新的理解结构。不难看出，这两个方面实际上正对应于基督教救赎意识的两种表达方式。在救赎满足的意识状态中，由于绝对依赖感的表达受阻，从而使得苦恶状况因着当下的对立结构而继续存在。但随着苦恶状况的不断加剧，救赎诉求便以最强烈的程度表达为对旧的理解结构的解构。[46]相反，在救赎需求的意识状态中，由于绝对依赖感获得了自由表达，从而使得苦恶状况随着当下的对立结构一同被超越了。但与此同时，一种被认为能够克服苦恶状况的新的理解结构也被建立了起来。由于经历了苦恶状况的消解过程，这种新的理解结构往往会被赋予一种超越性的意义。但需要注意的是，在下一个苦恶状况来临之前，这种新的理解结构无疑将作为意识活动的决定性因素。[47]就这种新的理解结构所表现的主导性来说，此前所谓的"无神状态"便是对这种意识状态的反映；但就这种新的理解结构被赋予的超越性而论，上帝意识复燃的可能性却并没有丧失。也就是说，一旦救赎意识因着苦恶状况的再次出现而从满足状态转向了需求状态，那么上帝意识便会再次通过对这种新的理解结构的超越诉求而表现出来。

通过以上分析可知，救赎需求推动着对旧的理解结构的解构，而救赎满足

---

46 一般来说，这种救赎需求在程度上的强烈发展并不必然导致对旧的理解结构的解构。针对解构的出现这一环节，在齐克果那里可以看到进一步的讨论。不过，在施莱尔马赫所限定的基督教语境中，这种解构意识的出现则是标志性的。

47 新的理解结构对意识活动所起到的决定性意义，通常是源于两种情况：一种是指新的理解结构尚未在意识活动的发展中遇到无法解释的内容。但这必然是暂时的，因为严格来说，人的生存是无法在根本上避免苦恶状况的；另一种是指新的理解结构被刻意地限定在有限的范畴之内，这就意味着意识活动将持续受到这种新的理解结构的决定。我们这里所分析的是针对前一种情况。

则伴随着对新的理解结构的建构。但我们同时也看到，如果仅仅诉诸解构来摆脱苦恶状况，那么我们的生存将变得无以为继。但若长期满足于任何一种新获得的理解结构，这又必然会造成苦恶状况的卷土重来。这也就意味着，要想真正实现对理解结构的超越，并不能仅凭解构或者建构某一单一的环节，而是要诉诸一种"解构"与"建构"之间的不间断的交替过程。我们可以将其称之为一种对理解结构的"重构"过程。可见，尽管基督徒的敬虔意识既可以表现为救赎需求的意识状态，也可以表现为救赎满足的意识状态，但是任何一种救赎意识的表现状态都不足以作为基督徒敬虔意识的决定性因素。毋宁说，基督徒的敬虔意识在根本上是由救赎意识的这两种表现方式在一种不间断的交替过程中构成的。

分析到这里，让我们回到讨论一开始时所提出的"公式"概念。不难看出，基督教的每种宗派所遵循的公式正是一种被赋予了超越性意义的新的理解结构。虽然我们不能否认这种新的理解结构本身也是敬虔意识的某种表现，但是基督徒的敬虔意识在根本上却并不是由任何一种新的理解结构所能决定的。因此，我们不能将基督教敬虔意识的多样性直接诉诸新的理解结构之间所存在的差异。事实上，施莱尔马赫最终向我们阐明的是，基督教敬虔意识的多样性需要在一种理解结构的更新变化中才能得到有效地呈现。

对这一节做个小结。施莱尔马赫关于敬虔意识的分析体现为三个层面。首先，他从绝对依赖感这一情感性起点出发，根据张力意识呈现的不同形式，将敬虔意识划分为偶像崇拜、多神教和一神教三种阶段。其次，他以绝对依赖感在张力意识中所呈现的完全程度（上帝作为一种纯粹的情感对象）为前提，指出了一神教的敬虔意识具有两种发展倾向，即目的论敬虔与美的敬虔。最后，他将基督教的敬虔意识同时展现为两种在表现方式上不同的救赎意识。在我们看来，基于目的论敬虔所要求的拓展性，基督教的敬虔意识实际上是由救赎意识的两种表现方式在一种不间断的交替过程中构成的。从认识活动的层面来看，这将表现为一种对理解结构不断重构的过程。

第四章 情感与可能性——齐克果的生存分析

在上一章的论述中，我们主要总结了施莱尔马赫在思想史上的两项重要工作。其一是他从新回到康德在进行理性建构之前的问题起点之上，并且确立了一个不同于主体理性主义的新起点。其二是他从这个新起点继续出发，进而描述了一种以绝对依赖感为起点的、在生存张力的框架下所呈现的敬虔意识及其不同的发展动态。前者所强调的是施莱尔马赫与康德所共享的问题意识，即心灵改变是作为一个涉及生存终极性的宗教哲学问题。后者所说明的是施莱尔马赫与康德从各自所确立的起点出发，最终在处理心灵改变这一宗教哲学问题上所采取的两种截然不同的生存倾向。

尽管施莱尔马赫对于这个新起点的确立无疑是开创性的，但是由于他主要的目标是想要在与主体理性主义做出区别的同时，尽可能地与之实现一种思想上的兼容与调和。因此，对于施莱尔马赫而言，在由他所确立的新起点与主体理性主义之间似乎并不必然成为一种不可调和的对立性关系。或者说，施莱尔马赫尚未在积极的意义上去处理二者之间的关系问题。

然而，需要我们注意的是，由康德与施莱尔马赫所确立的这两个生存起点，正是我们在前述中所提出建构与解构。由于在现实的生存中，建构与解构通常是共存于人的生存意识中的。因此，在施莱尔马赫针对基督徒的敬虔意识的分析中，我们可以从一个包含着解构与重构（建构）不断交替的过程中来加以理解。但也正因此，解构与重构二者之间的起点之争就在某种程度上被弱化了。正如施莱尔马赫所分析的，这种弱化有时就体现为一种观念压制情感的

"无神"状态。为了重新强化生存起点的问题意识，我们追踪了施莱尔马赫之后的西方思想史上齐克果（丹麦哲学家，Søren Aabye Kierkegaard（1813-1855年）对这一问题的重要贡献。

我们想指出的是，起点意识弱化所引发的主要问题在于，施莱尔马赫针对基督徒敬虔意识所分析的"重构"概念，最终很容易会沦为一种排斥一切解构因素的终极建构。为此，齐克果的思想起点虽然也源于康德在进行理性建构之前的那个问题意识，即作为一种涉及生存终极性的心灵改变如何实现的问题。但是齐克果并没有像施莱尔马赫那样继而关注于由这个新起点所引发的结果与过程，而是始终停留在这个新起点之上。齐克果通过对理性建构的严防死守，以此来确保生存起点的解构性不会遭到篡改。事实上，我们可以通过他对主体理性主义的激烈批判来具体展示上述这项工作。在这一章中，我们想要引入齐克果批判中的一个核心概念：可能性。

我们知道，在主体理性主义的强大语境下，关于可能性的谈论往往是在某种必然性的预设下进行的。这也就意味着，以必然性为前提的可能性必然是以理性建构为起点的。为了在起点的意义上与之对应，齐克果试图提出一种具有解构性（理智的绝对悖论）的可能性概念。显然，这种新的可能性概念不仅无法继续将理性建构作为自身的起点，而且恰恰标志着理性建构的彻底终结。不难看出，与施莱尔马赫关于生存起点的分析略有不同，齐克果是想要在彻底排除掉一切理智建构环节的前提下，谈论人的生存起点的确立问题。换句话说，齐克果对于这个新的可能性概念的提出，等于是将问题的范畴聚焦在究竟是将建构还是解构作为生存起点这一抉择性的瞬间。

在这一章中，我们打算追踪齐克果文本中基于"冒犯"、"着急"与"信仰"这三种情感的生存分析，以此来展现人在丧失可能性、面对可能性以及重获可能性这三种不同的生存状态。我们主要关心的问题是，齐克果所重新界定的这个可能性概念，究竟是如何真正契合于我们的实际生存的。

第一节　冒犯：丧失可能性

就西方思想史的发展而论，齐克果在思路上接续了施莱尔马赫所采取的生存分析。也就是说，齐克果同样反对主体理性主义基于必然性的建构思路，而是通过对生存意识的分析来呈现可能性概念的。特别地，为了避免像主体理性主义那样在预设中来建构可能性，齐克果一开始并没有在直接的意义上谈论可能性，而是从真理认识的困境出发，将可能性概念与必要的生存意识关联起来，同时诉诸对冒犯这种情感的生存分析。下面，我们来看齐克果是如何对人在丧失可能性时的生存意识进行分析的。

在近代主体理性主义语境中，真理性知识是一种把握了必然性的知识。这种知识以理智为认识主体，基于感觉经验，运用逻辑推论，不受情感左右，因而具有普遍适用性、稳定性、和可靠性。在这个语境中，理智与情感是对立的。然而，齐克果在《哲学片断》的第三章分析理智的真理认识活动时，揭示了一个理智认识活动无法避免的认识论困境：认识自己无法认识的对象。他用"辩证法"来指称这种认识状态，称之为"绝对悖论"：理智的本质在于认识，而认识的终极对象不是理智所能思想的。换句话说，一方面，理智始终无法把握真理；另一方面，理智无法把握真理乃是真理之出现的决定性标志。他进一步分析发现，理智对于真理的追求不是一种必然的逻辑导向，而是一种生存意义上的趋向。也就是说，真理认识不能离开认识者（理智）的生存状态。在这个生存状态中，理智处于一种情感状态中，即：它感受到了被冒犯，并在冒犯情感中认识真理。我们想要表明的是，齐克果对"理性被冒犯"这一认识论事实的描述和分析，不仅极大地冲击了主体理性主义关于"理智"的界定，同时也以一种对立面的方式将可能性概念呈现在由冒犯情绪所标志的生存意识之中。

一、"绝对悖论"和真理认识困境

我们知道，柏拉图在《米诺篇》提出并论证了"人皆求善"的命题，[1]强调求善是人的生存方向。人在求善活动中不得不遇到"真正的善"这个问题。于是，寻找真理与人之求善并行。故此，真理对于每一个人来说乃是须臾不可不顾的。面对真理，我们有两种态度：要么认为已经握有真理，要么明确仍在追求真理。就前者而言，齐克果通过分析苏格拉底的"回忆说"揭示了这一种思路背后的认识困境，即：在真理还未被回想起之前，最终引发的对自我认识的深深困惑。[2]也就是说，主张自己已经具有真理的人实际上也仍是

1　关于这个命题的分析和讨论，参见谢文郁：《道路与真理——解读<约翰福音>的思想史密码》，华东师范大学出版社，2012年，第13-14页。

2　齐克果在文本中论到："理智隐约感觉到的悖谬反过来又作用于人及其自我认识，结果原先相信已经认识了自己的人现在却不再肯定地知道，他是一个比泰风更奇

在追求真理。可见，无论是声称能够在回忆中（以及其他的"内在性"形式）把握真理的人，还是承认仍需向外追求真理的人，他们都需要用理智去判断认识对象是否为真理，从而把真理问题呈现为认识论问题。与此同时，对于真理认识者来说，真理始终是一种悖论性的存在：一方面，真理的存在是确定无疑的；另一方面，真理始终是有待认识的。因此，我们将真理的必需和认识的困境统称为真理认识的原始语境。[3]在这个语境中，真理认识活动必然是由外在对象激发的。如果没有这个作为真理的外在对象，真理认识者的理智活动就不可能发生。

然而，近代主体理性主义的语境却与此恰恰相反。在这个语境中，认识对象完全由理智活动所决定。如果没有主体的理智活动，认识对象就没有存在的可能。我们知道，近代主体理性主义始于笛卡尔的我思故我在，即主体的确立最终落实于反思活动本身。也就是说，近代主体理性主义实际上是将反思主体完全等同于反思活动。如此一来，不仅认识主体完全以认识活动为起点，而且认识对象也只能在认识活动中才能获得实在性。凡是没有被理智所把握的认识对象都不具有实在性。由于近代主体理性主义语境下的认识主体是由认识活动来确立的，而理智活动在认识对象被理智把握（无论是肯定性的，还是否定性的）之后便会中断，此时的认识主体必然要面临无以维系的危机。值得一提的是，齐克果之所以在论述中直接将认识主体等同于理智，这显然不是出于一种简化或武断，而是基于他对近代主体理性主义的一种深刻洞见：理智在，主体在；理智亡，主体亡。[4]显然，对于真理认识者来说，丧失主体性的生存

怪的复杂动物呢，还是他的存在当中分有某种温和的、神性的部分。"〔丹〕克尔凯郭尔：《哲学片断》，王齐译，中国社会科学出版社，2013 年，第 46 页。

3　我们所提出的"真理认识的原始语境"，实际上是对齐克果的问题意识和思想视角的一种归纳与概括。这一点在后文中还会提及。其实，齐克果也曾暗示过这样一种类似的语境问题："（真理概念）有一种模棱两可的特性……既能表达理论的又能表达实践的立场……不过，最近的学术研究经常把（真理概念）从它们原所属于的思想整体中分割出来，之后便不再理它们，任它们在书刊中四处飘零。这里，我们试图把它们带回久别的家园……"。参见〔丹〕克尔凯郭尔：《论反讽概念——以苏格拉底为主线》，汤晨溪译，中国社会科学出版社，2005 年，第 148-149 页。

4　齐克果将认识主体与理智等同起来的原因还在于，将一个理智活动中断的主体放在近代主体理性主义的语境中来谈论，要么是没有意义的（成为苏格拉底式的无知），要么必然会引发危机（陷入笛卡尔式的怀疑）。鉴于此，除非需要引入其他语境，我们在后文将继续默认齐克果的这种做法。

不是一种善的生存，或者说是一种反生存。[5]

在真理认识的原始语境中，无论是作为向后回忆的对象，还是作为向前追求的目标，真理永远与认识主体处于一种悖论性的关系之中。在这个意义上，真理作为一种认识对象，与其说它是由理智活动所建构的，不如说它是推动理智活动的原始动力。可见，在这种语境中，真理认识者并不会由于理智活动的中断而丧失主体性。换句话说，对于真理认识者而言，真理对象始终具有先在性的意义。由于近代主体理性主义所塑造的主体是由理智活动本身所确立的。因此，这个具有先在性意义的真理对象在近代主体理性主义的语境中是根本不合法的。这等于是说，近代主体理性主义已经完全脱离了真理认识的原始语境。

然而，值得注意的是，尽管齐克果对近代主体理性主义的真理认识论提出质疑，但是他并没有将其彻底抛弃。而是继续在"理智-悖论"[6]这一属于近代主体理性主义的框架下谈论真理认识问题。然而，齐克果的这种做法实际上隐含了一个更为强烈的质问：真理认识者的主体性在其理智活动中断后究竟何以为继？他继而分析到：

> 于是，理智的悖谬性的激情不断与这不可知者相冲突，这不可知者是存在的，但却又是不可知的，因为在某种意义上说它也是不存在的。至此，理智将不再向前，但是在其悖谬之中，它却忍不住要向前并且触及那不可知者。……这样做（仅仅宣称它为不可知者）并不能使激情得到满足，尽管激情准确无误地把不可知者理解为界限。可是这个界限恰恰是对激情的折磨，虽然它同时还能刺激激情。[7]

齐克果再次揭示了真理对象既存在又不可知的悖论性特征，并在之前的论述中将真理对象称之为"不可知者"。[8]在齐克果看来，尽管在近代主体理

5　也许有人会反驳说这种摆脱主体性的生存并不见得是不好的生存。但我们要指出的是，这种主张无疑会使真理认识者陷入一轮又一轮更深的悖论：一个由消解真理认识到消解自我的不断深陷过程。

6　本文所采用的"理智"和"悖论"的概念提法，在齐克果《哲学片断》的英译本中分别对应于"reason"和"paradox"。考虑到本文所引用的中译本将"paradox"译作"悖谬"，因此，在二者通用的意义上，我们在引文部分保留"悖谬"，在正文部分使用"悖论"。

7　克尔凯郭尔：《哲学片断》，王齐译，第50-51页。

8　"不可知者"对应于英译本中的"unknown"一词。别的中译本译作"未知者"。我们认为，尽管"不可知者"与"未知者"在中文的意义上存在一定的差异。但

性主义的语境中，不可知者对于认识主体来说，是没有存在意义的。但是就不可知者这一概念所体现的认识意义而言，这一认识对象与认识主体之间的关系的实在性却是不容置疑的。为了说明这种关系的实在性，齐克果引入了"激情"概念。激情作为一种情感，在一般的哲学讨论中，往往被认为是与理智活动全无关涉的异质概念，甚至被当作是干扰理智活动的消极性因素，理当极力剔除。然而，这里的激情并非是一种孤立的情感性概念，而是以永远的悖论性关系为前提的。进一步说，这里的激情非但没有成为理智活动的干扰因素，反而与理智融为一体，难舍难分。按照齐克果的界定来看，一方面理智在悖论认识中产生激情，另一方面激情又推动理智不断触及悖论。

如果不引入激情，那么我们就必然只能回到近代主体理性主义的语境中。在近代主体理性主义的语境下，任何认识对象都已经在预设中被理智所把握了。换句话说，始终无法被理智所把握的认识对象，在近代主体理性主义的语境下是不存在的。如此一来，不可知者就等同于一般的认识悖论或是潜在的认识对象。这也就意味着，不可知者最终必然会被理智所把握。然而，一旦我们引入激情，不可知者的悖论性就得到了永远的维持，原本在预设中本应该实现的理智认识就永远地被搁浅了。在这种情况下，不可知者对理智而言的悖论性，就成了"绝对的悖论"。[9]我们要指出的是，绝对的悖论这一概念实际上同时关联着两个范畴。

相对于一般的认识悖论，绝对的悖论作为一种在绝对程度上的认识对象，是理智永远无法理解的。单在理智的范畴内来讲，绝对的悖论也是可以成立的。然而，在近代主体理性主义的语境中，绝对悖论就意味着理智和主体同时陷入"瘫痪"。但与此同时，激情的引入却将与理智同时瘫痪的主体推向了一个"新范畴"。[10]在这个新范畴中，认识主体不会因为理智活动的终止而无法确立自身。换句话说，这个新范畴意味着，真理认识者的主体性完全是由激情所确立的。可见，齐克果通过绝对的悖论这一概念，一方面将近代主体理性主

是，就"知"所能表达的理智认识而言，这两种译法实际上都足以对近代主体理性主义的语境有所体现。

9　"绝对的悖论"是齐克果在《哲学片断》中的一个核心概念，在使用中有两种所指，其一是指理解意义上的终极困境，其二是指耶稣基督本人及其宣告。

10　这个"新范畴"实际上是齐克果所指向的信仰范畴。相对于基督教语境下"信仰-罪"的对立范畴，我们在此出于分析的需要，则从另一种语境下确立"理智-情感"的对立范畴，在这个情感范畴中，不仅包括信仰，也包括冒犯。

义从真理认识之原始语境的脱离中重新召回，另一方面也从情感的角度为真理认识者确立了一种新的主体性。

就真理认识者来说，这种由激情所确立的新的主体性是否就意味着必然能够掌握真理呢？针对这个问题，齐克果指出：

> 假如悖谬与理智在对其差别的共同理解之下相遇，这相遇就是幸福的，就像在爱情中达成的理解，它幸福地居于那种我们至今尚未命名的激情之中……若这种相遇未能达成相互理解，则这关系就是不幸的。我斗胆一言，我们可以把理智的不幸之爱具体规定为冒犯。[11]

我们看到，真理认识者的激情在理智与绝对悖论不同的关系中，会呈现出幸福[12]与不幸两种情感状态。当处于幸福的关系中时，真理认识者便与真理同在。而处于那种不幸关系中的真理认识者，尽管同样是由激情所确立的新主体，但却与真理无缘。特别地，齐克果将后一种激情命名为"冒犯"。虽然冒犯一词的选用与基督教的背景有着一定的关联。[13]但是我们认为，要充分了解齐克果是在什么意义上使用冒犯这一概念的，只要同时兼顾两个方面即可：其一是沿用冒犯惯常的涵义，即主体在面对适度威胁时出现的一种特定情绪；其二是将讨论限定在理智与绝对悖论的关系之中。此外，齐克果也为我们提供了一个更为具体的语境，即冒犯是人们在面对耶稣基督宣告（绝对的悖论）时出现的情感。耶稣基督的宣告等同于要求真理认识者去信仰。对于理智来说，去信仰就意味着自身的瓦解。因此，相对于信仰中的理智在于瓦解自身，冒犯中的理智则在于维持自身。在激情的意义上，冒犯作为信仰的对立面，本质上是一种消极性的抵抗。这种针对于信仰的抵抗具有三种理智形式上的表现：理智的自弃、理智的迟疑、理智的反抗。[14]

至此，我们已经对齐克果的真理认识论与近代主体理性主义之间的复杂关系，尤其是他这种语境交叠的谈论方式进行了一番分析。齐克果在真理认识

---

11 克尔凯郭尔：《哲学片断》，王齐译，第60页。

12 需要说明的是，幸福的激情在齐克果那里就是指涉信仰。由于本文的分析对象是冒犯，故而只会专注于另一种不幸的关系，而对幸福关系的讨论不拟展开。

13 齐克果对于冒犯这一词语的选用大概来自于《新约·马太福音》第11章第6节中耶稣所说的话："凡不因我跌倒的就有福了"。其中"跌倒"同"冒犯"。

14 这三种形式的划分是我们对齐克果相关论述的归纳和总结。参见〔丹〕克尔凯郭尔：《致死的疾病》，京不特译，中国社会科学出版社，2013年，第556-557页。

的讨论中，引入激情概念来分析理智活动，我们可以由此发现一种不同于主体理性主义的谈论模式，但这更接近于我们的实际认识活动。西方思想史上的"恩典真理论"正说明了信任这种情感所具有的认知功能。[15]就真理认识者的激情而言，如果说信仰中的信任情感属于一种积极性的激情，那么作为信仰对立面的冒犯情感就属于一种消极性的激情。在接下来的文字中，我们想追踪齐克果的相关论述，展示冒犯这种消极性的激情在真理认识中的表现作用，旨在把齐克果基于基督教语境下的真理观向着更为一般的认识论层面推进。

二、理智的自弃

我们知道，同一种情感在不同的程度上会表现出不同性质和作用。冒犯情感也是如此。齐克果指出，某种最低的程度的冒犯在真理认识中会表现为一种特殊的理智形式。[16]我们指出，这种理智形式的特点与苏格拉底的反讽立场正相符合。齐克果在《论反讽概念》分析到：

> （苏格拉底的）立场与理念的关系是消极的，也就是说，理念是辩证法的边界。个体不停地试图把现象引导到理念上去（辩证活动），但备受挫折，被迫回头，逃避到现实中去；然而现实本身的效用却仅仅在于不停地致使个体希望超脱现实，但他总是愿心未遂；于是，个体收回主观性的努力，藏到自我的深处，聊以自慰，而这种立场正是反讽。[17]

在齐克果看来，苏格拉底从现实出发，试图利用辩证法（理智活动）企及理念。然而，呈现在辩证运动中的理念对象，完全像是掉进了一个无限后退的黑洞。理智在肯定性的意义上每前进一步，理念对象就同时后退一步。因此，为了使理念对象不再继续后退，理智只有放弃所有肯定性。这也就是齐克果所谓的"个体收回主观性的努力"。但对于理智来说，要想把握理念对象，只能以肯定性的方式。因此，在这个意义上，放弃肯定性的苏格拉底将与理念对象永远处于消极性的关系之中。

---

15 谢文郁追踪了西方思想史上两种重要的认识论，即理性认识论和恩典真理论。参见谢文郁：《信仰和理性——一种认识论的分析》，《山东大学学报（哲学社会科学版）》2008 年第 3 期，第 71-80 页。

16 根据齐克果对三种冒犯的描述，存在一种在程度上最低的形式。参见〔丹〕克尔凯郭尔：《畏惧与颤栗 恐惧的概念 致死的疾病》，京不特译，北京：中国社会科学出版社，2013 年，第 556 页。

17 克尔凯郭尔：《论反讽概念——以苏格拉底为主线》，汤晨溪译，第 121 页。

我们知道，就理智活动而言，既有肯定的形式，也有否定的形式。尽管苏格拉底在理念对象面前彻底放弃肯定性，但是对于一个理念追求者来说，理智活动仍然可以以否定的方式为他所有。这里的否定性正是苏格拉底的反讽立场在内容上的一种直接体现。如果基于否定性的理智活动来谈论苏格拉底主体性的确立问题，那么，苏格拉底的主体性恐怕就是一个在每个否定性的环节上一闪而过的轮廓而已。当然，这对于理智活动的一个环节来说倒也无妨。但是在齐克果看来，反讽（否定性）不仅仅是一个理智环节，而是苏格拉底的立场，这意味着主体性需要在所有的环节中得以贯穿。可见，苏格拉底的主体性必然无法从否定性的理智活动中获得确立。因此，为了确保苏格拉底的主体性不会因为缺乏肯定性而丧失，我们再一次来到了激情概念。也就是说，能够使反讽家的主体性得以维系的，必然是一种激情。考虑到反讽的激情是用于推动所有的否定性环节，因此，这无疑属于一种消极性的激情。

通过对反讽立场的初步分析，我们不难发现，苏格拉底作为一个理念追求者，与真理认识者在面对绝对的悖论一样，深深地陷入与理念对象的悖论性关系之中。反讽激情之于苏格拉底，正如冒犯之于真理认识者。在这个意义上，苏格拉底就等同于一个处于冒犯情绪之中的真理认识者。而苏格拉底的反讽立场所呈现的内容，便正是这种特定的冒犯情绪在理智形式上的具体表现。接下来，我们需要对反讽立场的表现形式作进一步的分析。

为了获得反讽之否定性的真正理解，我们不妨先对于两种典型的误解进行一番澄清。第一种误解是将反讽立场等同于主观性立场。对此，我们将从齐克果关于苏格拉底守护神的讨论着手。由于齐克果接下来的看法是针对黑格尔观点的回应。为此，我们需要先对黑格尔的观点做两点概括，在黑格尔看来，苏格拉底的立场本质上是一种主观性的立场；苏格拉底的守护神是其主观性发展过程中的一种不完善体现。[18]对此，齐克果作出如下回应：

> 苏格拉底再次证明是一个跃跃欲试、时刻准备跳往某处的人，但从未跳到他处，而只是跳到了一边，跳回了原处。苏格拉底在与其时代的关系中深具论战意识；借助其消极的然而无限的自由，他在由理念这一边界所勾勒的无际地平线下轻松而舒畅地呼吸；他深信，只要托庇于其守护神，在生活繁杂的现实中就不至于误入歧途，

---

18 齐克果在针对苏格拉底守护神的讨论中，首先广泛地引用了黑格尔的论述。参见克尔凯郭尔：《论反讽概念——以苏格拉底为主线》，汤晨溪译，第136-139页。

如果我们兼顾这一切，那么苏格拉底的立场就再次证明是反讽。[19]

齐克果的在上述中的表达方式值得我们关注。针对于黑格尔的观点，齐克果起先并没有表示明确反对，反而是接着黑格尔的观点继续说。但紧接着，又随即将其抛弃。例如，齐克果一开始将苏格拉底描述为"一个跃跃欲试、时刻准备跳往某处的人"，这很容易让人以为他已经认可黑格尔关于苏格拉底主观性之觉醒的分析。然而话锋一转，笔下的人物"只是跳到了一边，跳回了原处"。这表明齐克果又彻底否定了黑格尔关于苏格拉底主观性之发展的断言。又例如，齐克果起先基本上是肯定了苏格拉底所持有的论战性精神，但是按照齐克果所提出的"消极然而无限的自由"来看，只要苏格拉底乐意，随时可以抽身而去。

不难发现，齐克果在以上所采用的正是一种反讽的立场。而他这种做法同时也是对苏格拉底的反讽立场的有力诠释。事实上，在守护神的问题上，齐克果不仅反讽地驳斥了黑格尔，而且也将苏格拉底的否定性反讽地进行了规定。在齐克果看来，守护神所具有的外在性作用，非但不是苏格拉底之主观性发展的缺陷，反而是推动苏格拉底将否定性贯彻到底的反讽激情。换句话说，守护神对于苏格拉底的意义就在于，得助于否定性的反讽激情抵挡任何主观性的侵犯。不可否认，仅就否定性环节来说，反讽的运作形式本身很容易被混同于一种主观性立场，即否定是为了下一个肯定性环节的出现。但由于主观性立场始终要求着一种肯定性，而这恰恰意味着反讽之否定性的终结。可见，反讽立场与主观性立场在本质上是互不相容的。我们指出，反讽之否定性绝非旨在达到一种主观性立场，而是始终作为一种反讽立场的属性特征。

第二种误解是将反讽之否定性等同于一种辩证法。齐克果从反讽之整体性的角度对此有所涉及：

> 人们经常看到反讽被理想性地看待、被指定为体系的一个微不足道的环节，一笔带过就行了；出于这个原因，人们不大能理解，整个生活怎么可能归于反讽，因为这样的话，生活的内容必须被看做是虚无。[20]

在齐克果看来，反讽之所以会被人们理想性地误解，是因为人们已经习惯了与理想体系同在。我们知道，那个在现实中永远抵达不到的理念，在理想性

---

19 克尔凯郭尔：《论反讽概念——以苏格拉底为主线》，第 139-140 页。
20 克尔凯郭尔：《论反讽概念——以苏格拉底为主线》，第 140 页。

的体系中就变得触手可得了。因此，接受理想性体系就等同于理念在握。对于那些拥有体系的人来说，理念与现实之间的绝对悖论是不复存在的。在他们看来，反讽仅仅被当作一种辩证法，只允许在环节层面上发挥有效性。当反讽的激情被理想性信念所取代之后，人们可以接受环节上的否定性，但是绝对无法设想一种整体性的否定。可见，反讽之否定性一旦在形式上被孤立地使用，很容易被嫁接在理想性的体系之内，从而沦为一种工具意义上的辩证法。然而，反讽的激情所要求的是一种整体性。在整体性的反讽中，看不到任何理想性的体系，也找不到任何肯定性的理念。正如齐克果所说的，这里只能被看作"虚无"。然而，拥有激情的反讽家并非真的要以虚无为念，而是要展现一种整体性的立场，即"无限绝对的否定"。[21]

通过以上的分析，我们知道，苏格拉底的反讽既非一种主观性的立场，也有别于一般的辩证法。从一个真理认识者的角度来看，苏格拉底的反讽立场表现为"无知"。但是这里的无知并不是一种静态的判断性结果，而是代表一种动态的否定性过程。也就是说，苏格拉底利用无知，让自己不断退回到真理认识的原点。齐克果对此评价到：

> ……苏格拉底首先到达了善、美、真的理念这一边界，也就是说，到达了理念无穷性这一可能性。[22]

我们知道，理智想要将真理作为认识对象来把握，必然要求一种肯定的形式。从形式上看，理智的否定性对于真理认识来说，无疑是消极性的。但值得注意的是，齐克果对于"边界"和"可能性"的使用，正是在对另一个新范畴的暗示。基于前面的分析我们知道，真理对于理智来说，呈现为一个绝对的悖论。理智与绝对的悖论之间的对立在某种意义上决定了二者各自不同的范畴。因此，这个新范畴正是理智范畴的对立面，也即是真理所在。就相互对立的两个范畴而言，一方的消极性就对应于另一方的积极性。因此，当理智范畴的消极性不断得到发展，同时也就意味着真理范畴的积极性开始展现。然而，由于无知永远无法带来任何肯定性，因此，即使反讽的激情发展到极点，也就是说，真理认识者从理智范畴所能到达的最远之处，也仅仅是一个进入真理范畴之前的边界。当然，能够抵达新范畴的边界，也预示着另一个意义上的积极性。

---

21 克尔凯郭尔：《论反讽概念——以苏格拉底为主线》，第17页。译注中指明，"无限绝对的否定性"是齐克果引用黑格尔在《美学讲演录》中描述佐尔格的话。
22 克尔凯郭尔：《论反讽概念——以苏格拉底为主线》，第166页。

但这里的积极性仅等同于认识原点所具有的意义。也就是说，尽管原点是所有可能性的出发点，但是它仅仅是个出发点。

总之，在反讽激情的意义上，苏格拉底展现的是一种无限绝对的否定性。在真理认识者受到冒犯的意义上，苏格拉底表现的是一种"理智的自弃"。

三、理智的迟疑

我们知道，齐克果在《哲学片段》中对真理认识问题进行分析时，多次以爱情作为类比，即理智之于真理正如自爱之于爱情。结合齐克果的其他著作，我们不难发现，这种类比并非只是一种修辞意义上的临时起意，而是表达了一种共存于二者的同构关系。[23]借助于这种同构关系进行对照分析，无疑会加深我们对真理认识问题的理解。我们先来看一段齐克果在《哲学片段》中关于自爱与爱情关系的论述：

> 自爱是爱的基础，但是自爱的悖论性的激情的极致就是希望自身的毁灭。爱情亦然，因此这两种力量在激情迸发的瞬间达成了相互理解，这激情就是爱情。为什么恋人们不能思考这一切呢？尽管那个因自爱而从爱情中抽身的人既不能理解这一点，也不敢冒险这么做，因为它意味着毁灭。爱情的激情亦然。[24]

根据齐克果关于自爱的界定，自爱既是爱情不可或缺的基础，又是爱情有待克服的因素。所谓自爱的悖论性激情正在于说明，这并非仅仅是一种基于理智层面的权衡算计，而是基于一种生存冲动的紧迫关头。在此基础上，爱情就只有经过这紧迫关头才有实现的可能。也就是说，齐克果在这里所界定的爱情是不能脱离于这一悖论而谈论的。

除了在理论上为自爱与爱情之间的悖论性关系进行说明之外，齐克果也为我们提供了一种基于人物角色的生存分析。齐克果在《或此或彼》的"勾引家日记"之章节中塑造了一个名叫约翰尼斯的人物：

> 他熟知如何勾引一个姑娘，如何吸引他而又不考虑占有她。他是这样的人，知道如何把一个姑娘引到情感的巅峰，到这时，他能肯定这姑娘会献出她的一切。当情况发展到如此地步时，他会戛然

---

23 以齐克果晚年作品《爱的作为》为例，其中关于爱的讨论与真理认识问题的探讨之间存在着明显的一致性。尤其是齐克果针对自爱的分析，与他对理智的分析思路完全是对应的。由于本文篇幅所限，故不拟对此展开讨论。

24 克尔凯郭尔：《哲学片断》，王齐译，第53-54页。

而止，他不会让自己再往前迈一步，不会说出一个爱字，不会许下任何承诺。[25]

根据齐克果的描写，约翰尼斯这个人物具有一个鲜明的爱情立场，即爱情对象远远没有爱情的享受本身来得重要。为了自己在爱情中的愉悦和享受，他可以不顾一切地追求爱情对象；而为了自己能够持续享有这种愉悦和享受，他又可以毫不犹豫地放弃爱情对象。也是在这个意义上，齐克果将约翰尼斯这个人物称之为"勾引家"。然而，齐克果同时也反复强调，约翰尼斯并非一个通常意义上的勾引家。为了说明这位勾引家所具有的独特性，我们可以摘取一段约翰尼斯的日记做一些分析：

我在与自己谈恋爱，为什么？因为我在爱你，并且只爱你和那一切属于你的东西。因此我爱自己是因为这个自己是属于你的，如果我停止爱你，我也要停止爱自己。[26]

这是处于热恋中的约翰尼斯的一段心理记录。很明显，约翰尼斯并非是那种以低级趣味为目的的勾引者，而是真诚地与爱情对象共浴爱河。如果齐克果关于这个勾引家的描写仅仅是为了将其塑造为一个"多情公子"的形象，那么，我们在前面所提到的那种同构关系显然就没有人人意义了。事实上，齐克果在塑造这个人物时最别出心裁之处在于，使约翰尼斯对自己的生存进行了"第二次欣赏"：

在第一次欣赏中，他以个人的人格享受了审美；在第二次欣赏中，他以审美的观点来欣赏他自己的人格。[27]

简单来说，第一次欣赏是基于直接性美感，第二次欣赏是基于一种无限的自我反思。就约翰尼斯抛弃他的爱情对象来说，这两种形式都可能实现。前者无非是多情公子式的喜新厌旧，也即是出于自爱本身所发生的变化；而后者则是齐克果试图从这位勾引家身上去说明的情况。

在自我反思的意义上，约翰尼斯之所以倾慕于爱情对象是起始于自爱，但是随着自爱的激情的发展，自爱越来越浸没在爱情的关系之中并最终消失不见。丧失自爱无疑就意味着丧失自我。也就是说，约翰尼斯通过"第二次欣赏"，一方面反思到了自爱与爱情之间的悖论性关系，另一方面也对这一悖论

25　〔丹〕索伦·克尔凯郭尔：《或此或彼（上卷）》，阎嘉等译，成都：四川人民出版社，1998 年，第 327 页。

26　〔丹〕索伦·克尔凯郭尔：《或此或彼（上卷）》，第 433 页。

27　〔丹〕索伦·克尔凯郭尔：《或此或彼（上卷）》，第 325 页。

进行了回应。无限的自我反思并没有像反讽那样一律采取否定性的立场，而是表现为一种无限迂回的运动方式。这也正是约翰尼斯作为一个勾引家的形象。勾引家一方面要满足自爱对爱情的追求，一方面又要坚持自爱不至于在爱情关系中湮灭。因此，为了满足自爱，勾引家走向一个特定的爱情对象；而为了保存自爱，勾引家又从爱情对自爱所造成的威胁中全身而退，并继续寻找下一个爱情对象，周而复始。

齐克果最终如此评价这种勾引家式的爱情：

> 他的那些狐狸洞不管有多少出口也无济于事；一当他忧心忡忡的灵魂认为看见了透进来的日光的时候，结果却是一个新的入口，所以，他像一只惊慌的猎物，被穷追猛打，不停地寻找出口，但找到的皆是入口，通过这个入口，他又返回到他原来那里。[28]

可见，在齐克果看来，勾引家的这种运动方式本质上是无限迂回而不达的。这在真理认识者身上可以得到某种同构性的反映。正如勾引家那样，真理认识者无法抗拒真理的吸引，随着认识活动的进展，真理逐渐呈现为一种绝对的悖论。如果真理认识者继续走向绝对的悖论，那么就预示着认识活动的终止。在这种情况下，真理认识者只能一边保持对绝对悖论的关注（为了真理），一边又确保与绝对的悖论之间的安全距离（为了自身）。促使真理认识者采取这种做法的原因当然不可能是理智本身，否则的话，真理认识者必然要对绝对的悖论做出决断。

最后，我们将从思想史中寻找一个现实原型。公元前 3 世纪前后，怀疑主义成为希腊哲学的晚期阶段出现的一股强劲的思潮。当时真理认识困境已经出现，面对各式各样真理独断主义，引发了真理标准问题的大争论。怀疑主义旨在通过质疑真理标准的有效性而大力抗击真理独断主义。恩披里可在《皮罗主义纲要》中提出真理标准是否真的存在的问题，最后在逻辑上利用"循环论证"和"无穷后退论证"彻底否定了所有真理标准的存在。[29]既然真理标准的路行不通，也就意味着任何一个真理宣称者都无法得到证实，对真理的追求变成了一个悬而未决的问题。但在柏拉图"人皆求善"论证的生存论影响下，希腊哲人无论如何不能停止对真理的寻求，因为停止对真理的寻求就意味着放

28　〔丹〕索伦·克尔凯郭尔：《或此或彼（上卷）》，第 328-329 页。
29　Julia Annas & Jonathan Barnes(eds.), *Outlines of Scepticism*, Cambridge University Press, 1994, pp.72-73.

弃生存。终止了真理独断论的怀疑主义尽管无法对真理做出决断，但所主张的方式却与勾引家如出一辙，即表现为无限迂回地接近。从认识论的意义上来说，就是"悬搁真理宣称，继续追求真理"。[30]

怀疑主义是否能够突破勾引家所面临的"出口即入口"的困境呢？对于这个问题，有学者已经为我们提供了较为充分的论证。[31]概括地说，悬搁判断意味着仍未获得真理，而继续追求则需要明确真理的方向。也就是说，怀疑主义的主张具有一种内在的矛盾性。作为真理认识者的怀疑主义，一方面无法接受任何一种真理宣称，另一方面又时刻需要真理的生存方向，这就意味着在这种情况下的真理追求无疑是完全盲目的。但也正是由于这种盲目性，恰恰有力地说明了怀疑主义的根本动力并不在于理智本身。否则的话，怀疑主义就会与任何一种真理独断论等同起来。

总之，无论是勾引家，还是怀疑主义者，他们在目标面前都是迂回而不达，最终"迷失在道路上"。我们指出，出现在真理认识中的上述情况，正是真理认识者在冒犯情绪中的一种特定表现，我们将其总结为"理智的迟疑"。

四．理智的反抗

齐克果针对冒犯在程度上的差异性做出如下说明：

> 愤慨的程度依据于：相对于惊羡，一个人具备怎样的激情。缺少想象力和激情的、更单调无趣的人们，他们也不会真正地去惊羡，他们无疑也会愤慨，但是他们只是限于说：我无法将这样的东西接受进我的头脑，我由它去。这是怀疑者们的情形。但是，一个人所具的想象力和激情越多，……那么愤慨也就越是富有激情，到最后如果没有至少将这东西肃清、消灭、践踏在污泥中的话，这愤慨就无法得到满足。[32]

可见，冒犯的程度取决于一个人"惊羡"[33]的程度。我们首先需要对惊羡

---

30 Ibid., pp.3-4.

31 谢文郁指出，由怀疑主义所主张的"悬搁判断，继续追求"存在严重的内在矛盾，并分别从"生存方向"和"假设真理"两个角度进行论证。参见谢文郁：《道路与真理——解读<约翰福音>的思想史密码》，第45页。

32 "愤慨"是该译本对于"offense"之译法，仅在引用中保留。在本文中仍取"冒犯"译法。参见克尔凯郭尔：《致死的疾病》，京不特译，第505页。

33 相应于英译本中的"admiration"一词，国内中译本为"惊羡"（京不特译本）和"尊崇"（张祥龙译本）。本文采用前者。后者参见索伦·克尔凯郭尔：《致死的

这个概念进行分析。我们知道，一个真理认识者的激情来自于他的生存冲动。这股生存冲动所指向的是被视为至善的真理对象。对于真理认识者来说，这个真理对象同时兼具理智与情感的双重意义，即一方面尚待理智所把握，另一方面又始终具有迫切之感。在这个意义上，齐克果将真理认识者的激情形容为一种"惊羡之情"。在齐克果看来，怀疑主义意义上的冒犯实则来自于一种程度极其低迷的惊羡。而那种高程度的惊羡对应的是一种富有激情的冒犯形式。相较于怀疑主义选择将绝对的悖论束之高阁，最高激情下的冒犯则要求将悖论性彻底取消。

在齐克果关于惊羡的论述中，冒犯基本上是在程度的意义上进行讨论的。然而，冒犯本质上属于一个辩证性的环节，在性质上可以呈现不同的定向。接下来，我们将引入齐克果关于"妒羡"[34]的讨论，以此说明冒犯激情在发展过程中的两种定向。

> 妒羡是一种隐藏的惊羡。如果一个惊羡者觉得他不可能通过献身投入而变得幸福，他就选择了去妒羡"他所惊羡的东西"。于是，他以另一种语言说话；在他的语言中，那"在根本上是他所惊羡的东西"现在被称作"虚无"、被称作是某种愚蠢的并且不舒服的并且古怪的并且言过其实的"某物"。惊羡是一种幸福的"自我遗失"，妒羡是一种不幸的"自我坚持"。[35]

很明显，这里所谓"他所惊羡的东西"正是那个兼具理智和情感双重意义的真理对象，亦即真理认识者眼中的绝对悖论。绝对的悖论向理智提出自我瓦解的要求。理智非但不愿意接受这样的要求，而且采取一种主动反击的方式。具体来说，就是将绝对的悖论宣判为认识上的谬误。在这种情况下，真理认识者的冒犯激情在性质上就发生了变化，即从惊羡转变成了妒羡。不难看出，这种转变是真理认识者通过一种在意志上的反抗来实现的。尽管惊羡和妒羡皆出自于冒犯的激情，而且所指向的对象也是同一的，但是二者却具有截然相反的定向。在齐克果的论述中，惊羡明显属于冒犯激情的积极性定向，而妒

疾病——为了使人受教益和得醒悟而做的基督教心理学解说》，张祥龙，王建军译，北京：商务印书馆，2012年。

34 相应于英译本中的"envy"一词，国内中译本为"妒羡"（京不特译本）和"妒忌"（张祥龙译本）。本文采用前者。后者参见克尔凯郭尔：《致死的疾病——为了使人受教益和得醒悟而做的基督教心理学解说》，张祥龙，王建军译，2012年。

35 克尔凯郭尔：《致死的疾病》，京不特译，第505页。

羡则是在冒犯激情的消极性定向上。可见，从根本上来说，冒犯激情的定向取决于真理认识者的意志决断。

为了具体说明冒犯激情的意志属性，我们可以引人齐克果关于"罪是无知"的讨论。在这个讨论中，齐克果始终围绕这样一个问题，即基督教意义上的罪概念是以什么方式获得的？一般来说，罪意味着人没有做正确之事。齐克果首先用苏格拉底的无知来进行回应。基于我们之前对反讽立场的分析可知，无限绝对的否定性无法给出任何肯定性的界定，只能在消极性的意义上作出回应：人们对于正确之事是无知的。在这个意义上，齐克果给出了一个苏格拉底式的界定，即罪是无知。然而，齐克果转而又对这一苏格拉底式的界定提出质疑：

> ……这（罪是无知性）到底是一种本原的无知性，就是说这状态是这样的一个"不曾知并且迄今无法对真相有所知的人"的，抑或这是一种产物、一种后来的无知性？[36]

齐克果分析到，如果是前者，即罪是"不曾知并且迄今无法对真相有所知"，那么罪就意味着一种纯粹的理智状态。从理智的角度米看，将一种理智状态称之为罪，这既是没有必要的，也会使罪的概念被消解掉。在后者的情况下，无知则是由某种活动所导致的一种结果。如果一个人对于导致无知的活动是无意识的，那么就意味着在这种活动发生之前，无知就已经存在了。这可以归入第一种情况。但如果一个人对于导致无知的活动是有意为之，那么这就足以说明，罪不在于无知这一否定性的理智活动，而是在于理智活动之外的因素。齐克果指出，这一苏格拉底式的界定实际上缺失了一个必要环节：

> 它是：意志，对抗。古希腊的理智性……无法将这一点接受进头脑：一个人带着其知识能够不去行"那善的"，或者带着其知识，对于"那正确的"的知识，去行"那不正确的"。[37]

为了理解齐克果是何以认为古希腊的理智性缺乏对抗之意志这一环节，我们不妨再次回到苏格拉底的反讽立场。我们知道，反讽家在面对绝对的悖论时，以一种无限绝对的否定性的理智活动做出了一个无知的自我宣告。这一自我宣告既是纯粹的理智活动，又是反讽家的人格立场。也就是说，理智对于反讽家来说，是具有绝对效用的。在这个意义上，古希腊的理智性就意味着，从

---

36 克尔凯郭尔：《致死的疾病》，第 507 页。
37 克尔凯郭尔：《致死的疾病》，第 508 页。

知到行是一种必然性的过渡。但由于这种必然性过渡只是以否定性的方式在反讽家的立场上有所体现，因此，那种肯定性的理智活动，以及理智之外的环节，必然是古希腊的理智性无法产生的。

就古希腊的理智性而言，苏格拉底自称无知的自我宣告必然带来理智在绝对悖论面前的止步。如果真理认识者在肯定性的意义上宣称对绝对的悖论有所知，但是他并没有像反讽家那样停下理智的脚步，而是继续向前。在这种情况下，真理认识者已经不再停留于古希腊的理智性，而是到达了意志的层面。在齐克果看来，这才基督教意义上的罪真正出场的环节，他对此分析到：

> 苏格拉底说明了，那没有去做"那正确的"的人也没有明白"那正确的"；然而基督教则更向回退一步说，这是因为他不想要明白"那正确的"，而这则又是因为他不想要"那正确的"。[38]

可见，基督教意义上的罪是无法在理智性的意义上得出的。尽管古希腊的理智性缺失意志层面上的环节，但是就"罪是无知"这一苏格拉底式的界定而言，这已经达到了理智对于罪所能了解的最高程度。所谓"基督教向回退的一步"，实际上是指将罪的界定范围移至理智性之外，更准确地说，是将其移至能够引发冒犯的外来性因素之上。[39]可见，罪并不是一个理智性的概念，而是处于冒犯情绪中的一个意志决断。

面对绝对的悖论，处于冒犯情绪之中的理智既不愿意以纯粹的否定性为满足（反讽立场），也不愿意以权宜之计冷眼待之（怀疑主义），而是在一种意志的决断下宣称对绝对悖论的把握。值得注意的是，这与近代主体理性主义可谓是一脉相承的。齐克果进一步指出这种哲学传统的特征：

> 与苏格拉底有着渊源关系并不是什么最糟的情形。然而，在现代哲学中，那完全非苏格拉底的东西则是：它要以"这是基督教"来自欺欺人。[40]

与苏格拉底之间的渊源是指前面我们分析过的古希腊的理智性传统。在这种传统所要求的必然性过渡中，由于真理认识者对绝对悖论的无知性宣告，

---

38 克尔凯郭尔：《致死的疾病》，第 513 页。

39 齐克果在文本中多次将这种引发冒犯的外来性因素称之为"启示性的"。参见同上，第 513-514 页。但无论采用何种说法，目的都是为了强调唯有绝对的悖论才能引发冒犯。"启示性"这一颇具神学性的说法也正是在于强调，绝对的悖论一定来自于理智之外。

40 克尔凯郭尔：《致死的疾病》，第 511-512 页。

因此，理智务必要就此停下脚步。然而，齐克果所谓的"最糟的情形"，乃是指近代主体理性主义在肯定性的意义上与其存在渊源。这就意味着，一旦理智宣告把握了绝对的悖论，那么具有肯定性的理智活动就要求在苏格拉底停下的地方继续向前。在这种情况下，理智要么将绝对悖论放逐在一个理性限度之外的范畴，使自己摆脱失职或无能的责任；要么在自身之内以理念的形式，虚拟一个绝对悖论的对应物，以假乱真。[41] 理智为了实现自身有所知的宣告，不惜以偷梁换柱为代价，也要以"这是绝对的悖论"来自欺欺人。可见，近代主体理性主义一方面继承了古希腊的纯粹理智性的传统，另一方面也将苏格拉底的反讽倒置为一种完全肯定性的立场。尽管与反讽拥有同样的激情，但是经由意志的决断，转向了与苏格拉底截然相反的方向，离绝对的悖论越来越远。

可见，真理认识者在这种情况下所获得的认识，都是对绝对悖论的误解，而且是一种执意的结果。这需要以强烈的意志决断来实现。而能够保证这种意志决断的，必然是一种处于极高程度上的冒犯情绪。我们将这种在冒犯程度上最高的表现形式称之为"理智的反抗"。

综上所述，真理认识的原始语境，包括真理的必需与理智的困境，是我们整个讨论所依据的前提。在这个语境中，真理始终呈现为一种绝对的悖论。冒犯作为真理认识者在面对绝对悖论时必然出现的一种情绪，既是确保真理认识者接触到真理的必要标志，又是决定真理认识者能否摆脱理智困境的辩证性环节。在齐克果所讨论的基督教语境中，冒犯是由基督宣告所引发的。基督宣告要求将真理作为信仰对象来接受，而每个真理认识者都是站在理智的起点上。在向着信仰的方向上，冒犯是一种有待克服的必要环节；在背离着信仰的方向上，冒犯是一种存在于理智之外的罪。就后者而论，理智在真理认识中所表现出的每一个形式，都是由冒犯情感所推动的。从作为一种认识起点的角度出发，我们根据冒犯情感所表现的不同程度，具体分析了由其所推动的三种理智形式。第一种是苏格拉底的反讽立场所表现的无限绝对的否定，这是一种理智的自弃形式。理智除了在绝对悖论面前承认无知之外，绝不给出任何肯定性。第二种在现实中的代表是怀疑主义，因其"悬搁判断，继续追求"的权宜之计，我们将这一种冒犯所表现的形式总结为理智的迟疑。只要理智尚在与绝

---

41 谢文郁从思想史的角度，针对近代主体理性主义是如何将绝对悖论意义上的真理等同于一种基于必然性理念的真理这一问题，进行了深入的分析。参见谢文郁：《自由与生存——西方思想史上的自由观追踪》，2007 年。

对悖论的安全距离之内，它都可以任意驰骋。第三种是冒犯在程度上发展到极致时所引发的反抗意志，形式上表现为理智的反抗。正如近代主体理性主义所表现的那样，理智最终会将悖论的绝对性消解殆尽。

在以上对冒犯情感的分析中，我们实际上也同时提供了一种关于可能性是如何丧失的说明。事实上，绝对悖论的出现构成了可能性概念得以确立的起点。然而，绝对的悖论最终在上述三种理智形式中都遭到了不同程度的误解或者歪曲，从这个意义上来说，冒犯情感恰恰呈现的是一种不断丧失的可能性概念。在这一节中，我们在一种对立面的意义上为可能性概念提供了一种侧面分析。在完成了这项铺垫性的工作之后，我们将在下一节转向齐克果关于可能性概念的正面讨论。

第二节　着急：面对可能性

回顾一下此前的讨论。我们知道，每个人都是在判断选择中进入生存的，而判断选择必然是基于某种特定的理解结构。出于普遍向善的生存冲动，我们总是试图将认识对象纳入到自身的理解结构之中。从这个意义上来说，齐克果所呈现的绝对悖论就是我们当下的理解结构所无法容纳的认识对象。一旦绝对的悖论出现，我们当下的理解结构必然会遭受不同程度上的冲击与震荡。换句话说，绝对悖论的出现正是理智活动出现中断的标志。然而，齐克果的生存分析表明，我们一方面无法彻底回避绝对的悖论，另一方面又倾向于维持当下的理解结构。这也就意味着，原本在绝对悖论面前陷入中断的理智活动，必然要从理智因素之外寻求得以延续的力量。根据齐克果的分析，此时理智活动所重新获得的驱动力，正是来源于主体感到的一种"冒犯"情感。根据这种冒犯情绪所表现的不同程度，我们具体讨论了三种受其推动的理智形式。

尽管就理智活动所出现的中断而论，冒犯情感是作为绝对悖论出现的重要标志；但是就理智活动所获得的延续而论，冒犯情感又成为绝对悖论遭到误解与歪曲的认识起点。从这个意义上来说，在冒犯情感出现的瞬间，可能性是与绝对的悖论同在的；但随着冒犯情感的发展，可能性便因着绝对悖论在理智活动中所遭到的误解与歪曲而一同被取消了。由此可见，我们对于可能性概念的讨论需要重新回到绝对悖论出现的这个起点上来。换句话说，我们只能立足于理智活动中断的瞬间来呈现可能性。根据齐克果的论述，不同于可能性的丧失是通过冒犯情感表现的，可能性的出现则是在另一种特定的情感中发生的。

在这一节中，我们将通过追踪齐克果在《着急概念》中的相关论述，从而来理解可能性概念是如何通过他对"着急"情感的分析而呈现的。[42]

一、跳入罪：从无辜到有辜

齐克果在《着急概念》中的讨论是围绕基督教的"罪"概念[43]而展开的。一般地，"承认自己是个罪人"表达了每一个基督徒所具有的一种普遍的罪意识。不过，如何在理智上理解这种罪意识，则是在近代主体理性主义的语境中所要求的思想任务。齐克果的分析便开始于对这种罪意识的一系列惯常想法的挑战。从罪的普遍性这个意义上来说，基督徒的罪意识往往会被表达为一种"传承之罪"，即每个人的罪都是经由传承而获得的。如果对"传承"进一步进行追究，我们就会发现，这个概念主要在于强调每个人获罪的"直接性"与"必然性"。换句话说，传承之罪对于每个人来说都是无法拒绝的。不过，如果沿着时间的序列进行回溯，那么我们就会在传承之罪的普遍性中遇到一个特例，即亚当。[44]事实上，作为人类始祖的亚当，他的罪并非源于"传承之罪"，而是表现为一种"最初的罪"。这也就意味着，在获得对传承之罪的充分理解之前，我们还需要为最初的罪提供解释。齐克果指出，理智活动为了进一步把握这种最初的罪，采取了一种特殊的处理方式。他分析到：

> 为了多少还是说明一些东西，人们引进了一个幻想的预设前提，"罪的堕落"的后果就是这一预设状态的失落。于是，人们赢得了这样的好处：每个人都心甘情愿地承认，这样一种"如人们所描述状态"在世界上并不存在；但是人们却忘记了，"怀疑"，对于"这

42　"anxiety"是齐克果著作 The Concept of Anxiety 中的核心概念。目前的汉语学界将"anxiety"译为"恐惧"（京不特译本）或者"忧惧"（孟祥森译本）。不过，根据齐克果的界定，"anxiety"是一种指向"无"的情感。这也就意味着，我们在理解这种情感时，不能指涉任何特定的对象。因此，为了强调"anxiety"这种情感所表现的中性意义，谢文郁主张将其译为"着急"。我们在本文的讨论中也采取这一译法。参见谢文郁：《自由与生存——西方思想史上的自由观追踪》，第216-229 页。

43　由于齐克果旨在呈现"原罪"概念的两种理解方式，即主体建构与生存分析。因此，为了避免先入为主，我们在语言表达上采用"罪"概念，而不用"原罪"概念。

44　根据《圣经·旧约》中《创世记》第2-3 章的内容，亚当是耶和华神所造的第一个人，也是人类共同的始祖。但他违背了神的禁令，因偷食禁果而犯罪。参见《圣经（和合本）》，南京：基督教"两会"，2013 年，第2-3 页。

> 状态是否存在"的怀疑，是接下来的另一个麻烦，"这状态的曾经
> 存在"对于"失去这状态"是极其必要的。[45]

他揭示到，人们对于最初的罪的理解，不得不以一种对罪前状态的预设为前提。不过，他继而指出，由于这种对于罪前状态的预设是为了对罪的堕落进行解释，因此，我们不仅是对罪前状态本身进行某种预设，而且还是对这种罪前状态的预设的失落所进行的"再预设"。他提醒我们，这种原本被用来说明堕落的罪前状态，最终却在这种双重预设中被取消了。从这个意义上来说，人们以这种双重预设的方式对堕落进行的说明实际上无异于一种同义反复。尽管最初的罪未能通过这种双重预设而得到有效的说明，但是在这种预设中所呈现的（又被取消的）罪前状态，却无疑是我们认识最初的罪的关键。换句话说，如果我们不能对罪前状态有所认识，那么我们不仅无法说明最初的罪，而且最终也无法真正理解传承之罪。

接下来的问题便是，我们如何获得关于罪前状态的认识呢？为了避免使得罪前状态再次成为一种被"扬弃"的环节，我们不妨重新回到传承之罪的认识起点上来。从纯粹推论的意义上来看，传承之罪可以推至始祖的最初的罪，而最初的罪又可以推至一种代表无罪的罪前状态。也就是说，我们可以在推论中直接谈论一种无罪的概念，从而将其作为对罪前状态的解释和说明。不过，正如齐克果在上述引文中所指出的，我们每个人在谈论这种无罪状态时，实际上是以承认对这种状态的丧失为前提的。而承认对这种无罪状态的丧失也就同时意味着，我们不能对这种无罪状态的曾经存在持有任何的怀疑。换句话说，如果不相信这种无罪状态曾经真正存在过，那么试图从一种推论中来呈现这种无罪状态就显得有些莫名其妙。事实上，齐克果想要表明的是，上述关于无罪状态的推论并不是由理智本身所支持的，而是在一种基督徒罪意识的推动下发生的，即基督徒承认自己对无罪状态的丧失。可见，我们对于传承之罪的理解并不直接取决于推论中所呈现的那些概念，而是要回到由罪意识所决定的认识起点上来。为此，齐克果转引了一段路德的施马加登条款，内容如下：

> "传承之罪"是一种本性的如此地深奥而可鄙的败坏，乃至于

---

45 Søren Kierkegaard, *The Concept of Anxiety*, translated by Reidar Thomte, Princeton: Princeton University Press, 1980. p.25. 〔丹〕克尔凯郭尔：《恐惧的概念》，京不特译，北京：中国社会科学出版社，2013 年，第 186 页。若无特别说明，后续引文中的中译文均采用京不特的译本。

它无法被人的理性洞察，而必须出自圣经的启示来被认识和信仰。[46]

齐克果之所以引用这段内容，并不是为了将问题带回到基督教神学的内部讨论，而是旨在强调，我们关于传承之罪的讨论与理解需要回到一种特定的生存起点上来。进一步来说，他所说明的是一种关于认识起点的转换：我们并不是为了能够理解传承之罪，从而去寻找某种圣经的依据，而是从圣经出发来获得对传承之罪的理解。从这个新起点出发，齐克果向我们展示了一种对于传承之罪的新的理解方式。这具体是从两种关系中展开的：其一，就我们与亚当之间的关系来说，亚当既是人类的始祖，但同时也是我们人类中的一员。这就意味着，我们在试图为传承之罪提供任何一种说明时，既不能只针对亚当而适用，也不能反过来将亚当排除在某种普遍的适用范围之外。前者强调的是我们与最初的罪的关联，后者强调的亚当与传承之罪的关联。由此可见，一旦我们将亚当与所有后继者在人类的整体中统一起来，那么这就等同于抹掉了传承之罪与最初的罪之间的实质性差别。换句话说，去说明每一个后继者的传承之罪，也就是去说明亚当的最初的罪。其二，就我们与罪之间的关系而论，我们与传承之罪之间的关系并不是通过某种间接的方式所构成的。这主要源于两方面的考虑：如果我们将传承之罪归之于某种由亚当的最初的罪所带来的遗传性，那么这就等于将亚当排除在整个族类之外；如果我们将传承之罪建立在罪的普遍性这一后果之上，那么这就等于取消了谈论获罪的意义。由此可见，关于传承之罪的理解需要诉诸我们自身与罪之间的某种原始性的关系。在齐克果看来，这种原始性的关系表现为一种辩证性的特征。他说：

> ……最深刻的根据是在那"人的存在中的本质性的东西"之中，也就是这个事实：人是个体，并且，以"整体族类参与到个体之中"而"个体参与到整个族类之中"的方式，人就其本身而言"同时是其自身和整个族类"。[47]

我们看到，他将人与罪之间的原始性关系建立在"个体"这个基础之上。根据他的界定，个体概念除了是相对于"族类"这个代表人类整体的概念而

---

[46] Kierkegaard, *The Concept of Anxiety*, p.26. 克尔凯郭尔：《恐惧的概念》，京不特译，第186页。据尾注，施马加登条款是一本由马丁·路德在1536年考虑到在曼托瓦即将于1537年举行的会议以德文编写的信书，作为为新教徒们所写的综合性的忏悔信书。

[47] Kierkegaard, *The Concept of Anxiety*, p.28. 克尔凯郭尔：《恐惧的概念》，京不特译，第187页。

言，更重要的是，它与族类概念以一种辩证性的关系统一在一起。我们想要指出的是，他所界定的个体概念并非是一种纯粹的思辨对象，而是在一种特定的生存意识中所呈现的。而这种特定的生存意识正是基督徒所表现的罪意识。他通过个体概念旨在表明，对于基督徒来说，传承之罪一方面是以族类的普遍堕落为前提的，但另一方面也是由自身的犯罪所招致的。这两个方面始终统一于基督徒的生存意识之中，缺一不可。如果缺少对个体的规定，那么原本以普遍获罪为前提的族类概念就等同于任何一种表达普遍性的思辨对象，从而罪意识中所具有的实质性内容就被取消了；如果缺少对族类的规定，那么孤立的个体概念由于得不到任何基本的限定，从而罪意识本身也就在层出不穷的例外中被取消了。从以上的这种辩证性来看，传承之罪显然不是由逻辑推论本身所给出的，而是在一种旨在将个体与族类统一起来的罪意识的推动下呈现的。

接下来，让我们基于罪意识重新来分析传承之罪中所涉及的最初的罪的问题。从一方面来看，亚当就其个体而论所犯下的是一种最初的罪，但是在族类的意义上却与每一个后继者的"传承性"是相统一的；从另一方面来看，每一个后继者在族类的意义上所招致的都是一种传承之罪，但是就其个体而论却与亚当具有相同的"最初性"。我们看到，传承之罪与最初的罪不再表现为一种推论意义上的因果关系，而是通过亚当与后继者之间的整合构成了一种统一关系。因此，呈现在这种统一关系中的最初的罪，不仅代表着亚当参与族类的个体性，而且也同时反映了每一个后继者参与族类的个体性。换句话说，每一个后继者在获罪上具有与亚当相同的"最初性"。由此可见，齐克果正是通过对个体概念的确立，从而将传承之罪的说明归结为一种对最初性的理解问题。他继而说到：

> "最初的罪"意味了某种不同于一个罪（亦即，一个罪如同许多其他的罪）的其他东西，某种不同于"某一个罪"（亦即，一号相对于二号）的其他东西，这是很容易看出的。最初的罪是质的定性……所以当人在逻辑学中认为通过一种不断继续的"量"的定性能够带来一种新的"质"，这就是一种迷信……新的"质"伴随着"那最初的"、伴随着"跳跃"、伴随着"那谜一样的东西"所具有的突然性而出现。[48]

---

48 Kierkegaard, *The Concept of Anxiety*, p.30. 克尔凯郭尔：《恐惧的概念》，京不特译，第 189 页。

他强调，最初的罪就其本身而言是通过最初性这一独特的意义而得到确立的。这就意味着，我们关于最初的罪的说明必然是围绕最初性所表现的独特内涵而展开的。不过，在展开对最初性的说明之前，他先对传统上"量变导致质变"这一认识思路进行了批判。我们知道，近代主体理性主义是在一种逻辑必然性的建构中来谈论从量到质的转变的。根据这个思路，作为一种质变的结果，最初的罪是通过一种量上的不断积累而实现的。但也正是由于量与质之间所实现的这种直接过渡，最初的罪所具有的独特意义也就随之被取消了。于是，为了使关于最初的罪的谈论不丧失其独特的意义，他界定了一种新的"质"。这种新的质并不能直接通过量变意义上的过渡而实现，而只能伴随着从断裂处所进行的一次"跳跃"而出现。可见，他最终将最初的罪等同于一种"质的跳跃"。据此，我们可以将每个个体在最初性意义上的获罪表述为个体的"跳入罪"。

为了强调每个个体在跳入罪的过程中所发生的一种实质性的转变，齐克果结合基督教的语境将个体跳跃之前的状态称之为"无辜"，而将个体跳跃之后的状态称之为"有辜"。[49]从以上的分析可知，尽管无辜与有辜之间的关联并不等同于主体理性主义基于必然性所建构的因果关系，但是从无辜到有辜的跳跃却必然是在统一的个体中发生的。这实际上向我们揭示了一种存在于无辜与有辜之间的悖论性的关系。我们想要指出的是，这种悖论性的关系正是在基督徒罪意识的推动下而构成的。接下来，我们来看齐克果是如何基于这种悖论性的关系来呈现无辜与有辜这两个概念的。

二、无辜即无知：亚当的着急情感

我们在上一节关于冒犯的分析中，论及了齐克果关于苏格拉底的无知的讨论。我们知道，苏格拉底的无知是以由知到行的必然性为前提的。但是齐克果提醒我们，如果我们据此而走向"罪是无知"这样的推论，那么罪这个概念也就同时被取消了。在他看来，罪的根源并不在于无知，而是取决于一种表现

---

49 Kierkegaard, *The Concept of Anxiety*, p.37.克尔凯郭尔：《恐惧的概念》，京不特译，第 194 页。"（有）辜"与"无辜"对应于英译本中的"guilt"与"innocence"。对应于"无辜"，京不特将"guilty（guilt）"译为"有辜（或者辜）"。值得一提的是，尚文华认为，由于这种译法与中文习惯不符，因此主张译为"罪债"，并提供了理由。我们在这里保留京不特的译法。参见尚文华：《自由与处境——从理性分析到生存分析》，第 195 页。在后面的讨论中，为了强调"质的跳跃"这一环节，我们在文字的使用上有时也用"堕落"来替换"有辜"。

为反抗意志的冒犯情绪。事实上，无知在齐克果上述的批判中是作为一种理智形式而言的，而冒犯情绪便是最终确立无知这种理智形式的决定性因素。然而，需要我们注意的是，齐克果在分析无辜概念时再次提及了无知，但是这里的语境已经发生了变化，无知不再被等同于一种理智形式，而是意味着理智活动的一种中断或者取消。我们来看的他的论述：

> 无辜性是无知性。它绝不是"那直接的"的"纯粹之在"，但它是无知性。如果我们从外面看无知性，那么它看来是定性为"向着知识"的；但是这一事实却与无知性完完全全地无关。[50]

从上一节的讨论中可知，近代主体理性主义在因果必然性的建构中实现了一种从无辜到有辜的直接过渡。但齐克果强调，由于这种直接过渡属于一种理智层面上的逻辑运动，从而只限于在量的意义上反映某种变化，因此，这并不能为那种发生在无辜与有辜之间的质的跳跃提供说明。他实际上旨在表明，从无辜到有辜所实现的这种质的跳跃，恰恰是以理智活动的中断或者取消为前提的。不过，考虑到主体理性主义的强大语境，他并没有急于排斥这种基于理智的谈论方式，而是采用"无知"这个概念来表达理智活动所出现的中断或者取消。也正是在这个意义上，他提出了"无辜即无知"这种说法。不难看出，他所重新界定的无知概念实际上旨在向主体理性主义发起一种挑战。不过，他也充分地意识到，由于我们关于无知的理解往往是立足于"有所知"的对立面这个立场之上，因此，我们总是会倾向于将无知等同于对于某种认识的缺乏。事实上，这种对于无知的传统理解是建立在由理智活动所提供的某种预设的基础之上的。而这正是他极力要批判的对象。为了进一步澄清这里所界定的无知概念，我们来看齐克果对亚当在堕落之前的状态所进行的分析。他说到：

> 在这一状态之中有和平与宁静；而同时也有着某种他物，这他物不是"不和平"与"争执"，因为没有什么可去争执的。那么，这他物是什么呢？它是无。那么"无"具有怎样的作用呢？它生产着急。这是无辜性的深奥秘密：无辜性同时就是着急。[51]

《圣经·创世记》中关于亚当在堕落之前的描述并不多，但其中有一条不

---

50 Kierkegaard, *The Concept of Anxiety*, p.35.克尔凯郭尔：《恐惧的概念》，京不特译，第 194 页。

51 Kierkegaard, *The Concept of Anxiety*, p.41.克尔凯郭尔：《恐惧的概念》，京不特译，第 198-199 页。中译文有改动。

容忽视的重要线索：亚当在偷食禁果之前没有任何关于善恶的知识。所谓关于善恶的知识其实指的是我们每个人普遍所具有的认识能力。一般来说，每个人都是通过这种认识能力来落实自己原始性的求善生存的，即通过判断是否符合自己的善观念从而做出接受或者拒绝的生存选择。尽管每个人的善观念不尽相同，但是善观念却是每个人在生存中进行判断选择的根据所在。从这个意义上来说，一个人所拥有的关于善恶的知识也就等同于他在生存中所依据的某种善观念。由此我们可以说，亚当在偷食禁果之前尚不具有任何的善观念。然而，就现实而论，我们的生存选择都是以当下的某种善观念为依据的。换句话说，每个人的生存起点就是他所具有的善观念。但是亚当的特殊性在于，他的生存起点非但不是任何一种善观念，反而是任何一种善观念都尚未出现的"无"。[52]我们不禁要问，这种"无"是如何作为亚当的生存起点的呢？我们来看齐克果接下来的分析。

　　齐克果在分析中指出，首先，这种"无"并非意味着一种空洞的乌有，而是在其中存在着"某种他物"。这也就意味着，即使在没有任何善观念的情况下，这种"无"对于亚当的生存状态来说也具有实在性；其次，这种"无"正对应于亚当堕落之前的"无知"状态。只是这种无知状态并非建立在对某种善观念缺乏的预设之下，而是代表着所有理智活动在这种"无"中的全然中断或者取消；最后，这种"无"实际上是一种表现为"着急"情感的生存状态。换句话说，亚当的生存起点正是一种在"着急"情感中所指向的"无"。他接着说：

> "着急"这个概念……是完全地不同于"畏惧"以及其他类似概念的；后者是指向某种特定的东西，而着急则是那作为"可能的可能性"的自由之现实性。[53]

　　可见，着急虽然也属于一种情感，但是在情感指向上却表现出一种特殊性。我们来看他以畏惧情感为例所做的一种比较。一般来说，畏惧总是指向某个特定的对象，从而我们可以在观念中谈论我们所畏惧的对象。换句话说，呈

---

52 英译本中，齐克果将这种没有任何善观念的生存状态描述为"nothing"，但同时又强调在其中存在着"something else"。京不特将"nothing"译作"乌有"，但"乌有"通常具有一种表示无用性与空洞性的贬义色彩，而齐克果始终是在一种中性的意义上谈论这种生存状态的。因此，我们主张将其译为"无"。

53 Kierkegaard, *The Concept of Anxiety*, p.42.克尔凯郭尔：《恐惧的概念》，京不特译，第 199 页。中译文有改动。

现在我们畏惧情感中的对象，必然是以某种善观念为前提的。从这个意义上来说，畏惧情感在根本上是由某种善观念所支持的。相较而言，着急情感指向的是一种任何善观念尚未出现时的"无"。我们结合他前后的说法来看，一方面，着急情感所指向的"某种他物"是实实在在的；但另一方面，这个实实在在的"某种他物"却因为不涉及任何善观念而在理智的层面呈现为一种"无"。事实上，这种呈现在着急情感中的具有某种辩证性的对象，正是齐克果所界定的"可能性"概念。然而，在近代主体理性主义的语境下，可能性概念作为一种由必然性概念所决定的某项预设环节，往往是建立在某种善观念的基础之上的。因此，为了强调这种在着急情感中所呈现的可能性尚未涉及任何善观念的因素，他便采用了"可能的可能性"这种表述来区别于另一种由主体理性主义所建构的"必然的可能性"。事实上，齐克果通过对这两种可能性所进行的区分，从而也为我们确立了两种截然不同的认识起点。

在确立了可能性与必然性这两种认识起点之后，我们接着来分析他所提出的"自由之现实性"的问题。不同于以必然性为认识起点的自由诉求，以可能性为认识起点的自由诉求并不取决于任何一种基于善观念所建构的特定目标，而是指向生存本身所呈现的无限可能性。然而，在近代主体理性主义的强大语境之下，由于必然性已经成为一种理所当然的认识起点，因此，人们很容易将基于可能性的认识起点当作一种脱离现实的臆想，从而极力加以排斥。事实上，由于我们总是依据于对现实的理解来落实我们的生存的，而我们对于现实的理解方式在根本上是由我们所采取的认识起点所决定的。因此，这里的关键在于，我们需要根据不同的认识起点来呈现人们对现实的理解差异。不难看出，如果从必然性出发，那么现实就意味着某种我们基于善观念所规定的生存方向；如果从可能性出发，那么现实则呈现为我们所接受的生存本身。可见，尽管两种认识起点最终所决定的生存方式截然不同，但是二者在落实各自的生存时所表现的生存冲动却是共同的。换句话说，无论采取哪一种认识起点，每一种关于"自由之现实性"的生存诉求在根本上都是由一种普遍的生存冲动所驱使的。在我们看来，齐克果通过以上对两种认识起点的分析，从而旨在表明以下一点：呈现在着急情感中的可能性正是作为一种实实在在的生存冲动并以其独特的方式推动着亚当的生存。

为了说明这种呈现在着急情感中的可能性具体是如何作为一种生存冲动的，齐克果结合《圣经·创世记》中关于上帝的禁令与审判内容，对亚当在堕落前的生存状态展开了分析。让我们先来看上帝禁令的部分。上帝对亚当说："只是分别善恶树上的果子，你不可吃。"[54] 由于亚当在偷食禁果之前处于一种没有任何善观念的无知状态。因此，亚当对于上帝的禁令是无法理解的。尽管亚当在理智上并不理解上帝的禁令，但是这并不意味着上帝所发出的禁令本身没有在理智之外的意义上对亚当造成任何影响。根据齐克果的分析，禁令对亚当的影响虽然没有在根本上转变他在善观念上的无，但是呈现可能性的着急情感却在程度上得到了某种发展。据前述，在上帝的禁令发出之前，亚当的着急情感所指向的无，是一种"可能之可能性"。由于这种纯粹意义上的无尚不具备任何内容或者形式上的参照，因此，着急情感并不会反映出任何程度上的变化。然而，在上帝发出禁令之后，亚当的着急情感所指向的无便随之获得了某种形式意义上的参照。也就是说，尽管处于无知状态中的亚当对于这一禁令的内容是一无所知的，但是这一禁令本身却作为某种纯粹形式意义上的无，使亚当的着急情感在程度上得到了首次的强化。不过，就着急情感的指向而言，程度上所获得发展并没有改变实质意义上的无，但是在形式上却表现为一种"能够之可能性"。

让我们再来看禁令之后的审判内容。上帝对亚当说："因为你吃的日子必定死"。[55] 尽管禁令对着急情感所带来的强化并没有在根本上转变亚当的无知状态，也就是说，亚当依然对审判内容中的"死"是一无所知的，但是作为禁令的一种延伸性后果，审判本身却使得亚当的着急情感在一种"叠加"的意义上得到了再次的强化。齐克果针对这两次程度上的强化而总结到：

> 这样，无辜性被推到了其极端。在着急之中，无辜性处于与"那被禁止的"以及惩罚的关系之中。无辜性不是有辜的，但却有着一种着急在那里，仿佛无辜性失落了。[56]

可见，他从质的跳跃这一方面强调，虽然亚当的着急情感在上帝的禁令与审判的双重刺激下获得了某种发展，但这种仅限于的程度上的变化并没有使亚当丧失他的无辜性。换句话说，亚当的堕落并不能通过对他无辜性的分析而得到说明。但与此同时，他又根据《圣经·创世记》的文本提示而指出，由于

54　《圣经·创世记》，第二章第 17 节。

55　Kierkegaard, *The Concept of Anxiety*, p.42. 克尔凯郭尔：《恐惧的概念》，京不特译，第 199 页。中译文有改动。

56　Kierkegaard, *The Concept of Anxiety*, p.45. 克尔凯郭尔：《恐惧的概念》，京不特译，第 202 页。中译文有改动。

上帝的禁令与审判是亚当在堕落前所听到的最后的信息，因此，亚当的着急情感通过这两次强化也就无异于达到了一种无辜性的临界点。从这个意义上来说，我们似乎可以从亚当无辜性中看到他终将堕落的某种暗示。不过，要想真正呈现这种关于堕落的暗示，我们需要引入对夏娃的无辜性的分析。接下来，我们将转向齐克果关于夏娃的相关讨论。

三、有辜即差异性：夏娃的现实性起点

从《圣经·创世记》的文本内容上来看，亚当的堕落是在夏娃出现之后发生的。传统上，人们往往将亚当的堕落归咎为夏娃的引诱。这种颇为常见的观点实际上在于强调这样一个基本的信息：夏娃的出现对于我们理解堕落的发生具有某种不可或缺的意义。不过，齐克果提醒我们，考虑到亚当与夏娃在偷食禁果之前所处于的无知状态，而引诱概念本身必然是建立在某种善观念的基础之上的，因此，如果从引诱的角度来理解夏娃与亚当之间的关系，那么这就等于取消了始祖的无辜性这一前提。为此，他主张从一种"代际"的角度来理解夏娃与亚当之间的关系。[57]他说：

> 夏娃是被派生者。无疑她被创造地和亚当一样，但是她是从一个先有的被创造物之中创造出来的。无疑她和亚当一样地无辜，但是却可以说，在这之中有着对于一种倾向的隐约感觉，这种倾向无疑并不是有罪性，但是看起来却像一种对于这"被设定在繁殖之中的有罪性"的暗示；在这之中有着被派生者，而这种被派生者预先为特定的个体决定了这种倾向，但却并不使得他"有辜"。[58]

我们看到，齐克果并没有首先从性别差异的角度来理解夏娃，而是在族类延续的意义上强调了夏娃相对于亚当而言所具有的派生性或者衍生性。在他看来，夏娃并非是以完全孤立的方式出现的，而是作为亚当的后继者，与亚当共存于一种代际关系之中。特别地，夏娃通过这种代际关系获得了一种"倾向"。在对这种倾向的界定中，他一方面通过否定这种倾向的"有罪性"，[59]从而表明夏娃不会因为获得这种倾向而丧失无辜性；但另一方面他又通过强

---

57 "代际"或"代"对应于英译本中的"generation"。齐克果在使用这个概念时旨在强调一种族类的历史，以此与一种个体的历史相对应。

58 Kierkegaard, *The Concept of Anxiety*, p.47.克尔凯郭尔：《恐惧的概念》，京不特译，第 203 页。中译文有改动。

59 "有罪性"对应于英译本中的"sinfulness"，这个概念所强调的是罪的内容。

调这种倾向就其本身而言所构成的一种对有罪性的暗示，从而使得夏娃的无辜性包含着一种对堕落的预示。从他的这种界定上来看，夏娃所获得的倾向表现为一种明显的悖论性。要想进一步理解这种悖论性，我们需要追踪相关的原始文本。

根据《圣经·创世记》的内容，夏娃是通过亚当的肋骨而被造的，这表明了夏娃的存在必须以亚当的先在性为前提。接着，夏娃被亚当称之为女人，这说明了夏娃并不等同于一种亚当的复制品，而是作为一种有别于亚当的存在。由此可见，尽管亚当与夏娃在堕落之前都都尚未丧失无辜性，但是夏娃的无辜性却伴随着一种对性别的确立。让我们来进一步分析这种性别的确立。从文本内容上看，性别的确立发生在亚当与夏娃堕落之前。但由于在堕落之前尚未获得任何善观念，因此，亚当与夏娃对于性别的确立实际上是一无所知的。这也就意味着，二人对于性别的认识只能发生在他们堕落之后。由此所引发的问题在于，从一方面来看，由于性别是在无辜性中得到确立的，因此，如果坚持无知性这个认识起点，那么性别的确立也就等同于被取消了；但从另一方面来看，由于性别上的差异源于一种堕落后才会出现的认识，因此，一旦性别的确立在认识的层面上得到呈现，这也就同时构成了一种对夏娃堕落的预示。通过以上对性别确立的分析可知，在夏娃的无辜性与她的堕落之间存在着一种悖论性的关系。事实上，由原始文本所揭示的这种悖论性，不仅正对应于齐克果所谓的代际关系，而且也是他界定倾向概念的根据所在。

接下来，让我们来进一步分析夏娃的无辜性与堕落之间的这种悖论性关系。我们知道，齐克果在前述中通过对主体理性主义的批判，明确反对在无辜与有辜之间建构任何必然性的关系。然而，与我们分析亚当时的情况不同，性别的确立为我们理解夏娃的无辜性提供了一种新的认识起点。这一新的认识起点是相对于无知性这一认识起点而言的。也就是说，我们原本对于无辜性是一无所知的，但我们通过在理智上对性别确立的把握，从而也就获得了对无辜性的某种认识。不过，由于对性别的认识只能发生在堕落之后，因此，在理智上对性别的把握也就意味着我们采取了一种堕落之后的生存起点。换句话说，除非我们以堕落之后的生存意识为出发点，否则将无法获得关于无辜性的任何认识。因此，一旦我们将生存起点确立在堕落之后，那么我们便是以一种"回溯"的方式而"重现"夏娃的无辜性与堕落之间的关系。虽然这种"重现"也是在某种推论中进行的，但是这种"重现"意义上的推论却并不是以必然性为根据的。事实上，与主体理性主义基于必然性所建构的因果关系不同，齐克果旨在将夏娃的无辜性与堕落呈现在一种可能性的关系之中。

我们来进一步分析这种可能性的关系。根据齐克果的说法，夏娃的无辜性是她堕落之前的可能性，而堕落则作为夏娃丧失无辜性之后的现实性。他说：

> 这是现实性，而在它之前则是自由之可能性。但是自由之可能性并不是"能够选择那善的或者那恶的"……"可能性"是"能够"。在一种逻辑体系中我们能够很容易地说"可能性走向现实性"。但是在现实之中却并非那么容易，这之中还需要一个"中介环节"。这个中介环节就是"着急"，而这着急没有去说明"质的跳跃"，正如它没有去在伦理的意义上为之辩护。[60]

如果我们根据因果关系来理解夏娃的无辜性与堕落，那么夏娃的堕落便是因为她选择了那恶的。从这个意义上来说，由于夏娃在堕落之前已经具有了能够选择那恶的可能性，因此，这种可能性无疑将决定夏娃堕落的现实性。不过，齐克果并不赞同这种从主体理性主义的立场对可能性的理解方式。在他看来，尽管可能性关系也同样遵循因果关系中的时间先后之分，即可能性先于现实性，但是可能性并不对现实性具有决定性的意义。换句话说，可能性与现实性之间并不是一种必然性的关系。正如他所强调的，可能性并不是"能够选择那善的或者那恶的"，而仅仅是"能够"。这也就意味着，夏娃堕落这一现实性并不取决于她之前能够选择那恶的可能性，而是出自于一种尚未涉及善恶的"自由之可能性"。相对于能够选择那善的或者那恶的，这种自由之可能性实际上就等同于一种没有任何善观念的"无"。严格说来，从这种呈现为"无"的自由之可能性出发，我们无法谈论任何现实性。这正如我们从亚当的着急情感出发也无法谈论他的堕落一样。然而，当引入性别确立这个因素之后，我们便从中获得了夏娃的堕落这一现实性的暗示。根据这一现实性的暗示，我们可以在推论中"重现"一种"从无到有"的"现实化"过程。

我们在上一节论及"自由之现实性"的问题时，已经对两种不同的现实性概念所依据的认识起点有所讨论。不过，由于在当时的讨论中尚未引入性别确立的因素，因此，我们只能立足于亚当的无辜性，继而将现实性展现为一种无限可能性。而这里的不同之处在于，我们可以根据堕落这一现实性的

---

60 Kierkegaard, *The Concept of Anxiety*, p.49. 克尔凯郭尔：《恐惧的概念》，京不特译，第 205 页。中译文有改动。

预示，通过推论来"重现"夏娃的无辜性与堕落之间的可能性关系。但需要我们注意的是，在主体理性主义这一强势语境的主导下，这种获得"重现"的可能性关系往往会被等同于一种由必然性所决定的因果关系。虽然这两种关系都是以堕落这一现实性为出发点，从而在推论中将其与可能性相关联，但是二者所表现的可能性与现实性之间的决定性关系却是截然不同的。对于主体理性主义而言，由于现实性是可能性的根据，因此，可能性必然是由现实性所规定的。但对于"重现"的可能性关系来说，尽管所有的现实性都是从可能性而出的，但是可能性却并不被任何现实性所规定。由此可见，夏娃堕落这一现实性必然是从她的无辜性而来的，但是她的无辜性却并不由堕落这一现实性所决定。

为了进一步强调这种可能性关系与因果关系之间的区分，齐克果提出了一种存在于可能性与现实性之间的"中介环节"。他指出，在主体理性主义的语境中，可能性与现实性之间的中介环节在因果必然性的直接过渡中已经被取消了。但是在可能性的关系中，这个中介环节正是通过着急情感而得到确立的。正如我们在前述中对亚当的分析，这种着急情感所指向的是一种"无"。就"无"作为一种无限可能性而论，着急情感可以指向所有的现实性。从这个意义上来说，我们可以将任何一种现实性归之于一种先在的可能性。但就"无"同时作为一种无知性而论，着急情感实际上并不能预示任何现实性。这也就意味着，我们只能根据现实性来"重现"一种推论意义上的可能性关系。但与此同时，由于"重现"本身取消了无知性，因此，这种在推论中呈现的可能性已经不再是一种无限的可能性了，而是一种由现实性所规定的可能性，或者说，是一种"不完整"的可能性。从这个意义上来说，我们正是在这种对可能性的认识中丧失可能性的。

回到对无辜性的分析中来看，一旦我们将夏娃确立为一种有别于亚当的差异性存在，那么无知性也就随着对性别上的认识而被取消了。这就意味着，我们对于无辜性的认识必然是立足于堕落这一现实性的出发点之上。正如我们以上所分析的，我们无法基于现实性来理解无限的可能性。同样的，我们不仅无法立足于堕落的生存起点来认识夏娃的无辜性，而且我们也正是在这种对无辜性的认识中丧失无辜性的。事实上，齐克果通过对夏娃的分析旨在表明，无辜性概念并非是一种纯粹理智意义上的认识对象，而是一种表现为着急情感的生存意识。在这种代表无辜性的生存意识中，认识起点恰恰是一种无知性。然而，我们的生存总是需要依据某种善观念来进行判断选择。这也就是说，我们的认识起点必然建立在某种差异性的基础之上。由于无辜性是以无知性为认识起点的，因此，差异性的认识起点就指向了一种无辜性的对立面，或者说是一种无辜性的丧失。在基督教的语境中，丧失无辜性的后果便是一种普遍的有辜性或者罪。基于以上对无辜性所进行的生存分析，这里所谓的罪实际上指的就是我们依据于某种善观念所确立的生存出发点。对应于齐克果在理智的意义上将无辜性描述为"无辜即无知"，我们在这里将无辜性的丧失概括为"罪（有辜）即差异"。

在这一节中，我们主要围绕无辜性与堕落之间的关系进行了讨论。齐克果是在一种对主体理性主义的批判中揭示这一问题的。在他看来，在无辜性与堕落之间并不存在必然性的因果关系，而是表现为一种从无到有的质的跳跃。他在分析亚当时指出，亚当的无辜性实际上表现为一种无知性，我们只能通过一种着急情感来说明这种理智意义上的无。尽管着急情感所指向的无可以表达一种无限的可能性，但是我们却不能以无为立足点来谈论一种必然的堕落。接下来，他在分析夏娃时指出，由于我们引入了认识的差异性，从而在取消无知性的同时就获得了一种基于堕落这一现实性的认识起点。但他强调，由此在推论中所呈现的无辜性恰恰是一种对无辜性的严重误解。

齐克果通过以上的分析，实际上提出了一个关于生存可能性的问题。正如他所揭示的，由于可能性只能呈现在着急情感中，因此，我们要想把握可能性就需要将着急情感作为我们的生存起点，或者说，将无确立为我们的认识起点。然而，这并不符合我们的现实生存。由于我们每个人都是依据于各种各样的善观念进行判断选择的，也就是说，恰恰是认识上的差异性而不是无知性真正构成了我们每个人的生存起点。在下一节中，我们想通过追踪齐克果在《重复》中的相关论述，从而来探讨如何重获生存可能性的问题。

第三节　信仰的激情：重获可能性

齐克果在《重复》这部著作中揭示了一种由指向可能性的生存冲动所引发的生存悖论，并通过对三个人物的生存意识的追踪与分析，从而向我们展现了围绕这一生存悖论所采取的三种不同的生存方式。事实上，在齐克果的分析中，重获生存可能性也就意味着一种对生存直接性的实现。因此，这里的问题也就转化为：如何使人从当下基于预设观念的生存重新进入直接性的生存。在这一节中，我们将呈现齐克果对这一问题的独特理解。

一、年轻诗人的生存悖论：返回直接性

一个人的苦难可以简单地归结为这样一种生存状况：想要的没有来，不想要的却来了。一旦我们意识到这是一场苦难，那么我们的生存从此便会蒙上了一层阴郁的色彩。但也正是在苦难意识的刺激下，我们可以进入关于生存现实性与生存可能性的思考。由于每个人都是在判断选择中进入生存的，因此，我们都是在某种"善观念"中来理解我们的生存的。一般来说，那些与我们当下的善观念相符合的生存是令人感到满意的。反过来，所谓"苦难"则源于那些与我们当下的善观念背道而驰的生存。不过，由于我们的生存意识往往并不仅限于当下，而是在同时也面向未来，因此，为了对应于我们的生存意识所表现的时间性，我们将那些通过当下的善观念所呈现的生存称之为生存的现实性，而将那些在未来中展现的生存称之为生存的可能性。这里的问题在于，生存的现实性基本上可以等同于我们当下对生存的理解，但是我们如何来谈论那些在未来才会出现的生存可能性呢？如果生存可能性能够直接通过我们当下的善观念而得到把握，那么生存可能性也就与我们基于当下的善观念所理解的生存现实性是一回事了。如果是这样，那么我们就实在没有必要再来谈论生存可能性的问题了。于是，这里的问题最终就归结为，生存的可能性是怎么进入到我们的生存意识之中的？

就一般的生存的体验而论，当生存的现实性符合我们当下的善观念时，我们往往会安于这种幸福的生存状态，从而不会产生对于生存可能性的强烈诉求。但是，一旦生存的现实性背离了我们当下的善观念，那么生存的可能性就会在我们对苦难的否定与排斥中进入我们的生存意识。从这一点上来看，这似乎意味着，生存可能性只有在苦难出现时才会进入我们的生存意识，而在幸福的生存状态下却并不容易成为我们的生存诉求。假如生存的可能性是以苦难为前提的，那么我们关于生存可能性的分析就需要从谈论苦难开始。然而，我们注意到，人们关于苦难或者幸福的理解往往因着善观念之间的分歧而大相径庭。这也就意味着，任何一种生存的现实性都有可能触发我们对于生存可能性的诉求，但与此同时，我们却不能说生存的可能性就取决于某一种生存的现实性。因为如果这样的话，生存可能性进入我们的生存意识便是出于一种偶然

性或者相对性，这样也就没有谈论它的意义了。因此，为了能够有效地谈论生存的可能性，我们显然不能以任何一种善观念为切入点，正如我们不能将任何一种苦难本身作为谈论的起点一样，我们需要在一种不由任何善观念所决定的前提下来说明生存可能性是如何作为我们普遍的生存诉求的。

事实上，以上的分析所反映的正是齐克果在构思《重复》这部著作时的主要意图。具体来说，齐克果想要通过对观念性效用的暂时悬搁，从而在一种直接性的意义上来呈现生存的可能性。换句话说，我们对于生存可能性的诉求实质上所体现的正是一种对直接性的生存诉求。在《重复》中，齐克果以第一人称"我"描写了一段与一个年轻人的交往经历。作为这个年轻人的密友与知己，他见证了这个年轻人在与一个女孩的热恋中一步步陷入生存的悖论并且不可自拔的过程。从《重复》所记述的内容来看，在与这个女孩的现实关系中，这个年轻人既不是一个"单相思"的角色，也从未与对方发生过任何的矛盾。事实上，从恋爱的关系上来看，他们二人与一般理想中的情侣并无不同。对此，我们不禁要问，这个正值恋爱中的年轻人缘何陷入了生存悖论，以及究竟陷入了怎样的生存悖论呢？让我们先来看一段齐克果对这个年轻人的生存状态的论述：

> 他深沉而真挚地坠入了爱河，这是很明显的，但他马上能够在最初的日子中回忆自己的爱情。在根本上他是完全地了结了这整个爱情事件。由于他开始这样做，他迈出了如此可怕的一步，以至于他跳过了生活。这女孩在明天死去与否，这不会招致任何本质的变化，他还是会再次倾身投入，他的眼中还是会再次充满眼泪，他还是会重复那诗人的言词。多么古怪的辩证法！[61]

一般情况下，我们很难将一场甜蜜的爱情与苦难联系起来。但从以上这段内容来看，这场甜蜜的恋爱对于这个年轻人来说却无异于一场"折磨"。如果我们将这个女孩作为这个年轻人所面对的现实性，那么从这个年轻人所投入的真挚性来看，他无疑已经从这个现实性中获得了某种满足。不过，对于这个年轻人来说，与其说他是从这个女孩本人那里获得的满足，不如说他是从这场爱情本身中（直接性）获得的满足。根据齐克果的说法，这个年轻人以一种回

---

61 Søren Kierkegaard, *Repetition and Philosophical Crumbs*. tran. by M.G.Piety. New York: Oxford University Press. 2009. p.7.〔丹〕索伦·基尔克郭尔：《重复》，京不特译，北京：东方出版社，2011 年，第 9 页。

忆的方式来看待当下的这场爱情。换句话说，真正将这个年轻人深深吸引住的其实是这场爱情发生时的那个瞬间。尽管这个年轻人的生存还在向着未来推进，但是由于他的整个生存已经被这场爱情发生的瞬间所决定了，因此，他的生存状态将始终保持在对那个瞬间的"回望"当中。齐克果在论述中指出，这个女孩明天死去与否并不会对这个年轻人的生存状态造成任何改变。那么这是否意味着这个年轻人站在了一种"反讽"的立场，[62] 从而使自己彻底从现实性中脱离了呢？我们知道，这个年轻人的爱情是伴随着这个女孩的出现而发生的，逻辑上，如果没有这个女孩的出现，那么这个年轻人所关注的瞬间也就无从谈起。从这个意义上来说，这个女孩是这个年轻人陷入这种回忆式生存的一个不可或缺的现实性因素。

根据齐克果的描述，这个年轻人的泪水足以表明这种回忆式的生存状态并不好受。通常情况下，我们往往会通过理智活动来处理生存中所遭遇的不快或痛苦。正如齐克果在《非此即彼》中所塑造的那位勾引家的角色，他在对生存现实性的逃避中，总是寄希望从下一个女孩的身上来寻获爱情发生的瞬间。[63] 尽管勾引家与这个年轻人所追求的都是一种对直接性的生存的满足，但是这个年轻人并没有像勾引家那样诉诸对现实性的不断更换，反而驻足于当下的现实性。我们想要指出的是，驻足于当下的现实性这一点正是我们理解这个年轻人所陷入的生存悖论的关键所在。接下来，我们来分析这个年轻人的生存状态与他当下的现实性之间所构成的独特关系。我们来看齐克果对这一独特关系的描述：

> 然而她却是那被爱者，他所爱的唯一者，他在一辈子中会爱上的唯一者。在另一方面，他却并不爱她；因为他只是思慕着她。在所有这一切正进行着的过程中，在他自己身上也发生了一种明显的变化。在他身上有一种诗意的创造性苏醒过来，达到了一种我从来不相信会有可能的程度。现在，我很容易理解这一切。这个年轻的

---

62 齐克果分析了苏格拉底所具有的反讽立场，即苏格拉底为了抓住理念而对整个现实性进行了无限绝对地否定。我们在本章第一节的分析中将这种反讽立场归之于一种"理智的自弃"。参见克尔凯郭尔：《论反讽概念——以苏格拉底为主线》，汤晨溪译，北京：中国社会科学出版社，2005 年。

63 事实上，这位勾引家为了追求直接性而采取的对现实性的逃避，最终只是得到了某种程度上的缓解。我们在本章第一节的分析中将勾引家的这种方式归之于一种"理智的迟疑"。参见〔丹〕克尔凯郭尔：《非此即彼——一个生命的残片（下卷）》，京不特译，北京：中国社会科学出版社，2009 年。

女孩不是他的所爱者，她是那唤醒他身上的诗意品质并且使他成为诗人的机缘。[64]

由于这个女孩对于这个年轻人来说具有一种唯一性，因此，这个女孩不仅作为这个年轻人所获得的某一种现实性，而且同时作为这个年轻人所能获得的全部现实性。从这个意义上来说，这个年轻人不仅无法在根本上脱离于现实性，而且也不能像勾引家那样采取一种逃避的方式来对待现实性。换句话说，这个年轻人将始终保持在与当下现实性的某种关系之中。作为比较，我们来分析齐克果在《非此即彼》中所塑造的大法官这个角色。大法官与勾引家同时面对如何从现实性中把握爱情发生的瞬间这一生存冲动，尽管大法官并没有像勾引家那样使自己及时地脱离于当下的现实性，但是他却将这一生存冲动进行了一种伦理式的改造。也就是说，大法官将爱情的发生所指涉的直接性转变成了一种在观念层面所进行的建构过程。[65]如果按照伦理式的生存选择模式，那么这个年轻人便不会在直接性的问题上过于纠结，而是会去考虑这个女孩是否为自己合适的结婚对象。然而，《重复》中这个年轻人在逃避婚姻的理由上却与那个勾引家出奇得一致。在他们看来，婚姻所代表的伦理式的生存选择将彻底终结直接性意义上的生存冲动。由此可见，同样是与当下现实性保持着某种关系，但是大法官却并没有像这个年轻人那样保持着直接性意义上的生存冲动，而是最终进入了一种伦理式的生存。

从以上对照性的分析可见，这个年轻人想要把握这场爱情发生的瞬间，但他所拥有的只有这个女孩。对于这个年轻人来说，这个女孩非但不能等同于这场爱情发生的瞬间，反而意味着这个瞬间正在远离自己。可毕竟是这个女孩唤醒了这个年轻人对于这场爱情发生的瞬间的关注。因此，只要还带着关于这个瞬间的生存冲动，那么这个年轻人就永远不能使自己的生存脱离于这个女孩。

---

64 Søren Kierkegaard, *Repetition and Philosophical Crumbs*. p.9.基尔克郭尔：《重复》，京不特译，第 11 页。

65 齐克果分析了三种不同的生存选择模式，分别是美感的、伦理的与宗教的。其中，美感的生存表现为一种直接性的特征，也就是指人们的生存选择是在一种观念尚未起作用的状态下完成的。相对而言，伦理的生存恰恰意味着将某种观念确立为生存选择的起点与根据。结合《非此即彼》的论述，勾引家的美感生存表现为一种对直接性的发生（情欲之爱）而进行的不懈追求，而大法官的伦理生存则表现为一种对观念对象的建构（婚姻之爱）而进行的不懈努力。事实上，在美感与伦理之间实际上所涉及的是一种生存起点上的转换，前者的生存起点存在于直接性之中，后者的生存起点则是由某种观念所决定的。

我们发现，齐克果从这个年轻人身上所呈现的是一种独特的生存状态。首先，同样是为了在生存中追求直接性，他不像勾引家那样掺杂着理性的狡黠。所谓的"诗意"状态便是指涉这种相对纯粹的生存冲动。其次，在与生存现实性之间的关系上，他也不像大法官那样满足于现实性本身，而是将现实性作为触发生存可能性进入自己生存意识的一个机缘或者契机。总的来说，诗意的生存状态决定了这个年轻人对于生存可能性的诉求无法在生存现实性中获得满足，而契机的意义就在于恰恰是"这一个"特定的生存现实性唤醒了这个年轻人对生存可能性的诉求，这便是这个年轻人在对直接性的追求中所陷入的一种独特的生存悖论。[66]

让我们引入时间意识来分析这种生存悖论的具体表现。尽管可能性的瞬间已经成为过去，但是我们每个人都是在面向未来的生存中关注这个瞬间的。在这种生存意识中，这个瞬间并不仅仅意味着一种通过回忆而呈现在过去生存中的对象，而且也同时作为一种在未来生存中展现的对象。相对于"回忆"这种呈现方式，齐克果将这同一个瞬间在未来生存中的展现称之为一种"重复"。我们看到，齐克果实际上向我们展示了人们在对直接性的追求中所采取了两种生存选择，或者说两种生存倾向。我们从齐克果所塑造的这个年轻人的例子中可以看到，"回忆"所代表的生存倾向是一种对直接性的返回，即试图使当下的生存回到过去的那个瞬间（直接性发生的瞬间）。接下来，我们将转向这个年轻人的朋友。他对于这个年轻人的遭遇达到了一种感同身受（对直接性的生存诉求），但却致力于以建构的方式"重现"那个瞬间。基于这种生存倾向，他不仅不遗余力地为这个年轻人出谋划策，而且还身体力行地进行了一次"生存实验"，即试图建构直接性的生存。

二、重游柏林：建构直接性

在《重复》的写作顺序上，最先出场的其实是这个年轻人的朋友。不过也正是出于这个原因，读者往往会困惑于齐克果真实的写作意图。首先，由于齐

---

66 齐克果在《重复》中将这个年轻人所陷入的这种悖论性的生存状态称之为一种"最深刻的忧郁"。"忧郁"所表达的是一种情感，在英译本中对应于"melancholy"。事实上，这种生存状态在现实中是相当罕见的。在多数情况下，在对直接性的追求中，人们并不会一直沉浸于这种"最深刻的忧郁"，而是往往会走向勾引家或者大法官那样的生存状态。参见 Søren Kierkegaard, *Repetition and Philosophical Crumbs*. p.5.基尔克郭尔：《重复》，京不特译，第 6 页。

克果使这个年轻人的朋友以第一人称的方式出现，因此，读者很容易会跟着这个作为第一人称的"我"的思路走，从而将这个发表观点的"我"与齐克果本人等同起来。其次，由于这个第一人称的"讲述者"在问题意识上是针对于这个年轻人所陷入的生存悖论，因此，在尚未通篇阅读之前，读者很难真正理解"讲述者"在开篇部分所发表的那些议论。[67]我们先来看一段讲述者的议论：

> 重复和回忆是同样的运动，只是方向相反；因为那被回忆的事物所曾是的东西，向后地被重复；相反，真正的重复则向前地被回忆。因此，如果重复是可能的话，这重复使得一个人幸福，而回忆则使得他不幸，也就是说，幸福必须基于这样的前提：他给予自己"去生活"的时间，而不是在出生的一刻就马上想要找到一个借口（比如说，他忘记了什么）去悄悄地重新溜出生活。[68]

假设我们尚未对那个年轻人的生存状态有所了解，那么可想而知，我们要么对于上述的文字不知所云，要么只能将其归之于一种纯粹的逻辑思辨。但如果基于前述中的铺垫，我们就不难发现，讲述者实际上是在对于重复与回忆这两种生存倾向之间的异同之处进行揭示。基于前述，重复与回忆这两种生存倾向之间的相同之处在于讲述者与那个年轻人所共享的问题意识，即对于直接性的生存诉求。在讲述者看来，正是回忆这种生存意识导致了那个年轻人的不幸，使得他滞留于过去的生存而驻足不前。相反，一个人的幸福就取决于他是否能够采取重复这种生存意识，从而使自己向着未来"去生活"，而不是"溜出生活"。这里有点类似于我们经常所说的"生活得向前看"。讲述者为了使这个年轻人得以脱离这场恋爱所导致的生存困境，于是，便试图协助他伪装成一个爱情的骗子，从而摆脱与那个女孩之间的现实性关系。[69]尽管这个建议最终还是宣告失败，但是这个事件本身还是引发讲述者进行了以下的反思：

---

67 按照原著中的出场顺序，依次为：第一人称的"讲述者"（这个年轻人的朋友）、这个年轻人，以及真正的作者。但是为了能够理顺人物之间的关系，从而避免不必要的误导，我们在文本的论述中颠倒了前两个人物的出场顺序。此外，需要说明的是，由于齐克果是通过第一人称来塑造这个年轻人的朋友这个人物的，但这个人物又并不等同于真正的作者，因此，为了讨论上的方便，我们在后面的论述中统一将这个年轻人的朋友称之为"讲述者"。

68 Søren Kierkegaard, *Repetition and Philosophical Crumbs*. p.3.基尔克郭尔：《重复》，京不特译，第 3 页。中译文有改动。

69 根据《重复》中描述，作者为了使那个女孩能够主动离开他的朋友，还煞费苦心地雇佣了一个缝纫女假扮成他朋友的暧昧对象。不过，那个年轻人最终却"人间蒸发"了，这个提议也宣告失败。

　　　　回忆之爱恰恰使得一个人不幸。我的年轻朋友不懂得重复，他
　　不相信重复，并且不是竭力地去想要这重复。他命中艰难的事情是，
　　他真的爱那女孩，但是，为了真正地爱她，他首先就必须从他所陷
　　入的诗意困惑中使自己解脱出来。他本来完全可以向那女孩作出这
　　一表白；如果一个人想要对一个女孩说再见，这无疑是一种很正经
　　的事情。但是他却不想这样。这种做法不对，这也是我完全同意他
　　的。他以这种方式剥夺了她自主存在的机会，避免了自己可能会成
　　为她所蔑视的对象，也避免了一种随即涌现的焦虑：他或许永远也
　　不无法成功地去找回他所错过的东西了。[70]

　　我们看到，讲述者在继续表达他所主张的重复这种生存倾向的同时，也对
于这个年轻人之所以选择回忆这种生存倾向的理由表示理解。在讲述者看来，
在尚未获得重复这种生存倾向之前，这个年轻人目前的做法无疑也是情有可
原的。我们注意到，尽管讲述者的反思内容还是表现为一种思辨的形式，但是
在重复这种生存意识的推动下却并不止步于思辨，而是始终关注于一种实在
的生存诉求。相对于由回忆的生存意识所主导的那个年轻人只能设法从过去
的生存中重获那个瞬间，由重复的生存意识所主导的讲述者则寄希望于那个
瞬间在未来生存中的重现。我们知道，同样是寻求一种"重现"，近代主体理
性主义从逻辑推论的层面上为我们构造了一个关于"中介"的思想范畴。通
过这个"中介"的范畴，我们的生存诉求便可以归之于一种基于必然性的推
论。[71]但是，讲述者对于近代主体理性主义将"重复"替换为"中介"的这种
做法并不满意。仅就这一点而论，他甚至认为，与那个年轻人的"回忆"这种
生存意识所对应的古希腊哲学还更为可取。当然，讲述者这里的意图并非想要
从生存意识上放弃"重复"来重拾"回忆"，而是旨在强调相对于纯粹思辨
意义上的中介而言，重复和回忆至少保留了一种实实在在的生存诉求。讲述者
对此论述到：

　　　　古希腊人说，所有的认识都是回忆，那么他们就是在说，整个存
　　在着的存在曾存在；而一个人说生活是一种重复，那么他就是在说，
　　那曾经存在的存在现在进入存在。如果一个人没有"回忆"或者"重

70　Søren Kierkegaard, *Repetition and Philosophical Crumbs*. pp.15-16.基尔克郭尔：《重
　　复》，京不特译，第 20-21 页。中译文有改动。
71　齐克果在使用"中介"（即"mediation"）这个词时所对应的正是黑格尔哲学中
　　的"合"这一概念。

复"的范畴，那么整个生活就消释在一种空虚无物的喧嚣之中。[72]

从一种辩证性的形式上来看，回忆要求着一种运动中的静止，而重复则要求着一种静止中的运动。尽管重复与回忆各自所决定的思维方式与生存倾向截然不同，但是二者都是源于对直接性的生存诉求。讲述者指出，恰恰是这种对直接性的生存诉求构成了我们的生存的动力与意义。据前述，这种对直接性的生存诉求实际上所指向的正是我们一直所讨论的生存可能性。我们想要指出的是，这种对直接性的生存诉求在根本上源于我们的一种原始性的生存冲动，而并不是取决于我们的理智活动。理智上的困顿并不必然促使这种生存冲动的出现，而理智困顿的解决也无助于这种生存冲动的满足。正是出于这个原因，讲述者在生存冲动的推动下，决定在采取重复这种生存倾向的同时，亲自进行一场"生存实验"：验证曾经游历柏林时所发生的那些瞬间能否在未来重现。在这次的重游柏林中，讲述者通过到访上次去过的同一家旅店、同一家剧院、同一家餐厅等等，以此来寻求自己生存中的重复。但出乎意料的是，讲述者最终发现：重复根本不存在！他由此发出了这样的感慨：

> 我觉得怎样的耻辱呵：在这个问题上我曾对那个年轻人那样的唐突，而现在我自己却被推到了这同样的问题上，甚至我自己就仿佛是那个年轻人，仿佛我的宏达言论（我自己现在无论如何也不会去重复这些话）只是一场梦，我从这场梦里醒来，让生活没有休止而变幻莫测地重新拿走它所曾给出的一切，而不给出一个重复来。[73]

可见，通过重游柏林的这次经历，讲述者为自己之前向那个年轻人所提供的建议而感到惭愧。他也由此意识到，不仅采取回忆的生存意识会导致人的不幸，而且采取重复的生存意识也并没有带给人所期望的幸福。我们来分析讲述者的生存意识前后所发生的变化。讲述者一开始将那个年轻人所陷人生存悖论归之于回忆这种生存意识，从而认定只要那个年轻人转而采取重复这种生存意识便能获得解脱。在这个阶段，讲述者是在一种同情的意义上来理解这个年轻人的生存处境的。不过，重游柏林之后，随着原先所认定的思想方案宣告失败，讲述者对于那个年轻人所遭遇的生存悖论也由一种同情上升到一种共享。也就是说，讲述者陷人了与那个年轻人类似的生存困境。我们来看此时的

---

72 Søren Kierkegaard, *Repetition and Philosophical Crumbs*. p.19.基尔克郭尔：《重复》，京不特译，第 25 页。

73 Søren Kierkegaard, *Repetition and Philosophical Crumbs*. p.39.基尔克郭尔：《重复》，京不特译，第 51-52 页。

讲述者对于这个年轻人的新的理解。他说：

> 他就停留在了这个麻烦上，这个麻烦不多不少就是那"重复"。他既不在希腊哲学也不在现代哲学里寻找对此的解释，在这一点上，他是对的；因为希腊人作出相反的运动，在这里，一个希腊人会选择去回忆，他的良心不会让他麻烦；现代哲学不作任何运动，它在通常只是扬而弃之，而如果它作出一次运动的话，这运动也总是处于"内在"之中，而相反"重复"则是并且继续是一种超越。[74]

相较于之前对这个年轻人的理解，讲述者这次对于生存悖论的体会则显得更为切身。他不仅在理智上理解这个年轻人缘何陷入这样的生存悖论而不可自拔，而且也在生存上体验到了与那个年轻人相同的生存悖论。不同于现代哲学与希腊哲学以一种纯粹的思辨形式所表达的回忆与重复，作为生存意识的回忆与重复则通过保持着一种实实在在的生存冲动，从而为我们的生存提供了真实的动力。尽管讲述者与那个年轻人在对直接性的追求中所遭遇的困境有所不同，前者是通过旅行柏林的经历，后者是通过与那个女孩之间的爱恋，但无论是表现为对未来的生存中期待着一种重复，还是表现为对过去的生存保持一种回忆，二者始终都是在一种原始性的生存冲动中被推动的。

在这一部分的讨论中，我们展现了讲述者（这个年轻人的朋友）是如何经历了试图从理智上建构重复的失败，继而在一种对直接性的生存诉求被真正触发之后，陷入了与那个年轻人同样的生存困境。在展示完回忆和重复这两种生存倾向无法真正满足直接性的生存之后，我们来看齐克果所提供的第三条道路。

三、约伯的信仰激情：从苦难中看到试炼

当讲述者也陷入了自身的生存困境之后，他对于那个年轻人的生存处境有了更为切身的认识。也正是在这个时候，讲述者意识到自己根本无法为那个年轻人提供任何帮助，而那个年轻人也选择在现实中极力逃避讲述者与那个女孩。不过，在齐克果的设定中，讲述者与那个年轻人之间的关联并没有从此中断（否则，写作也无法继续下去），而是通过那个年轻人不断给讲述者来信的方式继续保持着一种思想上的往来。我们从那个年轻人的来信中获知，他开

---

74 Søren Kierkegaard, *Repetition and Philosophical Crumbs*. p.50.基尔克郭尔：《重复》，京不特译，第 66-67 页。

始将求助对象转向了一个圣经人物：约伯。[75]那个年轻人在信中说到：

> 我不曾拥有过世界，不曾有过七个儿子三个女儿，但是，一个
> 只拥有一点点东西的人其实也能够失去一切，一个失去了自己所爱
> 的人也能感到自己像是失去了儿子女儿们一样，一个失去了荣誉和
> 骄傲，以及与其相伴随的生存的意义与意愿的人，也能感到自己像
> 是被毒疮打击的一样。[76]

这个年轻人体会到，尽管他在生存现实性的方面上与约伯并不相同，但是他实际上与约伯落入了同样的生存处境。基于前述的分析可知，这个年轻人并不是从某种具体的苦难这个意义上与约伯确立关联的，而是在一种对直接性的迫切诉求中与约伯站在了一起。正如讲述者在重游柏林之后所指出的，这个年轻人目前转而诉诸一种对自身的"超越"，而这是讲述者自己尚未能做到的。这个年轻人从约伯身上所看到的是一种宗教性的超越，并将其视为自己莫大的安慰与唯一的希望。他在信中兴奋地说到：

> 《约伯记》中的这秘密，这生命力，这核心，这理念就是：哪
> 怕这一切都发生了，约伯仍然是义的。这一认定使得他相对于所有
> 的人之常情的考虑而言成为了一种例外，他的坚韧和力量证明了他
> 的权威和资格。每一种人之常情的解释对于他来说只是一种误解，
> 他所遭遇的所有苦难相对于他与上帝的关系而言只是一种诡辩，他
> 知道他自己无法解决这种诡辩，但是他相信上帝能够解决。所有的
> argumentum ad hominem（拉丁语：人身攻击式的辩论）都被用来针
> 对他，但是他在确信中却无所畏惧。他认定他与上帝之间的关系是
> 美好的，他也由此在他的内心最深处知道他是无辜而纯洁的，此外
> 他也知道这是为上帝所知的，尽管全部的生存似乎在反驳他。[77]

我们看到，约伯真正触动到这个年轻人的地方在于，对自己在上帝面前是义的这一确信并没有被苦难所摧毁。根据《约伯记》的内容，当一场突如其来的并且意味着生存现实性遭到全面终结的苦难到来的瞬间，约伯随即宣告：

---

75 约伯是《圣经·约伯记》中的人物，主要讲述了约伯如何成功经受上帝试炼的故事。

76 Søren Kierkegaard, *Repetition and Philosophical Crumbs*. p.59.基尔克郭尔：《重复》，京不特译，第 80 页。中译文有改动。

77 Søren Kierkegaard, *Repetition and Philosophical Crumbs*. p.65.基尔克郭尔：《重复》，京不特译，第 89 页。中译文有改动。

"我赤身出于母胎，也必赤身归回。赏赐的是耶和华，收取的也是耶和华；耶和华的名是应当称颂的。"[78]这句话表明，即使正在饱尝苦难的煎熬，约伯也仍然将上帝作为称颂的对象。这里的关键在于，约伯并不是通过一种对生存现实性的判断而认定自己与上帝处于美好关系之中的。无疑，无论是富足与安顺，还是切身之痛的苦难，这些生存的现实性对于约伯来说都是实实在在。然而，约伯对于自己在上帝面前是义的这一确信，既不取决于他在过去的生存中确实曾享受到的富足与安顺，也不取决于他能够以一种超乎常人的方式将苦难的现实性消解掉，甚至将其转换成一种祝福。[79]事实上，约伯之所以能够保持这样的确信，并不在于他彻底取消了所有的生存现实性，而是在于他通过悬搁了自己对所有的生存现实性所做的判断，从而使得自己的生存不再由当下的善观念所决定。由此可见，尽管这个年轻人与约伯都无法在根本上摆脱生存现实性对自身的规定，但是相对于这个年轻人在生存悖论中的步步沉陷，约伯则通过将生存可能性诉诸一种对自己在上帝面前是义的确信之中，从而使自己的生存获得了一种比生存现实性更高的规定性。这个年轻人也正是在这个意义上看到了一种发生在约伯身上的宗教性的超越。

对于这个年轻人来说，约伯的这种宗教性的超越除了最终表现为将自己对生存现实性的所有判断悬搁之外，还首先体现在他对于一种人之常情的解释所进行的极力抵制。这种人之常情的解释是通过约伯的几个朋友而表达出来的，他们以各自不同的方式强调了同一个主题："他的不幸是一种（上帝的）管教，他应当悔改、祈求赦免，然后一切都会再次地步入正轨。"[80]很显然，约伯的确信与朋友们所提供的解释是背道而驰的。不过，这个年轻人看到，恰恰是随着这种人之常情的解释被朋友们一次次地提出与强调，约伯对于自己在上帝面前是义的这一确信才逐渐地清晰而坚定起来。也就是说，这种确信其

78　《圣经·约伯记》第一章第 21 节。

79　齐克果分析过一种"那魔性的"生存状态：当一个人意识到上帝无法为了他而做出改变时（上帝的能力不足），他想要让自己以一种宽宏大量的方式来体贴上帝。事实上，尽管一个人在"那魔性的"生存状态中也能表现出一种献身于上帝的激情，但这种激情在根本上是由自己的主体性意志所支持的。也就是说，"那魔性的"生存意志是凌驾于上帝的意志之上的。显然，约伯并没有成为"那魔性的"，而只是在不懈地寻求上帝的意志。针对"那魔性的"全面分析，可参见齐克果在《恐惧的概念》和《致死的疾病》中的相关论述。

80　Søren Kierkegaard, *Repetition and Philosophical Crumbs*. p.66.基尔克郭尔：《重复》，京不特译，第 91 页。中译文有改动。根据《约伯记》的记述，与约伯进行激烈争辩的这几个朋友分别是以利法、比勒达、琐法和以利户。

实并不是从一开始就在约伯这个人物中被给定的。那么我们就不得不追问，约伯是如何取得这种确信的？这个年轻人随即为我们提供了一种解释，即约伯意识到所遭遇的一切是一场"试炼"。[81]如果直接从《约伯记》的整个内容上来看，那么我们当然可以将约伯所遭遇的一切归之于一场试炼。但是基于对生存意识的分析，约伯显然并不是从一开始就意识到这是一场试炼。否则的话，约伯所遭受的一切苦难就将是一场虚幻。这里的问题在于，约伯是如何从这场实实在在的苦难中"认出"这其实是一场"试炼"的。这个年轻人由此发现：

> 约伯不是信仰的英雄，他带着极大的娩痛生产出"试炼"这个范畴，恰恰因为他是如此成熟，以至于他不是在幼稚的直接性之中拥有这范畴。[82]

对于这个年轻人来说，约伯的关键性意义并不在于提供了一种作为当下观念中的试炼，而是在于呈现为一种"生成"意义上的试炼。换句话说，在理智活动的层面上，约伯的观念经历了一种从"苦难"到"试炼"的转换。约伯的意义在于，他亲自向我们展示了作为一种认识的"试炼"从无到有的生成过程。这个年轻人通过强调约伯的"娩痛般的成熟"与"幼稚的直接性"之间的截然不同，从而揭示出约伯必然是经历了一场剧烈的转变，才能做到将所遭遇的这一切苦难都归之于一场试炼。不过，约伯所经历的这种转变毕竟是在内部发生的，而旁观者是无法从外部对这个转变的瞬间进行观察的。于是，这个年轻人便试图从其他方面来寻找与约伯转变的瞬间相对应的标志。他最终从《约伯记》的文本内容中发现了两条线索：其一是一场带来约伯与上帝和解的"电闪雷鸣"，其二是约伯从生存中获得了一种"重复。"[83]逻辑上，二者

81　"试炼"对应于英译本中的"test"。京不特译本采用的是"考验"。当然，"考验"相对于"试炼"而言显得更为中性。不过，齐克果在对"test"的分析中，恰恰强调的是一种指涉个体性与主观性的生成范畴。对于约伯来说，"test"其实意味着一种从"考验"中蜕变而出的"试炼"。换句话说，约伯之所以是约伯，正是在于他从考验中"认出"了试炼。此外，《圣经·雅各书》也在相同的意义上使用"test"以及与其对立的"tempt"，而对应于中文和合本圣经便是"试炼"和"试探"，出于这种对照的考虑，我们这里采用"试炼"的译法。

82　Søren Kierkegaard, *Repetition and Philosophical Crumbs*. p.68.基尔克郭尔：《重复》，京不特译，第93页。中译文有改动。

83　根据《约伯记》的叙述，耶和华上帝从旋风中回答约伯。齐克果在论述中之所以将这场旋风说成是一场"电闪雷鸣"，旨在形象地形容约伯的生存意识在发生转变时的剧烈程度。约伯不仅在这场旋风的回答中与耶和华上帝和解了，而且重新获得了之前所丧失的一切，并且还得了双倍。参见《圣经·约伯记》第38-42章。

之间并没有直接表现出任何必然性的关联，但是从《约伯记》读者的期望这个角度来看，重复的发生似乎在某种意义上就可以充当那场电闪雷鸣到来的确证与标志。因此，在这个年轻人看来，既然那场由上帝所决定的"电闪雷鸣"是一件可遇而不可求的事，那么就只好从约伯所获得的重复这方面入手。不过，这个年轻人很快就遇到了一个认识困境。他反思到：

> 所以，重复是可能的。但这是什么时候发生的呢？没有哪种人类的语言可以述说。对于约伯来说，这重复是在什么时候发生的？当"不可能"这一点从人的角度被认为是可能的，甚至是确定无疑的时候。约伯逐渐丧失了所有的生存现实性以及对其的希望，因为生存现实性针对他所确信的反驳并没有缓解，反而愈演愈烈。一言以蔽之，一切都完了。[84]

这个年轻人意识到，尽管他已经认识到重复确实在约伯的生存中发生了，但是当他想要继续追究重复是何时在约伯身上发生的这一问题时，却遇到了难题。事实上，这个年轻人唯一所能借助的线索便是约伯的生存现实性。他据此也看到，重复正是在约伯彻底丧失生存现实性的时候发生的。从这个意义上来说，重复似乎是基于生存现实性的，因为只有通过生存现实性，我们才有可能在"失而复得"的意义上理解重复；但与此同时，重复又明显是超越生存现实性的，因为重复恰恰是在丧失了生存现实性之后才能发生。换句话说，生存现实性本身并不足以为重复的发生提供有效的说明。因此，虽然这个年轻人试图从生存现实性这唯一的线索上来把握重复，但是最终却陷入了一种认识悖论。[85]我们想要指出的是，这里的认识悖论实际上再次揭示了试图在理智上建

---

84 Søren Kierkegaard, *Repetition and Philosophical Crumbs*. p.69.基尔克郭尔：《重复》，京不特译，第 94-95 页。中译文有改动。

85 根据《重复》接下来的论述，这个年轻人决定等待一场属于自己的"电闪雷鸣"，以此来实现生存中的重复。他说："我等待一场电闪雷鸣——也就是为着那重复。然而，只要这场电闪雷鸣能到来，我就会无比幸福，即使我的判决是：重复是不可能性。……这场电闪雷鸣会起到什么样的效果呢？它将使我适合去成为一个丈夫。"（参见 Søren Kierkegaard, *Repetition and Philosophical Crumbs*. p.70.基尔克郭尔：《重复》，京不特译，第 96 页。）不过，这个年轻人最终等到的是那个女孩的婚讯。他坦白到，自己由此所获得的解脱无异于一种生存中的重复。他说："她结婚了……我回到了我之前的自我；这便是一个重复。我理解了一切，生存似乎比任何时候都美丽。这消息仍然像一场电闪雷鸣，尽管我把它的发生归功于她的慷慨大度。"（参见同上 p.74；第 103 页。）我们注意到，这个年轻人是直接从生存现实性本身的"失而复得"这个意义上来理解重复的发生的，而并没有从根

构直接性的无效。要想实现约伯的转变，这必然要同时涉及两个方面，一方面要使当下关于苦难的观念得到解构，另一方面要使得关于试炼的观念得以重构起来。在齐克果看来，正是信仰的激情促使约伯实现了这种转变。

具体来说，约伯通过信仰，也就是对于上帝待自己始终如密友的确信，他能够从当下这场苦难（生存现实性）中"认出"这其实是一场出于上帝美意的试炼。我们看到，不同于那个年轻诗人沉浸于对直接性的返回，也不同于那位讲述者致力于对直接性的建构，约伯是在信仰的激情中真正抵达了直接性。

对这一节做个小结。这一节我们基于齐克果在《重复》中的相关论述，将可能性的生存诉求呈现为如何实现直接性的生存这一问题。首先，我们展现了人们在追求直接性时通常会采取的两种生存倾向：要么在回忆中返回直接性，要么在理智中建构直接性。其次，我们揭示了这种对直接性的生存诉求背后其实是由一种原始性的生存冲动所推动的。最后，我们通过对"试炼"的生成意义的分析，说明了约伯是如何在信仰的激情中最终抵达了直接性的。

我们来对这一章关于可能性的讨论做个小结。由冒犯情感所推动的理智形式（自弃、迟疑、反抗）在取消绝对悖论的同时，也丧失了可能性。尽管我们可以在着急情感中面对生存可能性，但不容耽延的生存选择却不断地使我们远离生存可能性。重获生存可能性要求进入一种直接性的生存，这只能诉诸一种对当下观念（生存现实性）的解构，而这种解构性的力量我们可以从约伯身上的信仰激情中找到。

本上将重复的发生诉诸于一种对生存可能性的实现。对此，齐克果以真正作者的身份在《重复》的附录部分指出，相对于约伯在绝境中所表现的信仰的激情，这个年轻人最终得到的只是生存对他的一次"豁免"（出于偶然），而尚未像约伯那样做到："哪怕现实有了另一种表象，他在本质上也不会有任何改变，这完全就好像是，如果最糟糕的事情发生了的话，那么，比起他原来所受到的惊吓，这在本质上不会让他受到更大的惊吓。那样的话，他就会带着宗教性的恐惧与战栗，但也带着信仰和信任，去理解他自己在一开始所做的事情以及他因其后果有义务在以后所要做的事情。"（参见同上 pp.80-81；第 113 页。）

第五章　结　语

　　行文至此，我们已经对"心灵改变"这一宗教哲学问题所引发的西方近代思想史"效应"进行了一番追踪。在康德部分，我们分别从纯粹分析和理智建构这两个角度呈现了康德对于心灵改变的讨论。在我们看来，康德通过对一个人主观基础的终极性意义这一点的揭示，实际上是将心灵改变从一个弃恶从善的伦理问题提升为一个涉及生存终极性层面的宗教哲学问题。也就是说，康德所界定的心灵改变已经不再是一种从准则到准则的外在行为方面的改变，而是意味着一种从准则到法则的思维方式上的彻底革命。但我们想要强调的是，康德关于心灵改变的论述并没有停留在一种纯粹分析的意义上，而是致力于对这一生存终极性任务的理性建构。具体来说，康德实际上确立了一种主体理性主义的思路，最终将心灵改变所涉及的超越性的环节改造为了一种"自然而然"的过渡。

　　我们知道，康德关于心灵改变的论述是基于浓重的基督教神学背景的。这也就意味着，康德实际上是试图在主体理性主义的思路上对基督教语境下的宗教哲学问题进行一番改造。尽管后人未必对康德的这种改造满意，但是不得不承认的是，康德对于心灵改变这一宗教哲学问题的确立无疑被赋予了一种"元问题"意义，或者说成为了一个关键性的讨论起点。从后续的思想史发展脉络上来看，从这一"元问题"出发，直接采纳康德的这种建构性思路的思想家并不在少数。但与此同时，当然也有选择停留在这一"元问题"之上，重新对起点问题进行探究的少数思想家。我们所追踪的施莱尔马赫，无疑就是其中异常重要且极具开拓性的一位。就心灵改变这一宗教哲学问题所涉及的超越性环节来说，不同于康德将其作为一项有待建构的自然结果，施莱尔马赫则将其重新确立为一个有待分析的分析任务。

通过从自我意识的分析中，施莱尔马赫将问题转换为如何真正实现主体性意识的完善性的问题。在批判了绝对自主的主体性意识所存在的局限性之后，施莱尔马赫从一种基于生存张力的自我意识出发，追踪了由绝对依赖感所决定的敬虔意识，从而使其与一种由主客二分的观念性所决定的感官性自我意识进行了根本性的区分。换句话说，施莱尔马赫通过对敬虔意识的分析，最终借助于情感因素将心灵改变所涉及的超越性环节重新确立了起来，或者说将理智上的断裂之处重新标记了出来，从而避免使其在主体理性主义的思路上沦为一种自然而然的过渡。不过，尽管施莱尔马赫针对从敬虔意识这个起点出发所呈现的多样性（宗教类型）进行了详尽地分析，但是由于他主要是致力于在情感对象与观念对象之间进行划分，因此，他除了揭示出心灵改变这一宗教哲学问题所必然涉及的情感性因素之外，并没有对主体理性主义所引发的观念对情感的压制进行正面的回应。为了对这一问题继续进行追踪，我们最后转向了齐克果针对主体理性主义所进行的激烈批判。

与施莱尔马赫的相同之处在于，齐克果并没有沿着康德的建构性思路继续前进，而是将心灵改变这一宗教哲学问题所要求的超越性环节作为分析的起点。但与施莱尔马赫的不同之处在于，齐克果并没有致力于对各种不同的由情感性因素所决定的观念性内容进一步展开（在他看来，那是属于神学、教义学的范畴），而是始终聚焦于这个超越性环节要求的瞬间，也就是这个情感性因素生成的前后。据此，齐克果一方面对于想要借助于纯粹的理性而回避、绕开、僭越这个超越性环节的各种努力发出强烈的批判（通过对冒犯情感的分析），另一方面也将这个超越性环节的实现归之于一种直接性的生存。我们结合齐克果的相关文本，从生存可能性的角度对这种直接性以及如何进入这种直接性的生存进行了全面的追踪。最后基于齐克果对约伯这个人物的生存分析，我们看到，直接性的生存既无法从回忆中返回（过去的时间）而得，也无法在理性的建构中（未来的时间）获得，而是最终借助于信仰的激情，伴随着理性认识在一种解构与重构的过程中（从苦难到试炼）实现。

以上便是我们对这篇论文的整体思路以及三位思想家之间的思想史关联所进行的简要回顾与总结。此外，我们还想就接下来的附录部分做一些铺垫性的说明。

正如我在正文开篇部分所说，我最初的写作动机是源于我对戒毒问题所进行的长期思考。不可否认的是，戒毒研究作为一项实证性的议题，显然与基于文本的理论分析存在较大的差距。然而，如果深入探究戒毒问题所凸显的特殊性，即戒毒的主观意愿与戒毒的客观效果之间长期存在的巨大张力，那么我们也不难发现，戒毒问题的核心实际上直接指向的正是心灵改变所涉及的超越性环节。我们知道，吸毒者的成瘾现象实际上所反映的是吸毒者对于毒品选择的主观基础始终无法得到真正改变的问题。结合现实个案来看，即使吸毒者能够在一定时间内做到外在行为上的断毒，但只要他对于毒品选择的主观基础尚未改变，那么再次复吸必然是迟早的事。因此，戒毒真正要解决的问题在于，如何改变吸毒者对于毒品选择的主观基础。

据前述可知，在一般情况下，一个人当下的主观基础对于他的每次判断选择必然是终极性的。也就是说，一个人是无法在自然的情况下使得他的主观基础获得改变的。不过，即使我们已经明确知道戒毒者需要使自己对于毒品选择的主观基础获得改变，但是问题的关键在于，我们如何促使这种改变的发生呢？

结合我们以上的论述来看，如果按照康德的主体理性主义思路对心灵改变的看法，那么只要吸毒者明确具备了戒毒的主观意愿，这就足以证明戒毒者具有能够戒毒（向善）的能力，从而得以在一个循序渐进的过程中使自己对毒品选择的主观基础获得改变。然而，我们从现实中看到的情况却并非如此。无论吸毒者想要戒毒的意愿有多么强烈，但只要处于可以获得毒品的环境之中，吸毒行为必然是在所难免的。甚至一些已经断毒很长时间的吸毒者，只要他们再次有机会接触毒品，这样前功尽弃的例子实在是举不胜举。

如果吸毒者主观的戒毒意愿尚不足以起到实质性的作用，那么我们能否从客观的角度来促使戒毒者实现戒毒呢？也就是说，我们能否直接通过设计和实施一套针对吸毒者的戒毒方法与步骤，从而使吸毒者的主观基础获得改变呢？以上这些问题我们都将在附录部分展开讨论。

需要强调的是，我们在附录部分的所有分析与讨论，都是尽可能地围绕着正文所确立的问题意识以及分析思路而进行的。我们提供附录的用意是在于，将正文中的立论在一个特定的实证研究中进行一种延展与验证。

附录　瘾君子的心灵改变及其生存重构——基于对保山"重生园"戒毒学员的个案追踪

有关心灵改变这一核心议题，我们已经从思想史上进行了一番追踪。正如我们集中所展示的，心灵改变的关键在于通过引入解构性的因素，从而实现一种生存上的重构。从认识活动的意义上来说，解构所要求的是主体对自主性的放弃，而这将意味着对认识活动的终止与破坏。由于人是判断选择中进入生存的，而每一个判断选择都离不开认识活动，因此，认识活动的终止无疑将威胁乃至破坏我们的生存。正如我们即将引入的戒毒个案所反映的那样，瘾君子是在判断选择中接触毒品的，在他们的主观基础尚未转变（心灵改变）之前，单纯通过从外在环境上阻断毒品基本上是"治标不治本"的，即使能够避免"死灰复燃"，也会因为无法获得毒品满足而出现自残自杀的极端现象。在附录部分，我们打算将前述中围绕心灵改变问题所进行的理论探讨应用到瘾君子及其戒毒这项具体的生存分析之中。

第一节　田野前的准备：对现实性研究议题的学理剖析

一、如何理解吸毒成瘾

随着 19 世纪末以来精神刺激性物质的全球化贸易，吸毒成瘾作为一种新近的现代疾病而出现，其发展态势正像瘟疫一样在世界各地肆意蔓延。吸毒成瘾的问题之所以愈演愈烈，主要源于在戒除毒瘾方面所遇到的困难。鉴于戒毒在目前始终是一个国际性难题，而且所有的戒毒实践都是依据于对成瘾的理解。故此，究竟如何正确认识成瘾，自然就成为问题的关键。然而，"为了找到一个普遍可以接受的成瘾定义，学界已做了许多努力。但是事情仍未得到解决，并仍处于争论状态。"[1]到目前为止，国际上关于吸毒成瘾的界定基本上是以医学诊断的性质进行的，但是在各国所通行的诊断标准中，[2]并没有把吸毒成瘾诊断为一种纯生物学的疾病，而是将其视为一种与心理、社会密切相关的生物、心理、社会功能障碍。[3]可见，吸毒成瘾既被界定为一种生物医学意义上的疾病，同时，某些在心理学和社会学意义上必不可少的因素也被保留了下来。可见，对于吸毒成瘾的界定方式实际上是一种在生物医学的认识框架主导下的，具有多重学科标准的整合形式。我们将这种对吸毒成瘾的界定方式称为一种"疾病论"的思维范式。[4]

---

1 参见〔澳〕James G.Barber：《戒瘾社会工作》，范志海、李建英等译，上海：华东理工大学出版社，2014 年，第 12 页。

2 关于吸毒成瘾的诊断标准主要有三种，分别是：CCMD-3（中国精神分类与诊断标准第 3 版）、ICD-10（国际精神分类第 10 版）、DSM-V（精神障碍诊断与统计手册第 5 版）。

3 参见杜新忠：《实用戒毒医学（第 2 版）》，北京：人民卫生出版社，2015 年，第 54 页。

4 尽管提法有所不同，但是学界针对这种思维范式是予以关注的。值得指出的是，近年来，这种范式持续受到多方面的质疑和挑战。声讨主要来自于两个方面，首先是对于疾病在概念界定上的质疑。凯博文开创性地将我们通常所认为的疾病概念区分为病痛（illness）、疾病（disease）、和恶疾（sickness）三类。也就是说，他主张将疾病（disease）概念限定在现代生物医学的特定描述范畴之内。而广义上的疾病概念作为一种我们所观察到的现象和所获得到的体验，远比生物医学所描述的疾病范畴要宽泛得多。这样的一种界定，能够有效地涵盖没有成为生物医学对象的那些实实在在的病痛经验与恶疾现象。参见〔美〕凯博文：《谈病说痛——人类的受苦经验与痊愈之道》，陈新绿等译，广州：广州出版社，1998 年，第 1-5 页。其次是对于现代生物医学全球化和霸权化趋势所进行的挑战。这主要来自两种批判进路，其一是通过对公共保健卫生推广运动的反思，揭示生物医学的这种强势性带给当地传统医学体系的负面性冲击。参见拜伦·古德：《医学、理性与经验——一个人类学的视角》，吕文江、余晓燕等译，北京：北京大学出版社，2010 年，第 36-41 页。其二是通过将疾病和治疗看作一种文化分析范畴，对生物医学的霸权地位进行解构。参见罗伯特·汉：《疾病与治疗——人类学怎么看》，禾木译，上海：东方出版社，2010 年，第 159-213 页。此外，批判医学人类学同时结合以上两种进路揭露生物医学背后的权利和控制因素，将批判的矛头直指经济-政治的社会制度性层面。张有春借助福柯的"知识-权利"理论进一步发展了"医学化"概念，揭示其背后的知识型真理的霸权化以及由此不断加强的社会控制。参见张有春：

尽管这种"疾病论"的这种思维范式随着生物医学的发展而不断得到确立和推崇，但是吸毒成瘾并没有像其他普通疾病那样得到治愈，反而始终作为一种屡治不愈的顽疾，令人束手无策。尽管吸毒成瘾被界定为一种疾病，但是它所带给人们的影响实际上已经远远超过疾病本身。[5]近年来，有一些具有宗教性质的民间戒毒实践不断涌现。[6]基督教在近代历史上很早就对戒毒进行过探索，[7]在经历了不断发展完善的过程之后，如今的基督教戒毒已经具有一套相对成熟且独立的理念和模式。与"疾病论"思路所不同的是，基督教戒毒并不仅仅将吸毒成瘾当作一种普通意义上的疾病来看待，而是对"吸毒-戒毒"投以一种"苦难-救赎"的生存关注。从基督教所提供的救赎意义上来看，戒毒并不是仅仅等同于治疗疾病，而是旨在实现一种生存方式的转变。我们将这种对"吸毒-戒毒"的理解方式称之为一种"生存论"思路。如果说"疾病论"思路是将吸毒成瘾诊断为一种有待治愈的疾病，那么"生存论"思路则是将吸毒成瘾认定为一种有待改变的生存方式。接下来，我们将进一步展现这两种思路，并给出学理上的分析。

二、传统的"疾病论"思路及其困境

现代医学的实质是一种生物医学，其预设前提和学科逻辑是基于诸如生物学、化学这样的自然科学。初期，吸毒成瘾曾被生物医学界定为在根本上是

《福柯的权力观对医学人类的启发》，《中央民族大学学报(哲学社会科学版)》2013年第5期，第17-22页。

5　刘绍华以一种现代性的语境探寻"为什么这个贫困偏乡（四川凉山地区）会成为海洛因和艾滋病双重袭击的'重灾区'"这一问题。作者指出，全球化的社会变迁并非是一种标准化过程，而是透过政治经济的棱镜呈现为各自有别的发展面貌。因此，"被标准化"的吸毒疾病在地方性的语境中实际上包含了不可忽略的独特内涵。参见刘绍华：《我的凉山兄弟——毒品、艾滋与流动青年》，北京：中央编译出版社，2015年。

6　庄孔韶等人通过对小凉山彝族的"虎日"调查，展示了当地的民族性宗教在帮助族人戒毒方面所发挥的重要作用。这项实例调查在一定程度上突破了"疾病论"的戒毒思路，在提供一种地方性语境的同时，也暗示了一种生存关注的维度。参见庄孔韶、杨洪林、富晓星：《小凉山彝族"虎日"民间戒毒行动和人类学的应用实践》，《广西民族学院学报（哲学社会科学版）》2005年第2期，第38-47页。

7　基督教戒毒最早可以追溯到19世纪40年代的近代中国，当时来华的西方传教士尝试利用西医技术救治患有鸦片瘾症的国人。参见姜张翠子：《福音与戒烟——中国内地会以戒烟所为中心的活动（1876-1906）》，《多学科视野下的中国基督教本土化研究学术研讨会会议手册》，2012年，第215页。

一种生理性的疾病，这与生物医学的学科逻辑是相符合的。美国著名的精神科医师贝叶罗指出："瘾品就像病原体，可凭人为的手段诱发任何人的破坏性冲动，不必有异常人格或潜在的社会问题，人就可以对瘾品上瘾"。[8]将外在性的接触机会看作是造成上瘾的决定性条件，这基本上是生物医学的一种典型思路。在生物医学看来，几乎每一种生理性疾病都是由相应的病原体引起的。当然，病原体既可以是体内生成的，也可以是从外界摄入的，但总之都会被当作不应当存在的致病性因素，或者说，是一种威胁身体健康的侵入性因素。生物医学基于自然科学的知识技术，设定出健康状态以及特定疾病的相应指标。诊断就是依据于个体的检测结果与标准化指标进行的对照。治疗对象则完全对应于诊断结果所揭示的疾病类型及其相应的病原体。治疗目标就是要通过清除或抑制病原体使身体指标恢复正常水平。

　　一般来说，吸毒者的某些身体症状确实具有一定的普遍性，也符合某种特定的疾病类型。从生理性的意义上来说，瘾症与其他普通病症并无本质性区别。通过生物医学的专业检测，普通的吸毒者都可以被诊断为"标准"的瘾症患者。作为一种疾病类型的瘾症，毒品自然是其直接的病原体。与对待其他疾病一样，生物医学对于瘾症的治疗也在于清除或抑制患者体内的"毒品病原体"。对于生物医学来说，戒毒就等同于清除或抑制吸毒者体内的毒品。而对于一个吸毒者身份的鉴定只要通过对他的身体检测就可以完成。然而，在治疗瘾症的过程中，随着患者体内的"毒品病原体"逐渐得到清除，患者的各项身体指标也相应恢复正常。这时，生物医学的治疗任务就已经完成了。[9]就毒品

8　〔美〕戴维·考特莱特：《上瘾五百年——烟、酒、咖啡和鸦片的历史》，薛绚译，北京：中信出版社，2014 年，第 121-122 页。考特莱特在书中探讨吸毒上瘾的根本原因时，指出在众多论点中有两种具有代表性的派别，一种是贝叶罗一派，其强调毒品的接触机会；另一种是斯塔顿·皮尔一派，其强调吸食者的文化因素。而作者本人则采取一种折中的看法，即认为取决于"人能够受到所接触的瘾品的影响"。前者是典型的生物医学思路，后者与心理学的主张更为契合。而作者最后的这种观点，看似消解了前两种观点的矛盾，实则将两种观点的解释效力都抵消了。

9　当然，某些瘾症患者即使不再接触毒品，其身体指标也无法恢复正常。但此时患者的身份已经发生了改变，由瘾症转换为其他疾病类型。这种情况是指我们通常所说的"吸毒并发症"。尽管对于"吸毒并发症"在诊断意义上的归属仍存在争议，但无可否认的是，"吸毒并发症"与典型的瘾症之间已经不存在必然的关联。较为专业的术语是共病（comorbidity）概念，即用于描述两种或两种以上障碍或疾病发生于同一个体的专业术语。这些障碍或疾病可以是同时发生，也可以是先后发生。参见杜新忠：《实用戒毒医学（第 2 版）》，第 594 页。

带给身体的生理性影响来说，生物医学无疑能够提供有效的治疗。然而，吸毒上瘾的问题远没有得到解决。身体上已经复原的瘾症患者在没有外界干预的情况下，几乎无一例外会继续吸毒。[10]在面对"复吸"问题时，生物医学的合法性介入就遇到了一种间断。也就是说，只有当吸毒者体内被检测到毒品时，才能被算作是瘾症患者，生物医学的介入才具有合法性。从治愈的瘾症患者到复吸的瘾症患者，也就是吸毒者脱离"生理性毒瘾"[11]的这段期间，并不存在任何瘾症体征。从生物医学的诊断来看，处于这个阶段的吸毒者要么检测不出任何疾病，要么即使患有疾病，也并不必然与生理性瘾症直接相关。如果我们将这段期间称之为"潜伏期"，那么显然生物医学对此是无能为力的，而这个关于复吸的"潜伏期"恰恰是解决毒瘾问题的关键。

　　面对"潜伏期"所导致的合法性介入危机，生物医学并没有就此放弃，而是将"毒品病原体"向"成瘾病原体"进行转化和延伸。在生物医学看来，"毒品病原体"通过作用于大脑，且当这种作用达到了一定的程度，就会造成大脑神经系统的器质性的改变，即出现"成瘾病原体"。[12]在病理性解释方面，这种由"物质性刺激"到"器质性改变"的转换，实际上是在生物医学的认识框架内弥合了从瘾症到复吸的间断。目前较为流行的观点认为，吸毒上瘾是"一种慢性、复发性的脑病"，[13]基于此，脑部解剖学和神经生物学也日益成为毒瘾研究的前沿领域。[14]福柯所谓的"疾病空间化的医学"在此得到了很好

10　事实上，目前戒毒的难点与核心就在于如何处理几乎为百分之百的"复吸率"问题。

11　与"生理性毒瘾"相对应的是"心理性毒瘾"。前者是指吸毒者在不间断吸毒的情况所表现出的上瘾，后者是针对吸毒者经过不吸毒的间断期间之后又再次复吸的情况。

12　美国著名神经学家林登指出，"经研究发现，成瘾与内侧前脑束愉悦回路神经元的电子反应、形态、生化功能以及突触连接的持久变化有关。"参见〔美〕大卫·林登：《愉悦回路——大脑如何启动快乐按钮操控人的行为》，覃薇薇译，北京：中国人民大学出版社，2014年，前言部分第Ⅷ页。

13　这种普遍的观点在以下著作中都被提及。参见杜新忠：《实用戒毒医学（第2版）》，第54页；戴维·考特莱特：《上瘾五百年——烟、酒、咖啡和鸦片的历史》，薛绚译，第120页；蔡维帧：《烟毒辅导面面观》，台北：天恩出版社，2000年，第31页；〔英〕迈克尔·格索普：《瘾癖心理学》，冯君雪译，上海：上海三联出版社，2014年，第41页。

14　用大卫·林登的话来说，"这（神经科学）就是（现行所有的）社会和经验治疗的生物学基础"。参见大卫·林登：《愉悦回路——大脑如何启动快乐按钮操控人的行为》，覃薇薇译，第62页。值得一提的是，在现阶段，毒品成瘾的神经生物学

的诠释。吸毒上瘾问题在更"精确"的意义上被锁定于身体的头部，使得"疾病构型的空间与病患在肉体中定位的空间，在医疗经验中得到了叠合"。[15]生物医学一路下来所贯彻的认识框架由此可见一斑。

可见，目前对于吸毒成瘾的认识始终是由一种临床疾病的语境所主导，具体来说，就是在生物医学的认识框架下形成的一种"疾病论"的整合性思维模式。在这种认知模式的主导下，关于吸毒成瘾的病理争论正在越来越趋于白热化。近年来，随着吸毒成瘾的生物学根据不断受到挑战，[16]而同时心理学的解释日益得到发展，在"疾病论"中本来得到整合的两种学科主张，如今的分歧已经凸显得越来越尖锐。其中一个核心的分歧体现在吸毒者是否应该为自己上瘾负责这一看法上。[17]按照生物学的逻辑，吸毒成瘾根本上是由生理性机能所引发的必然结果，吸毒成瘾者作为疾病患者，被迫丧失了自我节制的能力，因此无需为此负责。而来自心理学的看法则拒斥吸毒成瘾是一种单纯的生理性疾病，在他们看来，这"更应该是一个获得性心理过程，或者是一个过度习惯"。[18]也就是说，心理学倾向于认为吸毒成瘾者需要对此负责。可以预想到的是，如果这里的分歧具体落实在戒毒实践中，那么必定会引发一系列在实际操作方面的困难。[19]

在"疾病论"的思路中，无论是生理性的失调，还是心理性的障碍，二者在解释吸毒成瘾方面都是缺一不可的必要因素，但同时又处于不可调和的对

机制依然存在若干未知问题。参见王娜：《戒毒学》，北京：中国人民公安大学出版社，2014年，第21-22页。

15 〔法〕米歇尔·福柯：《临床医学的诞生》，刘北成译，南京：译林出版社，2015年，第1页。我们注意到，福柯这里的解读既是对生物医学如何建立起真理性权威的描述，同时也揭示了一种对其解构的可能。

16 较有力的挑战来自两个方面，首先是成瘾的遗传学根据受到质疑，参见 James G.Barber：《戒瘾社会工作》，范志海、李建英等译，第16-17页。其次是不断出现的对成瘾的生物性解释不相符的案例。例如美国越战士兵吸毒问题。参见迈克尔·格索普：《瘾癖心理学》，冯君雪译，第43-46页。

17 神经学家大卫·林登也曾在其著作中提及这一矛盾，他指出，"当我们说成瘾是一种疾病，岂不是帮助成瘾者摆脱了他们做出反社会选择和行为的包袱？当然不是。成瘾疾病论认为，成瘾的发展不是成瘾者的责任，更重要的是，从毒瘾中恢复的过程才是成瘾者的责任。"参见大卫·林登：《愉悦回路──大脑如何启动快乐按钮操控人的行为》，覃薇薇译，第63页。

18 迈克尔·格索普：《瘾癖心理学》，冯君雪译，第9页。

19 例如关于吸毒成瘾者在"病人"、"犯人"、"受害者"这几种身份之间究竟应该如何定位的问题，目前仍然具有一定的争议。

立之中。我们要指出的是,这种分歧实际上反映的是"疾病论"戒毒思路中的一种"错位"。生物医学致力于解释关于成瘾运作的机理,尽管"疾病论"思路并非完全等同于生物学,但是在这种认识框架的主导下,所有参与的学科都是在致力于为成瘾运作的机理寻找答案(尽管有时会相互矛盾)。当然,我们无需否认关于成瘾运作机理的认识与戒毒之间存在的正面关联。但同时我们也要认清一点,无论我们对于成瘾运作机理的认识达到何种程度,这与戒毒的实现并不存在必然的关联。"疾病论"思路永远指向的是关于成瘾运作的机理,例如我们可以将成瘾解释为节制能力的丧失;而戒毒旨在阻止或者防止成瘾的形成,例如我们需要实现一种必要的自我节制。"疾病论"戒毒思路的错位问题可以表达为"向丧失自我节制的吸毒者提供的只是有关自我节制的说明。"事实上,即使穷尽所有关于自我节制的认识也无法与自我节制本身相等同。因为关于自我节制的有无问题属于一种人的生存性的范畴。因此,戒毒并非像普通疾病那样属于一个纯粹知识论的问题,尽管很多时候"疾病论"思路的重要性仍然不可或缺,但是戒毒问题本质上是与人的生存密切相关的,而以往完全脱离于生存的戒毒思路最终只会加剧问题的棘手程度。

三、基督教戒毒及其终极性的生存关注

基督教戒毒最早可以追溯到 19 世纪 40 年代的近代中国,当时来华的西方传教士尝试利用西医技术救治患有鸦片瘾症的国人。[20]从此直到 20 世纪初,由西方传教差会、医学传教士个人,以及中国信徒[21]所共同投身的基督教戒毒一直都保持着持续的发展。在这个阶段,基督教戒毒作为一项医疗事业,经历了由医院的普通门诊到专科分诊,再由医院的附属部门到独立的专业戒毒机构的发展历程,[22]不仅数量剧增,而且遍布大江南北。然而,原本在中国遍地

---

20 参见姜张翠子:《福音与戒烟——中国内地会以戒烟所为中心的活动 (1876-1906)》,《多学科视野下的中国基督教本土化研究学术研讨会会议手册》,2012 年,第 215 页。

21 尽管当时的戒毒实践是由西方发起并主导,但是也有一些中国信徒发展独立自主的戒毒事业。例如山西基督徒席胜魔所设立的"天召局"。参见刘安荣:《近代华人牧师席胜魔的主要传教手段及其作用》,《身体·灵魂·自然——中国基督教与医疗、社会事业研究》,刘天路编,上海:上海人民出版社,2010 年,第 155-166 页。

22 参见姜张翠子:《福音与戒烟——中国内地会以戒烟所为中心的活动 (1876-1906)》,《多学科视野下的中国基督教本土化研究学术研讨会会议手册》,2012 年,第 215-227 页。

开花的戒毒事业不久便面临了一次大的困境。这里有两个主要的原因。首先，原本被寄予期望的西医在戒毒上节节失利。尽管许多医学传教士纷纷投身于西医对戒毒治疗的各种尝试，但都收效甚微。就仅能发挥缓解和调理作用的戒烟药来说，西医研制的成果并不比中医显著。同样的，西医也对"复吸"的顽疾束手无策。其次，面对收效甚微的戒毒成效，尽管也出现了在传教士与医生之间、"救身"和"救心"之间的激烈争论。但是一旦将戒毒回归到一种传教事业的策略性定位，无疑只能算作是一种失败。因此，正是由于当时的基督教戒毒过分地依托于西医的强势传播与传教的策略性支持的大背景，首次的基督教戒毒的尝试不得不以失败告终。

　　尽管以"西医传教"为手段的基督教戒毒在近代探索的初期阶段获得过一定的发展，但最终还是陷入了戒毒和传教均告失利的双重困境。受挫后但仍继续从事戒毒的传教士逐渐趋于这样的一种共识："戒烟药并不是戒烟的关键，上帝才是治疗鸦片瘾最好的医生。"[23]逐渐地，在传教士所兴办的戒烟场所内，听布道、读圣经、祷告、忏悔等内容取代了病人在医院所接受的常规项目，构成了鸦片瘾患者最主要的日常生活。这些变化主要源自于从事戒毒的传教士在自身角色和动机上的转变。我们知道，早期的传教策略是将戒毒当作传教的铺垫和诱导，医学传教士试图先借助西医技术助人戒毒，然后达到传教的目的。而后，传教士逐渐意识到西医无法根除毒瘾，不得不面临戒毒和传教的双重困境。最后，医学传教士不得不放弃医生的角色，与此同时，西医传教的策略也就一同被放弃了。在这种情况下，传教士在面对鸦片瘾患者时，就只剩下两种选择：要么在医学传教策略的意义上，放弃这群几乎无法治愈的对象，转而关注那些更容易治愈的人群，也就是对于西医的现有水平来说，那些更有把握治愈的病人；要么出于个人的宗教信仰，暂时搁置传教任务，对鸦片瘾患者施予某种终极性的关怀和安慰。这种终极性的关注体现为传教士对这些鸦片瘾患者所做的一切努力都不再以戒毒本身为唯一且最终的目的，而是对其投以一种近似临终关怀的照料。对于传教士来说，如果这些鸦片瘾患者的肉体无法治愈，至少灵魂可以有望得救。

　　可见，基督教戒毒通过放弃早先"西医传教"的策略性设想，转而进行了

23　参见姜张翠子：《福音与戒烟——中国内地会以戒烟所为中心的活动（1876-1906）》，《多学科视野下的中国基督教本土化研究学术研讨会会议手册》，2012年，第224页。

一次直接将基督教信仰应用于戒毒的努力尝试。也就是说，原本被看作是两回事的戒毒与传教，经过双重的失败之后，竟然戏剧性地融为了一体，这恰为基督教戒毒在当代的发展成熟奠定了基础。20 世纪 60 年代，由陈保罗牧师在香港创立"晨曦会"戒毒机构，[24]主张"不凭药物、不靠己力，只靠耶稣"[25]的戒毒理念。随后，这种戒毒理念被概括为"福音戒毒"，[26]并在"晨曦会"及其分支机构以及其他基督教戒毒机构[27]传承并沿用的过程中，逐渐成为基督教戒毒的代名词，在华语教会中得到确立和传播。可见，当代的"福音戒毒"所主张的戒毒理念，看似有违科学和医学的经验，但却是基督教戒毒发展成熟的一种体现。总之，如今的基督教戒毒，除了充分吸取了医学戒毒的失败经验之外，更重要的是继承了对戒毒者终极性的生存关注。

就目前学界通行的研究规范而论，基督教戒毒大致可以归之于一种"非生物医学"的研究领域。[28]不过，从目前少量涉及基督教戒毒的研究成果上来看，即使强调一种所谓的"非生物医学"的戒毒思路，但实际上并没有真正摆脱"疾病论"的主导性思路。这种情况常见于一种关于"人论"的建构性的认识框架。具体来说，相对于生物医学的"身体"一元论，所谓"非生物医学"的戒毒思路往往会提出"生理-心理"二元论、"身体-灵魂"二元论，甚

---

24 参见刘民和、莫少珍：《晨曦会福音戒毒灵理治疗的理论与实务》，台北：财团法人基督教晨曦会，2006 年，第 31-34 页。

25 参见蔡维帧：《烟毒辅导面面观》，第 97 页。

26 "福音戒毒"这种提法最早来自于港台地区，但目前在中文语境中，尤其是华语基督教语境中已经成为一种相对固定的概念。国外虽然也有基于基督教信仰的戒毒疗法，但并没有像"福音戒毒"这样统一而通用的概念和模式，甚至在国外也没有"福音戒毒"这样严格对应的概念提法。

27 目前，不仅"晨曦会"已扩展至台湾、泰国、印度以及北美地区，而且其他的福音戒毒机构也不断涌现。例如：香港的"灵爱之家"、台湾的"沐恩之家"、云南保山"重生园"等。

28 基于近些年学界对"疾病论"主导性思路的一种批判，"非生物医学"的治疗体系逐渐摆脱了进化论和西方中心主义的两面夹攻，从落后愚昧的巫术和宗教残余转变为有待认识和可供替代的"民族医学"。国内对民族医学概念普遍存在混淆，蔡景峰曾指出这一存在于传统医学分类和人类学学科范式之间的概念混淆。参见蔡景峰：《论"民族医学"的界定和民族医药文献的整理》，《中国民族医药杂志》1999 年第 4 期，第 1-3 页。不过，在我们看来，"民族医学"目前具有两种意义上的内涵，其一是指在人类学分析框架下的概念，与民族植物学、民族鱼类学的使用相同，在这个意义上，民族医学（Ethno-medicine）指代某一社会文化体系中关涉疾病与治疗的部分。其二是国内对传统医学进行分类的一种类别简称，即少数民族医学（Minority medicine）。

至"灵-魂-体"三元论。[29]尽管这些理论在一定程度上对于"疾病论"过于单一的"身体观"是有所批判的，但这些理论最终还是建立在某种将人完全对象化所形成的客观认知这一基础之上。[30]从某种意义上来说，这些所谓"非生物医学"的戒毒思路与"疾病论"的戒毒思路并无实质性的差别。总的来说，以上两种思路都尚未涉及一种对人的生存层面上的关注，或者说，并没有触及到人在生存选择上的问题。为此，我们想从人的生存选择这个层面上切入"吸毒-戒毒"的这项现实议题，从而对瘾君子在生存意义上的"转变"问题进行探讨。

第二节　初入田野：基于预设的观察与发现

在开始着手呈现这份田野资料之前，我又再次重复了离开田野以来定期都要做的事情，即查看戒毒个案的微信朋友圈。对我来说，只要他们发布的朋友圈显示了近期的更新，这就是一件特别值得欣慰的事，这也为我眼下的这项研究提供某种莫大的支持和动力。尽管集中的田野调查只有一年的时间，但是在随后两年多的时间里，我与个案之间的交往却从未中断，我们的生活似乎已经交织在了一起，他们生活中的点点滴滴不仅时刻牵动着我的关注，而且也在影响并改变着我对他们的理解与认识。"惊心动魄"与"跌宕起伏"除了可以用来恰当地概括这些个案所展现的生命轨迹之外，也格外适合用来形容"我"在至今尚未中断的跟踪调查中所经历的思想状态。需要承认的是，正如这些一个个鲜活的个案在他们各自未来的生命轨迹上始终都存在出人意料的

---

29 台湾地区出版了一批以晨曦会为研究对象的专著，这为我们了解福音戒毒提供了许多重要的信息。不过，这些研究在诸如"灵理治疗"、"全人康复"等这些重要概念的分析上还是不够充分，除了具有教会语言的特点之外，也普遍存在无法在根本上摆脱"疾病论"思维范式的问题。但需要承认的是，基于丰富的实践积累，这些不甚完善的理论背后无疑都包含着对瘾君子生存层面上的密切关注。正如安辰赫在他的研究中所指出的，"福音戒毒的重点不是只着重在'戒毒'一事上，而是……使人的品格、意志和行为都很实际地获得改变。戒毒可以靠着经验一试再试，也总有成功的个案。但改变生命是绝对无法仅靠经验就能成功的……"参见安辰赫：《药瘾者的全人康复——晨曦会治疗社区戒瘾模式之治疗因子与戒毒复原历程》，第72-73页。

30 值得一提的是，谢文郁关于"身体观"的讨论取得了一种范式上的突破。基于对思想史梳理，谢文郁从生存方式的转换这个角度揭示了基督教的"灵-肉"二元论对人的生存所具有的意义。参见谢文郁：《身体观——从柏拉图到基督教》，载于《云南大学学报（社会科学版）》2010年第5期，第11-22页。

结局那样，我确实无法对这些研究个案做出任何终极性的结案陈词。然而，当我意识到自己可能无法达到这种盖棺定论式的预期时，先是为研究可能会遭遇夭折而感到一阵恐慌，尔后却逐渐发现，正是这种变化本身所呈现的生存意义为我的研究注入了一股新的活力。

在对这份田野调查的呈现方面，我并没有刻意为了保持思想前后的一致性而对这些在历时过程中所记录下来的材料进行特别的处理。换句话说，我并不打算回避自己在田野记录的过程中认识上所发生的那些显著的变化，而是尽可能将其原原本本呈现出来。事实上，这些关于"我"这个记录者的思想变化也同样构成了这项研究必要的组成部分。[31]

一、老熟人与"新世界"

我与戒毒工作结缘是 2010 年刚到保山工作的时候。我记得第一次走在当地的街头，随处可以看到非法张贴的小广告，上面赫然写着"枪支、迷药"！刚开始还难掩惊骇之情，但后来逐渐也像其他人一样习以为常了。事实上，这些小广告除了在视觉上会造成不小的冲击之外，在现实生活中我倒并没有体验到任何异样。相对于因为禁毒工作的严峻而屡上全国新闻头条的公众印象，我对这座西南边陲小城最大的留恋则是其宜人的气候、闲适的生活以及淳朴的民风。

我是在一次禁毒防艾的活动上结识徐牧师的。他并非人们传统观念中对牧师这类人惯有的印象：一幅始终保持和颜悦色、温良平和、谦恭顺从的形象。恰恰相反，他实际上是一个激情饱满、果敢机敏、敢做敢为的实干家式的人物。

---

31 我们的处理方式很接近一种旨在"存贮互动实在、建构互动性文本"实验民族志的做法。参见李立：《解读"实验民族志"》，《广西民族研究》2006 年第 1 期，第 44-49 页。此外，这种方法论也可以追溯至人类学界在 20 世纪 80 年代掀起的"反思人类学"的热潮。高丙中在《写文化》的代译序中将民族志发展的第三个时代总结为"是对反思性和真诚的承诺"。他在论及这部具有划时代性的著作时说，"总之，从 1984 年的研讨会到 1986 年《写文化》问世，民族志的主-客体单向关系的科学定位受到强烈的质疑，反思的、多声的、多地点的、主-客体多项关系的民族志具有了实验的正当性。"此外，詹姆斯·克利福德在导言部分中也指出，"这篇导言所追溯的历史和理论运动的一个主要后果，是撤走了一些个人和群体确定无疑地再现他者的立足之基……我们现在是在移动的地面上建构事物。不再有可以纵览全局、绘制人类生活方式图的地方（山顶），没有了阿基米德支点，可以从它出发再现全世界。"参见〔美〕詹姆斯·克利福德、乔治·E.马库斯编：《写文化——民族志的诗学与政治学》，高丙中、吴晓黎、李霞等译，北京：商务印书馆，2006 年，第 14-15 页、第 51 页。

这也许跟他曾经包工程、投竞标的闯荡经历有关。徐牧师因其工作的原因于2007年前后第一次接触到了"福音戒毒"。[32]可想而知，戒毒在当地是一件大事。他告诉我，当时自己心里最直接的冲动便是："如果自己的信仰能在戒毒上管用，这岂不荣神益人嘛，这多好，怎个都要试试。"于是，他便开始到处去打听哪里有福音戒毒。不久，他就在香港看到了希望的曙光。我记得有一次，徐牧师指着一张他与别人的合影对我说："你给认得他？这个是陈牧师，香港最早做福音戒毒的，很好的一个老倌儿，真的，他很好的。当时他病得很重了。那时候要做福音戒毒，我不懂啊，一听到香港在做着，我马上就把机票订起，让师母取钱给我，那时候也不有什么存款，提着个包包就去了。我第一次去香港，他们说那里有很多高楼大厦喽什么的，我也不有心肠看哈。他们说话叽叽咕咕的，听也听不懂，但也不管，就去了。我就是要去见他，也不知道给能见着。他们告诉我他病着，但我还是让他们帮我去说，后来就见着了。他知道我要做，很高兴，很愿意帮我……"。尽管这次的赴港学习看上去既唐突又冒险，但是也大大地增强了徐牧师开展福音戒毒的信心与决心。从香港回来之后，徐牧师于2008年开始着手筹建当地的福音戒毒。

在我印象中，徐牧师并不没有特别讲过福音戒毒在创办初期所遭遇的具体困难。不过，他倒是有几次提到过家人的反对。作为"牧二代"，徐牧师有一位在当地教会颇具影响力的父亲。我偶尔还会听到有人不满于徐牧师受其父亲的不少荫庇。不过，徐牧师不止一次告诉我，他刚开始创办福音戒毒时所遭遇的最大阻力便是来自于老牧师的反对。尽管老牧师现在的态度已经转变了，但是在当时反对的程度还是相当强烈的。在我看来，老牧师当时的反对除了是出于父亲对儿子的爱护之外，也是因为担忧戒毒的诸多不确定性会给教会带来负面的影响。但值得庆幸的是，当地的福音戒毒经过近两年的筹备与过

---

32 "福音戒毒"是指借助于基督教信仰而开展的戒毒实践。最早可以追溯到19世纪40年代的近代中国，当时来华的西方传教士尝试以一种将西医技术与基督教信仰相结合的方式来救治患有鸦片瘾症的国人。参见姜张翠子：《福音与戒烟——中国内地会以戒烟所为中心的活动（1876-1906）》，《多学科视野下的中国基督教本土化研究学术研讨会会议手册》，2012年，第215-227页。20世纪60年代，由陈保罗牧师在香港创立"晨曦会"戒毒机构，主张"不凭药物、不靠己力，只靠耶稣"的戒毒理念。随后，这种戒毒理念被概括为"福音戒毒"，并在"晨曦会"及其分支机构以及其他基督教戒毒机构传承并沿用的过程中，逐渐成为一种通用的说法。参见刘民和、莫少珍：《晨曦会福音戒毒灵理治疗的理论与实务》，台北：财团法人基督教晨曦会，2006年，第31-34页。蔡维帧：《烟毒辅导面面观》，第97页。

渡期，最终于 2009 年正式挂牌成立，并命名为"重生园自愿戒毒中心"。[33]

我自从 2010 年因工作与徐牧师相识以来，便在接下来的四年中与他结下了深厚的友谊。用他的话说，我们之间早已是兄弟。2014 年，我因考取博士而离开保山。2015 年年底，我带着田野调查的科研任务再次回到保山。徐牧师对于我的这一次到来表示既欢迎又惊喜。他除了乐于见到我能在戒毒工作上为他提供些协助之外，更多的是欣喜于我们兄弟之间的重聚。迫于这次科研任务的压力，在进行了几番当地友人之间的叙旧之后，我便让徐牧师为我尽快安排入住重生园的事宜。事实上，我对重生园的环境并不陌生，而且与重生园的"同工"[34]也算得上老交情了。不过，也正是因为这份熟悉感，我反复地在心里告诫自己：一定要谨守田野工作者的专业精神，做一个合格的观察者。

2015 年 12 月 15 日是我入住重生园的第一天。虽然徐牧师是重生园的创办者和中心主任，但是常驻的负责人是王长老。作为元老级的同工，王长老从重生园创办之初就开始负责具体的事务。王长老之前服侍了当地的一间农村教会，虽然现在的工作重心在重生园，但是每逢周日他还是会到此前的教会主持上门崇拜。年过六旬的王长老与徐牧师的父亲其实是一代人，二人也曾有过同工经历。虽然在辈分上差了一代，但是徐牧师与王长老之间的交往方式却更像是一种同工或者朋友。在我抵达的这天上午，王长老与师母出去看病了，为我安排入住的是麻老师。我在离开保山之前就认识麻老师，虽然算不上太熟，但是他时常一身的景颇族装扮还是给我留下了深刻的印象。麻老师是中心的第一批学员，毕业后便继续在保山基督教民族圣经学校读神学。[35]不过，这次他是以重生园同工的身份来接待我的，这还真的让我有点始料未及。

在这次见到的学员中，除了阿正之外，其他都是新面孔。听说今天有一个

---

33 由当地政府部门亲自挂牌成立的"重生园自愿戒毒中心"，在性质上是一种在民政局登记注册的社会团体，同时也是当地基督教"两会"的辖属机构。此外，我在调查中发现，不同的人对其有不同的习惯叫法。参与的"同工"称其为"中心"，学员们称其为"重生园"，外围的人会称其为"戒毒所"。

34 "同工"是基督教在涉及内部实践时信徒之间所使用的称呼，相当于我们所说的"同事"。对于基督徒来说，尽管工作分工确实会导致职能上的差异，但是"同为基督徒"的这种身份认同却是最具优先性的。

35 "学员"是中心对戒毒人员的统称，但具体到个人时，还是会按照教会的惯例称其为某某弟兄。每个学员需要在中心待上 18 个月的时间，到期后认定为毕业。保山基督教民族圣经学校是培养当地教牧人员的教育机构，也通过为中心毕业的学员提供基础性的神学教育，起到助其向社会顺利过渡的作用。

重要的接待，午休过后，全员便开始为即将到来的接待大扫除。期间，我看到阿正在麻老师的督促下打扫厕所，这一幕不禁令我倍感震惊。阿正是我在还未离开保山之前就在重生园的老学员了。不过，他当时来这里的情况比较特殊，因为他不是为了戒毒，而是由于精神问题。介绍阿正来中心的是当地教会的一位女信徒，她与阿正是小学同学，而阿正的母亲就是他们当时的老师。据他这位小学同学说，阿正之前在班上聪明活泼，成绩也好，有不少玩得好的小伙伴。但就在小学期间不知道受到了什么刺激，突然像变了一个人，从此不与人说话，整日喃喃自语，后来不仅无法上学，而且连生活都不能自理了。为了防止他乱跑或是乱吃东西（他会吃自己的排泄物），他母亲在万不得已的情况下只能用铁链将他拴在家里。尽管还是有母亲细心的照料，但是阿正就这么被拴到了 50 多岁。大概是考虑到阿正的母亲已经年迈，这位女信徒就想通过教会为阿正寻找一个稳妥的归宿。据我所知，接纳阿正这样的人虽然并不在创办重生园的原先计划之内，但徐牧师表示，只要重生园还能维持，就没有理由将阿正拒之门外。我记得阿正刚来的时候，既不会躺下来睡觉，也不会坐在椅子上，总是保持一种蹲在墙角的姿势。感叹阿正的巨大变化之余，我又进一步向麻老师询问了关于阿正康复的更多细节。当我正在钦佩麻老师对阿正所进行的这些卓有成效的训练时，麻老师突然话锋一转，以一种略带不满的口吻对我说："任老师，你给知道重生园现在有几个像阿正这种的疯人？"我摇摇头。他随即对我伸出五根头指，带着一种无奈的笑容摇头说道："五个呢！么么……"。很明显，麻老师还想继续对我说点什么，但却欲言又止。这次对话让我颇感意外的是，除了重生园接纳了更多有精神问题的学员之外，还有麻老师那番耐人寻味的表现。

为了使自己在与学员的接触上采取一种客观和中立的立场，我决定放弃自己在之前一贯所采取的那种辅导者的角色。这天抵达之后，我并没有像往常那样热情地与学员打招呼或者主动攀谈，而是选择"按兵不动"，尽可能使自己保持在一种观察者的角色上。我虽然始终和他们待在一起，但并没有进行刻意的交流。偶尔会有个别性格外向的学员对我微笑示好，但大部分学员还是跟我保持着距离，尽管我能觉察到他们也在暗暗对我进行观察，好奇我究竟是什么来头。虽然重生园也会时不时有新面孔到来，但大都是临时或短期的辅导人员。我想，他们大概会猜测我无非又是某个临时的辅导老师罢了。不过，当他们逐渐意识到我与重生园的同工之间有着非同一般的交情时，也会预感到这次略略的不同。正当我在为自己与学员之间这种新的相处模式而感到不自在的时候，却意外迎来了一位老朋友。这位突然到访的李伟是我在离开保山之前就认识的一位学员，如今他早已毕业，不再是重生园的学员身份了。据与他同行的同工说，他们主要是为了这次的接待而来。李伟这次见到我，老远就热情地跟我打招呼，完全把我当作一位久别重逢的老朋友，惊喜的表情溢于他的言表，这让我感动不已。我记得李伟是当时那批学员中极少数的几个北方人，刚来的时候在语言和生活习惯上还不太适应，我每次来重生园的时候都会专门去找他谈谈心、聊聊天。也许我们都是北方人的缘故，我对他来说会有一种特殊的亲切感。我之前还在为自己与学员之间究竟应该采取何种相处方式而感到困扰，但随着李伟的意外到访，这种困扰也在不知不觉中仿佛一扫而光。

不知道是因为今天要迎来接待的缘故，还是重生园原本就是如此，相对于我在与李弟兄的叙旧中而获得的轻松感，重生园的整体气氛却始终令人感到一种异常的压抑与克制。正当我在尝试着寻找这种特殊气氛的原因时，我却又观察到学员之间时不时会出现的一些微小互动，比如，突然搂抱在一起随即又分开、短暂而又克制地戏耍与追逐、操场散步时突然搭起同伴的肩膀、无人注意时轻松愉快地闲谈等等。不久后迎来的这次接待在排场上确实不小，而且也格外严肃，后来才知道这是因为有政府官员到场。学员们在一阵铃声中被召集到教室，每个人规规矩矩地坐在自己的位置上。徐牧师首先介绍这次的探访来宾，接下来便是重生园在每次接待中都要进行的保留节目。徐牧师在发出"赞美上帝"的指令后，所有学员和同工都站立起来，在现场吉他的伴奏下开始合唱之前准备好的基督教诗歌。坦白讲，就声乐技巧而论，重生园的唱诵自然无法与多数教会唱诗班的水平相提并论。但是学员们在唱诵时所表现的那种完全投入的精神状态以及男性在毫无掩饰下那种激情粗狂的呐喊，具有极强的感染力，令在场的任何人都很难不为之而感到震撼。对我而言，此时学员们的这种表现对于我刚抵达时所获得的那种压抑与克制的印象可谓是一种极大的冲击。

接待过后，重生园的整体气氛一下子轻松了不少，但令我感到奇怪的是，学员们普遍都表现出一幅蠢蠢欲动的样子，似乎在期待着什么。有一个学员突然跑过来对我笑着并略带试探性地问我："任老师，晚上给消上课？"我困惑不解地回答："认不得啊。"后来我才知道，重生园有个不成文的惯例，只要当天有接待，晚上的课就会取消，大家就可以像周五那样自由活动。尽管几乎每次接待之后都会执行这个惯例，但是这终还是需要王长老的首肯才行。因为今天王长老带师母去看病还没回来，因此，有的学员便迫不及待地想要从我身上打探消息。我想，学员们大概也想借此事来探明我的身份。后来，王长老在上课之前就回来了，学员们也得愿以偿地享受了周末作息。

晚上自由活动期间，我不厌其烦地从自己的房间走出去又走出来，刻意寻找一些可有可无的事情到处闲逛。我发现，除了有一两个学员在教室的投影设备上看影碟之外，大多数学员都聚集在电视房里看《芈月传》。我来到电视房时，大家并没有表现出任何的不自在，仍然津津有味地一边看一边谈论说笑着。这一场景让我不禁想起小时候在姥姥家对面的单身宿舍楼前，许多厂矿职工每晚都会聚在一楼传达室的窗户外面看电视（电视从窗口朝向外面），有的人坐在凳子上，有的人坐在自行车上，也有的人站着或者蹲着。虽然看电视的人彼此不一定熟识，但是每一次发出的笑声、叹息声、咒骂声、欢呼声却出奇得同步。我记得，每次到了播放动画片或者武侠电影的时间，我们小孩子就会从四面八方跑来观看。其实那个时候绝大多数的家庭都已经有电视机了，但是这种聚在一起看电视的体验却总能激发出一种别样的兴致。也正是这些感触让我突然意识到，我接下来将迎来一段与这些学员融为一体的集体生活。

入住重生园的第一晚，我辗转反侧，几乎彻夜未眠。除了想到自己要接受一整年的集体生活而可能面临的一些不适之外，对于自己究竟应该与他们采取何种相处方式也感到困惑不已。我回顾起自己之前以辅导者的身份在重生园的经历，从未像今天白天所感到的如此疑问重重且不知所措。尽管我所面对的人与环境并不陌生，甚至可以说是非常熟悉，但是我一旦想到今天所经历的那些事情：麻老师意味深长的话、学员们令人捉摸不透的情绪与表现、王长老那种隐而不彰的权威等等，我顿时感到有一阵令人窒息的陌生感将我压倒。

二、结识"新人"与生活日常

尽管这种集体生活远不如我之前的日子过得自由自在，但是经过了一段适应期之后，我似乎开始能体会到其中的一些生活乐趣。

今天上午的读经课结束之后，我们意外地迎来了一位"新人"。包括我自己在内，大家似乎都对这个即将加入我们的新人怀着一股浓厚的兴趣。于是，相比那些为了打探消息而故意在周围徘徊的学员，我倒是可以凭借"特权"跟着同工来到办公室，在目睹了接收新人的整个流程之后，我也对重生园的具体规定有所了解了。每位申请者都需要有一位担保人，通常可以是其直系亲属。但也有不少妻离子散，众叛亲离的申请者是由教会亲自送来，并为其担保。新人除了支付 200 块钱的被褥费用之外（多数也免去了），食宿和其他的基本生活用品，包括牙刷牙膏、口杯、纸笔、衣服乃至厕纸在内，通通都是免费的。不过，新人必须签订一份要求缴纳 5000 元押金的协议，内容有三：其一，如果学员私自逃跑，则押金一分不退；其二，如果学员要求提前离开或是因为严重违规而被开除，则押金要扣除该学员入住以来的伙食费用；其三，如果学员按期顺利毕业，则押金全额退还。从这份协议中，我们既看出了一套"经验之谈"，也读出了一份"用心良苦"。原则上，入住的学员除了日常生活的必需品之外，不允许携带任何违禁品以及其他多余的物品，包括烟酒毒、管制刀具、现金、通讯设备、便携式多媒体设备、杂七杂八的报章书籍等等。此外，在通常情况下，新人在入住集体宿舍之前，都需要在"新人房"度过一至两周的观察期，期间由老学员 24 小时全程看护陪同。

据了解，今天这位新学员与其他几个温州人的家庭背景基本上一样，都是在欧洲经营着家族的服装生意。与这位新学员一道而来的是他的母亲和叔叔，从他们一身的行头上来看，家境应该是非常殷实的。办完入住手续之后，这位新学员就很爽快地就与家人做了简单的告别。让我颇感意味的是，他不仅看不出有任何的不情愿，而且也没有表现出任何的拘谨与不安。更令人想不到的是，他就像是回到自己的家里一样，大摇大摆地走到学员中间，带着无比轻松的口吻，反复强调自己并不吸毒，只是来戒戒烟酒，过两三个月就走了。此外，他还在言谈之间洋溢着某种强烈的优越感，一面对自己在巴塞罗那的惬意生活进行炫耀，另一面又对自己这次回国所遭遇的不满经历进行抱怨。刚开始还有不少学员出于好奇主动地围在他身边听他高谈阔论，但没过多久，学员们就纷纷对他的吹嘘丧失了兴趣，各自散去了。

到了午饭的时间，这位新学员第一次和我们来到餐厅。他与我同桌入座，突然对桌上公筷的摆放方式表示反对，他带着教导的口吻大声说道："我们是基督徒，筷子要平放起来，不要这样竖着插在饭菜上，供死人才这样插的，这样是不对的……"话音还未落，当时的气氛就一下子尴尬起来。连负责做饭的师母也明显地面露不悦。那天负责厨房工作的是老宽，他还没等这位新学员把剩下的话说完，就随即按照惯例点名另一位学员为大家做谢饭祷告，也算是暂时缓解了尴尬。老宽以前是小学教师，口才好、有见识，遇事反应快，每次有接待的时候总是让他作为学员代表发言。虽然他有时候还是会表现出滑头的一面，但是他平时言行举止确实显得大方稳重，不了解的人往往会把他当成是这里的同工，而不是学员。集体唱完谢饭歌之后，大家开始吃饭，老宽也在我们这桌坐下。不料，这位新学员又想跃跃欲试地大发议论。不过这次还没等他张口，老宽先是板起脸来，然后一边夹着菜一边用一种看似不经意但又颇具威胁性的口吻说道："吃饭嘛就好好呢吃饭，不然等下菜就不有掉了，就不有得吃了。"老宽在说这番话的时候并没有看着这个新学员，但确实是把他给镇住了，以致于整顿饭下来他都很安静。

接下来的几天中，这位新学员一旦有机会还是会兴致勃勃谈论那些他在欧洲的见闻，以至于大家都习惯叫他"欧洲"。倒不至于说他被大家刻意地孤立，但是愿意跟他谈话的人确实越来越少。除了麻老师和我，他也就只跟学员中一个温州老乡还有点交流。他这个温州老乡名叫阿健，是因为精神上的问题被家人送来的。阿健倒没有像阿正那样严重到生活不能自理，只是因为极度的孤僻与偏执而无法与任何人正常相处，包括他的妻子和儿女。可想而知，欧洲没多久还是成了孤家寡人。虽然欧洲平时看上去总是形单影只的，但是他倒也没有因此而变得沉默寡言或是消极颓废。他总是乐此不疲地寻找与人交谈的机会，也会主动加入其他学员们的谈话。此外，欧洲在上课、劳动、体育锻炼方面都算得上积极认真。再往后的一些日子，尽管大家还是习惯上叫他欧洲这个花名，但实际上已经对于他自我标榜的优越感不那么在意了。欧洲除了没有哪个特别要好的伙伴之外，基本上也算是融入了这个集体。

值得一提的是，我们在重生园吃的很多食物都是自给自足的。每次午休过后，如果不上课，便是大家进行劳动的时间。我虽然没有什么特定的任务，但是每次也都没让自己闲着，除了到处为大家跑跑腿之外，也会根据实际的需要随时搭把手。这天下午，师母在晾萝卜干和做水腌菜。年纪较大的学员带着阿正一起拨玉米。年轻力壮的学员则负责浇菜和清理猪圈。说到浇菜这项工作，它不仅是一个体力活，而且还需要多人分工协作。步骤有三：首先需要到化粪池挑粪水；接着逐一将挑来的粪水运送到各个分散的菜地里去；最后再用瓢一点点地将粪水相对精准地浇在菜的根部。负责这项工作的是小孙，他虽然在学员中较为年轻，但是做事既勤快又麻利。小孙给人的第一印象非常好，稳重、阳光、有活力。他不仅很能干，每次都将工作组织得有条不紊，而且还很有责任心，特意将浇菜的最后一个环节交给阿健和老金来做。老金也是温州人，早年因为痴迷于法轮功而精神失常。虽然他年纪较长，还动不动就容易焦躁起来，嘴里不停地念叨自己不是反动派，共产党为什么要抓他之类的胡话，但是他却是这几个有精神问题的学员中最滑头的一个，他不仅总是在抄经和劳动上故意偷懒，而且还会在没人的时候偷偷练功，一见到有人来，就马上收起架势，装作若无其事的样子。让人见了既生气又好笑。小孙告诉我，他之所以特意安排阿健和老金参与劳动，除了是帮同工分担一些监管工作之外，也是他自发地想要以这种方式来促使他们与人进行交流。我发现，这几个有精神问题的学员在平时除了会找小孙之外，对其他人几乎从不主动说话。

每次完成劳动或者下午的课程结束后，都有一段自由活动的时间。篮球在这里是一项最主要的体育运动。无论打得如何，大家总是会或多或少地参与一下。有的时候大家兴致高昂，还需要排队轮流上场。有几个经常打球的主力学员，每次都会叫上我，还会给我优先上场的特权。今天在打球间隙，我们像往常一样坐下来稍作休息，乘凉聊天。我注意到，有一个学员虽然从不跟我们一起打球，但是我们每次在打球时总能见到他围着篮球场的外围跑步，而且总能跑到学员们打完最后一场球。他在跑步上的坚持甚至比那几个经常打篮球的学员还显得更有毅力。正当这位学员跑步经过我们围坐的地方时，我特意向旁边的学员感叹道："他的体力这么好啊！"我本来期待着能听到一些关于这个学员的信息，结果除了知道大家都叫他"阿柯"之外，就再也听不到更多的评论了。我也不确定大家是不是对他的事情刻意保持缄默。不过，阿柯给人的第一印象确实与小孙恰恰相反，他的气质显得很阴郁，表情也总是很严肃，很少见他与别人有亲密的互动。每次上课的时候，他总喜欢翘腿侧身而坐，从他弓着背蜷成一团的样子来看，真的很难想象他会是这么一个运动感十足的人。他平时坐在教室的后排几乎没有任何大的动作，看过去就像是他与座椅融为了一体，消失不见了似的。但令我出乎意料的是，他总能最先发现并厉声斥责像阿正那样扰乱教室秩序的学员。他虽然表面上沉默寡言，不动声色，但实际上却对别人的一举一动都了若指掌，这不禁让我对他有几分忌惮，但同时又使我对他兴趣十足。

下午运动完之后，通常是洗澡、洗衣服或者整理内务的时间。据我所知，从运动完到吃晚饭之前这段时间，是学员们在白天中最轻松的时刻。每到这个时候，学员们都会不约而同地来到集体宿舍中的一处摆着几个空床铺的地方，聚在一起闲聊。我今天来的可能比较早，学员们还没有开始聚集。不一会，我就见到阿柯大汗淋漓地正朝我走来。他应该是刚跑完步，来他的床铺位置拿东西去洗澡。趁这个机会，我便主动走上前笑着问道："以前是不是练过？看你还是有点专业呢！"他可能对我的主动搭讪有点意外，楞了一下，继而以一种满不在乎的口吻答道："跟人家那种专业的比嘛，肯定比不了。我上过体校，以前嘛……吸了这么多年毒嘛，身体整废掉咯。"没想到他对自己吸毒的事这么直言不讳。我又接着问道："我看你跑的时间还是有点长呢，有得几圈？"他说："有得 40 多圈吧。这种（跑步）嘛都坚持不了，怕戒毒也恼火呢。"见他并没有要离开的意思，我就继续寻找话题："那还是多呢。我见着你光着脚跑，这种脚给会疼？"他说："小心点嘛不要整（踩）到什么也不怕，我倒是不怎个。哎呀，每天都要跑嘛，鞋子一下子就臭了，我又不像他们那种，我是鞋子臭了就要克（去）洗，哪个也不耐烦一天的克洗鞋子。"见他光着膀子在不停地擦汗，我又对他所练就的健美身材开始夸赞起来，并表示羡慕不已。他刚听到时还有点害羞，但马上也就变得得意起来，甚至开始跟我分享他健身的方法，并鼓励我也试试。通过这次对话，我发现阿柯似乎并不像他平时所表现得那般冷酷，他不仅在表达上坦白直率，而且在交流上也颇有情商。

这里天亮得比较晚，再加上远离城区，周围没有住家户，每天清晨起床的时候以及晚上睡觉之前这两段时间，整个重生园就像是一座远离大陆的孤岛，显得格外孤立、沉静。我记得自己刚来的那几天，每当我在早晚穿梭在宿舍与卫生间之间的时候，尤其是当我看到学员们在灯火通明的专门通道中穿梭，而我却独自一人拿着手电在漆黑的小院、楼梯与过道之中摸索，总会有一种深深的孤独感从心底油然而生。然而，也不知从何时起，我每次洗漱的时候都会不厌其烦地经过一道平时上锁的小门，特意穿过学员们的集体宿舍，同时与每一位经过的学员愉快地打招呼或者简单地逗乐两句，在某个时候，我甚至会有一种好像自己原本就属于这里的归属感，以至于暂时忘记了自己来这里做田野调查的身份与任务。我不知不觉地开始习惯于像学员们那样用脸盆接上自来水，各自蹲在一旁，等洗漱结束再将盆中的水倒在院中的琵琶树下。其实不仅是每天的洗漱环节，而且还包括这里的所有之前曾令我难以适应的作息方式，如今都成为我日常生活中自然而然的一部分了。

三、"新人房"里的去与留

尽管我在这里的生活已经近乎习以为常了，但是到目前为止，我既没有从任何一个学员身上目睹过那些可怕的"戒断症状",[36]也没有发现学员从这里接受过任何一种不同寻常的针对性疗法。[37]这让我越来越感到,这个田野地除了相对封闭的集体作息之外,其他的方面实在是平淡无奇。我甚至一度开始怀疑自己当初决定来这里的选择是不是错了。接下来很长一段时间,我一直在心里面期待能够有一些不同寻常的状况发生,也好为我的田野调查提供些有用的素材。然而,在接下来的田野生活中,我非但没得偿所愿,而且这个"寻获无果"的经历对于我原先的预设与构想而言,也无疑意味着一种巨大的冲击。

临近春节了,许多学员都开始表现得有点躁动不安。对此我也能充分理解,毕竟这也是我三十多年来第一次没有在家与父母一起过春节,大家对家乡亲人的思念恐怕是在所难免的。自从上次我主动找阿柯谈话后,我们后来就逐渐变得越来越熟悉了。这天早上,阿柯先是突然问我:"任老师,你的'二老婆'伤得重不重?"当时我一愣,一时半会儿还没理解他的意思。后来我才反应过来,他是在问我的车昨晚被铁门砸的重不重。我告诉他没太大问题,并谢谢他的关心。接着他示意想找我私下说点事。他向我说起了他近来一直纠结的苦恼。他表示对于自己毕业后是否还要继续读神学而犹豫不决。因为他明知道读神学是父母最愿意看到的,但是他也为自己将来的生计而忧心忡忡。据他说,自己虽然已经离婚了,但是还有一个上小学的儿子。他略显激动地说道:"等我神学毕业了,我儿子么也上着初中了。这种出来做个传道员么怕也不有得哪样收入,哪天我家儿子挨我要点零花钱,也不有得,咋个整,太怕羞咯……"

在这段时间与阿柯的频繁交流中,我也了解到,他是家中独子,从小在城市长大,由于父亲在事业单位工作,家境也算殷实,因此,衣食无忧的生活自然是可想而知的。不过,他的青少年时期恐怕并不见得让家人省心。因为成绩不好,去上了体校。然而,他优于常人的身体素质虽然能让他在田径场上游刃有余,但却也没少在打架斗殴上变本加厉。后来因为卷入一场群殴事件,不仅手臂被砍了一刀(至今还有一道明显的疤痕),而且还被学校给开除了。他吸毒之前做过很多行业,包括网吧、KTV、服装店等。据他自己说,每次生意做得都不错,也赚了不少钱。他自己也承认,正是因为仗着有钱,刚开始是吃喝

---

36 生物医学上所认定的"戒断症状"也就是我们日常所谓的"犯瘾"。参见杜新忠:《实用戒毒医学》,第200-209页。

37 据我说知,重生园的同工偶尔遇到学员犯瘾的情况时,也仅仅是为其按手祷告,以及提供不间断的照料,包括按摩、喂水喂饭等等。

嫖赌，后来就玩上吸毒了。他向我感慨道："我以前样样都经历过，但也真的玩得相当疯。想想以前么，样样都有，现在么真的是从人生的高峰跌入了最低谷，一无所有掉了……"。不过，他近来一段时间倒是经常提及他的父母，并且不止一次表达对他们的亏欠，我记得他对我说过："唉呀，就是一个对父母亏欠了。以前有哪样想法，父母都会拿钱出来支持我搞，而且每次搞得都还不错。以前感觉自己一直相当顺，从没有过哪样大的失败……回想以前只顾着自己玩，也没有好好孝顺父母，经过这次，我才知道这个世界上只有父母才是对自己最好的人。什么朋友啊，兄弟啊，都是假的，样都靠不住！我是什么都经历了，这些我都看得相当透……"他还强调说，他母亲是一个很虔诚的基督徒，日夜为他祷告，但是他一直都拒绝接受，直到这次来到重生园，他才决定信的。他心里应该也很清楚，目前唯一能让父母放心的方式就是自己好好地留在重生园。

这天午饭过后，小孙告诉我他一直在为昨晚做的梦而心有余悸。据他讲，刚来这里的时候也出现过这种情况，就是梦到自己到处找毒品，或者拿到毒品之后找地方去吸，却找不到。梦里面不是风太大就是雨太猛，既着急又害怕，每次醒来整个人都会筋疲力尽，浑身冒汗。这次他梦到自己和两个表弟开着拖拉机去找毒，刚开始他把找来的毒洒在地上，为此还和两个表弟大吵。后来，表弟又把毒给他，这时他身后出现了一个女子，劝他不要吃毒。而且对他说，只要不吃毒，他想干什么都行，哪怕是打牌。后来他真的去打牌了，正打的时候，他的表弟又来叫他去吃毒，但是他还是不愿意……就这样一直保持在一种半睡半醒的状态，后来他就彻底醒了。像之前每次做完类似的梦那样，整个人精疲力竭，浑身冒汗。看得出，小孙在跟我说话的时候似乎还是有点恍恍惚惚的。

这天下午我要去镇上买东西，麻老师让我带上小孙去理发，顺便也给我搭把手。虽然我之前也偶尔见过麻老师带小孙出去，但是他们每次回来的时候我都能感觉到学员们的气氛有点不太对劲。回想起前几天下午大家都在劳动的时候，我临时回宿舍的途中正好撞见小孙从我隔壁的麻老师的房间出来，嘴里正吃着这里难得一见的零食糖果，而跟在后面出来的麻老师则脸颊微红。尽管他们看见我的时候确实显得有些不自在，但是我当时并没有多想，只是认为麻老师大概想私下犒劳一下小孙，毕竟小孙在劳动时的表现是有目共睹的。往后接下来的几天中，陆陆续续有几个学员有意无意地向我暗示麻老师喝酒的事。

我心里也反复思忖着，且不说还没有得到证实，即使证实了，但是就我在这里的身份来说，也无法判断这个事情的性质与影响究竟会如何。虽然我内心还是有点忐忑，但是考虑到我可以趁着这次外出的机会多了解一些关于小孙的事，我也就答应了。

我开车出了重生园的大门之后，小孙明显一下子轻松了很多，我们之间的聊天也好像比往常自在多了。我从聊天中得知，小孙小我四岁，初中毕业后就开始工作了，做过养鸡场、开过溜冰场，后来又开出租车。大概是因为小孙本身就聪明勤快，而且还热心助人，不仅在整个家族中，而且在整个村子里都拥有很好的口碑。他坦白道，自己"变坏"是从2010年开始的，那个时候他整日与一帮喝酒打架的朋友混在一起，有一次还因为帮朋友打架进了看守所。后来，他在开出租车的时候又是因为帮朋友的忙，自己也跟着贩起毒来。再后来，一方面是出于好奇以及侥幸心理，另一方面也有毒友劝他用吸毒的身份来掩护贩毒，小孙不久便走上了吸毒的道路。

在我听他讲述的过程中，他的妹妹意外地引起了我的关注。因为我发现，在小孙生活中的许多关键性的环节上，都有他妹妹的参与。在他向我回忆起小时候与妹妹在一起经常会被别人误认为自己是弟弟的时候，他并没有表现得有任何不服气，反而很认可也很乐意接受妹妹对自己的照顾。看得出来，小孙与妹妹之间的感情非常好。小孙告诉我，妹妹在教会里认识了现在的妹夫，他们两个都是很好的基督徒。他在谈起他的妹夫时说道："我妹夫对我也非常好，但是他就是对我太严格了，要求太高了……"。我对他开玩笑说："听你这种说法，他怕不是你的妹夫，还真是你的姐夫呢！"他听后开心地笑了起来，忙点头说是。他接着又强调一点："虽然我妹妹有时也骂我呢，她希望我走正路嘛，但是在我父母和妹夫面前，她还是特别维护我的，要是哪个责备我责备得太严厉了，甚至是哪个说我说得多了，我妹妹就不得了，就不让他们说。"后来，我在小孙的一篇"见证"中读到了他当时在家人面前承认吸毒的情景，他写道：

> ……我后悔我好好的生活不过，偏偏选择吸毒，每天活在吸毒和后悔中。我想戒毒，可我没办法。就在我走投无路的时候，无法自救的时候，我在家人前承认我吸毒了。我很难过，我也看到爸爸、妈妈、妹妹伤心，为我着急、难过的样子。真的是一人吸毒全家着急。可我家人没有过多的责备我，没有不理我，而是想办法帮助我

戒毒。但是他们想出来的办法，说出来我都说没用。他们开始急了，想不出更好的办法，甚至想到把我送去公安办的强制戒毒所。我妹妹和我说，要不你去外地，找一个基督教办的学校或者福音机构，学习做义工，叫别人帮助我戒毒。我说算了吧。我妹妹接着说保山有个福音自愿戒毒中心，接着把手机给我看、介绍，我随便看了一下，我说是不是真的？我对福音这两个字完全不懂，只有妹妹知道。我妹妹拨打了网页上的电话，一会儿妹妹和我说暂时不收人，要等一星期。这是我也急了，我说怎么办。我对这个福音戒毒还在半信半疑时，我感觉我真的没希望了。我妹妹很严肃地对我说要不要去，你不去我也办法帮你了。我说不收人，叫我怎么去。我妹妹说去了再说，不收又想办法。我想不出更好的办法，我考虑了一下，我答应去试试。[38]

可以看到，小孙决定来到重生园戒毒，不仅是在妹妹的全程安排之下，而且得到了全家人的参与和支持。

我和小孙在吃晚饭之前回到了重生园。在我们离开这段期间，重生园又接收了一位新学员。我注意到，近来一段时间新人的到访确实比之前频繁，但是最终留下来的人却并不多。大多数都还在新人房的陪护期间就离开了。据说，这位新来的学员曾经在"陶城"待过，但又复吸了。后来他听说保山也有福音戒毒，便自己找来了。我其实是来到这里之后才了解到昆明也有一个叫做"陶城"的福音戒毒，只是后来没有办下去。[39]就在前几天，有一位学员还向我抱怨王长老因为他之前在陶城的经历而对他颇有成见。这位弟兄被大家称为"胡队长"，原因是他处处都表现得格外规矩乖巧，用他们的话就是"他太属灵了"。据我平日的观察，胡队长不仅在祷告、抄经、唱诗等这些灵修方面积极认真，而且也从未像其他多数学员那样有过任何出格的举动。

---

38 在基督教教会的语境中，"见证"通常是指基督徒通过语言讲述或者文字记录的形式来回顾上帝对自己某些具体生活的参与，为的是强调上帝的真实存在。重生园有一个类似教会的传统，除了不识字的学员之外，其他临近毕业的学员大都会主动地写下自己的见证。这些见证的内容并不仅仅限于他们在重生园的戒毒阶段，而是会追溯到他们吸毒前后的生活经历，甚至是对他们整个前半生的回顾。尽管这样的见证整体上是带有基督教语境下明确的意图，但是其中也必然会涉及见证者在其生活经历中的真实感受。

39 关于"陶城"的相关介绍，还可参见倪玉霞、严影：《民间力量戒毒模式多元化发展》，《云南警官学院学报》2015年第2期，第8-14页。

事实上，胡队长之所以遭到其他学员的排斥和孤立，很大程度上是因为他多次向同工揭发了这些学员违禁吸烟的事。不过，我在与胡队长的长期接触中感到，他虽然始终都在努力把方方面面都做得尽善尽美，但同时却又对几乎所有的事情都表现得异常敏感，乃至于经常患得患失。他上次告诉我，长老经常问起他以前在陶城的经历，这使他觉得长老这么做是对自己的不信任。他解释道，因为陶城是家庭教会的背景，长老历来对于在陶城待过的学员都有很大的成见，包括之前被陶城开除过的阿柯，他很担心长老会怀疑他受到过家庭教会的什么影响。

今天轮到胡队长在新人房做守望。吃过晚饭，我特意来找胡队长询问这位新学员的情况。胡队长告诉我，他之前在陶城就知道这位新学员，但由于不是在同一期，只是打过照面，后来听别的学员说起过。胡队长私下问我："任老师，你给知道这久为什么新人多？"我摇摇头。他神秘地对我说："任老师，我悄悄地说给你，这个弟兄怕是在不住。"我连忙追问道："你怎个知道？给是他跟你说什么了？"他轻松地笑了笑，答道："这久严打呢！有些个有躲处的达不是就找来这里咯。这种事嘛，你肯定认不得。像我们这种不止一次来断了嘛，刚来的人哪个在得住，哪个在不住，一看就认得咯。"我怀疑地问道："那你是怎个看出来的？"胡队长用一种很老练的口吻说道："任老师，你看了嘛，像我们这种要是真的想断了（指戒毒），而且他又在过陶城，他也很清楚啊，来之前嘛自己也就断地差不多了。像他这种来之前还吃得饱饱的（指毒品），又是在这久嘛，多数都是想在这里躲几天咯。"虽然我觉得他说得有理，但还是继续问道："这也不一定吧，难说他是想着要要断了，只不过怕难在嘛，最后再整一次。"他听后突然好像一位极度包容我的长者似的，特意放慢语速耐心地对我说："我的任老师，那种完全是骗鬼咯。怎可能啊。如果他之前确实不有断过，这倒还是有一丢丢可能。如果他之前断过，还不止一次嘛，这种就真的是不有想过断了，躲两天就克掉咯。"我转而又问起胡队长自己刚来新人房时的情况，他回忆说："我当时刚从强戒出来，已经在断着了。我家妈一天都不给我在家在啊，忙着忙着就把我送来重生园掉了。唉，不过嘛，给我在家多在几天嘛，我怕是又吃克掉了。"我接着又好奇地问道："其他弟兄呢？都像这种？来之前就断掉了？"他答道："多数都是这种，除非他真的是第一次断，以前也不有经历过。不过了嘛，像我们这种吃的时间还是有点久的，就算不是自己断，有的时候好久整不到吃的，或者像我这种被抓克强戒，难在嘛肯定是难在，但还不是也就断掉了，这种不有法哈。反正了嘛，如果来这里还带着瘾的，不敢说绝对了嘛，但多数怕在不住。"

　　据我对胡队长的了解，他虽然才 30 岁出头，但毒龄已经有十多年了。据他自己说，从 14 岁开始就跟朋友一起吸毒，2008 年在陶城戒了一年，但出来就又复吸了。在 2011 年到 2015 年期间又被强戒过两次，这次是刚从强制戒毒所出来，就被母亲送来重生园了。他每次聊起自己的家庭，都只会提到他的母亲，而对于他的继父和弟弟却总是一带而过。他告诉我，他的父亲很早就过世了，从小是跟着爷爷长大的。虽然他的母亲后来又再婚了，但是很爱他，而且是个基督徒，日夜为他祷告。事实上，在他吸毒的十几年中，自从爷爷过世之后，除了与母亲保持关系之外，基本上都是在到处流浪，没有任何家庭的归属感可言。为了找钱买毒，他可谓不择手段，坑蒙拐骗，又偷又抢，这些都是家常便饭。据说有一次入室偷盗被人当场抓住，差点被打成残废。他还告诉我，他第一次去强戒时非常害怕，因为在那里除了断毒痛苦之外，还会随时被人打。不过第二次再去的时候，他就已经懂得要如何通过讨好别人才能使自己在里面的日子好过些。我望着眼前这位仅小我一岁的胡队长，他在说话的时候总是会对我露出一副充满热情的笑脸，但是从他不时闪躲的眼神以及脸上深深的疤痕中，我还是能隐约感受到他因为过去长久以来的人生负重而表现出来的虚弱与吃力。尽管我越来越能理解胡队长为什么会比其他学员表现得都要"无可挑剔"，但恰恰是看上去的这种"无可挑剔"，却又让我不禁对他产生了一种莫名的忧虑。

　　后来我又了解到，凡是已经在重生园稳定下来的戒毒学员，他们在刚来的时候通常都是已经脱瘾的。其中，阿柯的情况与胡队长类似，他也是从强戒出来后就直接来这里了。而小孙的情况较为特殊，因为他之前从未有过到任何戒毒机构的经历，因此，他是少数在刚来时还并没有完全脱瘾的一个。在了解到这些信息之后，我才逐渐意识到，为什么自己至今还没有在这里看到任何预期中的那些田野现象，包括我之前专门花时间去了解的戒断症状，以及传言中某种能够神奇治愈毒瘾的宗教仪式。事实上，通过学员们向我所透露的新人房里那些心照不宣的秘密，虽然对于我在进入田野之前的所有预设与构想而言是一种极大的冲击，但与此同时，也让我获得了一种对戒毒全新的认识。重生园严格说来并没有为生理意义上的毒瘾提供什么特别的治疗，而是致力于吸毒者脱瘾之后的一个最为关键性的康复环节：防止复吸。换句话说，比起生理意义上的脱瘾，所谓的根除"心瘾"，即一个脱瘾的吸毒者不再复吸，才是每个戒毒学员到重生园来的真正目标。

第三节　融入田野：主体间性的生存叙事

初期的田野经历无疑给我之前的预设观念带来了巨大的冲击。从一般专业的角度来说，田野工作者理当进行并完成一项符合科学性与客观性的田野调查。为了满足这种专业要求，田野工作者往往被鼓励在一种不带有任何观念偏见的前提下进入田野。田野工作者越是能做到这种"不偏不倚"，他所进行的田野调查也就越具有较高的专业价值。[40]不过，越来越多的人类学家在对上述所谓"专业"立场的不断反思中已经充分意识到，每个从事人类学研究的学者在进入田野调查时都无法不借助于他所既有的一套观念体系与理解结构。继而进一步达成以下共识：那种所谓的不偏不倚的"专业"立场在很大程度上都是由某种时代性的思想特征所决定的。[41]不过，人类学的研究并没有因此而走向一条相对主义的道路。事实上，人类学家在密切关注田野调查中所呈现的异质性的同时，也始终对于自身既有的观念体系与理解结构予以充分的重视。也就是说，正是由这种异质性所引发的张力意识构成了人类学研究的逻辑起点。[42]

不可否认，人类学在呈现"互为异质性的双方"这一点上有其明显的优势，但是传统的人类学研究往往并不倾向于对这个作为其自身逻辑起点的张力意识本身进行过多的反思。因此，为了使实证分析不仅仅停留于异质性的发

40　黄剑波针对这种"专业"立场背后的"价值中立论"进行了学术史方面的追溯。参见黄剑波：《身份自觉——经验性宗教研究的田野工作反思》，《广西民族研究》，2007 年第 2 期，第 48-54 页。

41　黄剑波在对人类学认识论的反思中揭示了这种局限性。参见黄剑波：《地方社会研究的不可能与可能——吴庄基督教的人类学研究札记》，《中国农业大学学报（社会科学版）》2013 年第 1 期，第 157-160 页。

42　黄剑波所强调的人类学研究者的"身份自觉"正是对这种张力意识的一种具体体现。参见黄剑波：《身份自觉——经验性宗教研究的田野工作反思》，《广西民族研究》2007 年第 2 期，第 48-54 页。值得一提的是，不同于这种基于张力意识的思路，赵旭东在对"西方中心论"的反思中，提出了一种对"中国中心论"的重构。参见赵旭东：《中心重构与他者关照——基于中国人类学世界观的考察（上、下）》，《探索与争鸣》2018 年第 11、12 期，第 8-21、58-69 页。

现与展示的阶段，[43]而是进一步将问题意识深入到研究者自身的认识张力，我们打算在这一节中尽可能采取一种相互影响、相互决定的主体间性的方式来呈现后续的田野内容，从而有助于我们能够从主观基础的不一致性这个角度来理解瘾君子及其戒毒问题。

一、潜藏危机

我在平日与学员们的相处中注意到，即使同样是戒毒学员，他们也会因着吸食毒品类型的不同而对于自身来这里戒毒的想法存在差异。在吸 4 号的人眼中，吃麻黄素的人根本就算不上真正的毒瘾，他们只是意志力太差，如果换做自己的话，想断的话早就断了，哪里还需要来这里。而吃麻黄素的人往往会调侃吸 4 号的人基本上是无可救药了，自己并不会像他们那样把整个生活都搞废了，也不会为了搞到毒而胡作非为，他们认为这里要求的 18 个月的时间是针对那些吸 4 号的人的，而自己完全不需要那么久就可以康复离开了。尽管戒毒学员之间关于如何戒毒的看法并不见得会达成一致，但是他们在反对禁烟的意见上却取得了共同点。重生园从创办之初就明令禁止烟酒毒，尤其是烟，因为烟相对于毒和酒更容易获得，因此，禁烟基本上是这里的同工日常最主要的监察任务。然而，除了在陶城待过的胡队长之外，禁烟这项要求对于其他多数戒毒学员来说，始终很难从心里面获得认同。同样也是去过陶城的阿柯，当初正是因为在吸烟问题上屡教不改而被开除的。事实上，这里多数的戒毒学员并没有将禁烟自愿接受为戒毒所需要的一项必要条件，而是迫于同工监察的压力，仅仅在表面上作出服从。据我这段时间的观察来看，凡是还没有将禁烟的要求从心里面接受下来的戒毒学员，始终都在暗地里伺机而动。

这天，麻老师特意来告诉我，午休期间他在卫生间撞到几个学员正在吸烟。他严厉地批评了他们几个，并特别警告其中像阿柯这样的"惯犯"，再有下次就要开除。趁着这个机会，我问起麻老师为什么戒毒一定要禁烟的原因。他告诉我："正所谓'烟毒不分家'，任老师，你可能认不得。我们以前吸 4 号，烫吸的话是，怎个都离不开香烟！那些吃麻黄素的了嘛，兴奋起来是……么么，要整上成包成包的香烟呢！要想戒毒的话是，如果不断烟，根本不有可能把毒断掉。你只要一接触烟，肯定要想到毒，这种是哪个也不有办法

---

43 黄剑波针对这一问题提出了一种在地方性与普遍性之间寻求平衡的整合性思路。参见黄剑波:《关于人类学研究进路的一些思考——以"地方"基督教研究为例》，《思想战线》2015 年第 2 期，第 6-11 页。

呢……"。他最后还补充道："任老师，你在这里也要随时帮我盯着呢，斗着（正好遇到）哪个吸烟要赶紧告诉我。"我连忙点头答应。回顾这段时间的相处，我认为麻老师在工作上真的非常出色，除了有个别重要的事情需要王长老定夺之外，重生园平日里的各项事务都是由麻老师来具体负责的。小到教阿正解大手，大到组织大家进行集体活动，麻老师不仅在工作态度上极其认真负责，而且在能力和经验上也很难找到第二个能像他如此胜任得力的人。仅就禁烟方面的工作而论，麻老师的本领就足以让我佩服不已。每次只需要远远对一个学员的眼神和动作进行观察，麻老师就能判断出这个学员是不是正在为另一个吸烟的同伴放哨。只要有学员在重生园的任何一个地方吸烟，麻老师很快就能寻味而来，将吸烟的学员抓个正着。此外，麻老师对于那几个精神方面有问题的学员也特别有方法，在他的辅导和训练之下，这些原本难以生活自理的学员都逐渐得到了不同程度的改善。甚至在我看来，假如重生园没有了麻老师，那一定会彻底乱套的。

　　晚饭过后，阿柯主动找我说起了他们今天吸烟被麻老师发现的事。他私下对找说："我们吸烟是不合（不对），但老毛还不是想借着我们在这里立威。他早就想把我们几个老学员撵走咯，这样就不有人知道他干的那些坏事了。"我还在半信半疑中，阿柯又继续说道："在你来之前，我和小板桥打架那次，他就跟长老说一定要把我开除掉。"他接着说："我说给你，小板桥真的是个卑鄙小人呢。想要烟的时候就随时巴结我们，我们开始也给他呢。结果他被老毛发现掉，还把我们也给抖出来了。这种嘛以后哪个会给他。他就克老毛那里揭发我们。你说，这种给兹（生气），我太兹了……后来嘛长老还是说我一次机会，就把他调克瑞丽掉了"。我试探性地问道："你说的麻老师做的坏事是什么啊？"他并没有直接回答我，而是反问道："你难道不知道？不会吧？！你怎个可能不知道，任老师，你怕是故意这种说……"我想彼此对于麻老师喝酒的事都是心照不宣的，但是谁也不先说透，而是都想先从对方口里获得认定。我见阿柯一直在对我用激将法，我便以一种默认的方式插入另一个问题："那你说长老给认得麻老师的事？"他想了想，答道："这倒不一定，他每次都趁着长老不在的时候嘛。唉呀，不过也难说，长老怕也知道一点呢。"

　　如果我是在刚来的时候听到这番话，那么我会认为这无非是个别学员对同工严苛方式的一种怨愤和发泄。但是一想到麻老师这段时间以来那些明显反常的举动，再加上麻老师确实在我面前多次表达过他针对阿柯的强烈不满，我隐隐约约地预感到阿柯所说的这番话可能并非是空穴来风。不过，考虑到阿柯毕竟有错在先，而麻老师对其进行管教也是工作分内的事，因此，我还是把话题转到了劝说阿柯戒烟的方向上来。我和阿柯之间其实已经很熟悉了，他对我说话倒也总能做到直言不讳。不过，这次他非但没有听进去我劝他戒烟的事，反而劝起我并说道："任老师，你有很多事情真的认不得，哪个戒毒所会能真的断烟？唉呀，强戒里也有烟呢。陶城也一样有。我说给你，我们确实也是来断毒的，但是烟了嘛，偶尔整上几口嘛……唉呀，怎个说呢……真的是不有必要（断）了嘛。像老毛那种嘛，明明自己也一样做坏事，还非要用这个（禁烟）来整我们，这种嘛，哪个能服他？"阿柯边说边表现出一副既气愤又不屑的表情来。听他这么说，我还真的一时回应不上来什么，便还是劝他道："你不需要管他啊，赶紧把烟断掉不就是了？能把烟断掉，他就算是真的想找你麻烦也找不到了啊？"阿柯不服气地答道："断不断烟，他想找我麻烦，还不是怎个能找得到啊。你看，那几个疯人不吸烟吧，这久他还不是动不动就让他们踏正步，么么，不行还叫他们跪起，真的打呢！上次他在卫生间搋（踹）钟子荣，又拿着棍子拷（打）他，我们几个都看不下克咯，我当时想着他再这种打，我就要真的克跟他干咯。"

阿柯说的那次麻老师打钟子荣的事，我虽然当时刚好外出不在，但是回来后许多学员都告诉我了，他们述说的情况也和阿柯讲得基本上吻合。我后来还特意就此事去问了钟子荣，可他告诉我，麻老师是为他好，打得也不怎么重。钟子荣这个人平时就很让人捉摸不透。任何人问他来这里的原因，他都说自己是来戒酒的。但是大家其实都知道，他是因为精神方面的问题被哥哥和嫂子送来的，而且之后家人就一直对他不管不问了。据说他有癫痫，不过除了被送来的路上以及新人房期间发过两次病之外，到目前为止再没有发过病。但总的来说，钟子荣除了在行动和做事上有点困难之外，并不像阿正、老金和阿健他们几个那样看上去像一个典型的精神病患者。后来我看钟子荣并无大碍，也就没有再继续在意这个事了。

在接下来的一段时间，不仅越来越多的弟兄开始纷纷向我揭发麻老师喝酒的事，而且就连我自己也遇上了麻老师喝酒失态的情况。这天，我考完三轮摩托车的驾照回来，刚进重生园的大门，就看到麻老师拿着一根长棍，在操场上训练阿正、老金、阿健以及钟子荣他们四个踏正步。虽然我当时已经看出来麻老师肯定又喝了酒，但毕竟他是同工老师，我真的不知道该怎么面对这种尴尬的情况。于是，我把车停好，便匆匆地经过他们训练的位置往内院走。没想到，正当我经过他们的时候，麻老师还客气地对我说："任老师，你看他们几个被我训练怎么样，给整个成？"我尴尬地笑着答道："还是可以呢。"我走进内院之后还听见麻老师对着他们几个学员严厉地说道："给我好好呢练，我看你们哪个敢给我怪……随时服侍着你们，你们还个个给我怪，真的是，根本认不得感恩……"我一边留意听着，一边心里想着赶紧溜之大吉。我这边刚往宿舍楼梯上走，就有学员叫住我，我一看有好几个学员聚过来。老宽最先对我说："任老师，你瞧，你和长老　出去掉，老毛又疯掉咯，让那几个疯人挞（踢）正步，么么，这种整法嘛，我看那几个怕支不住咯……"。我赶紧问道："长老什么时候回来？"他们都说不知道。我虽然知道他们来找我的用意，但我也清楚自己的身份实在不适合介入此事。于是，我安抚了一下他们的情绪，并嘱咐他们不要凑近麻老师，便叫他们赶快散去了。我自己也回到宿舍，心里盼着长老能赶紧回来收拾眼下这种局面。等我放好东西从宿舍出来的时候，发现麻老师已经结束了对他们几个的训练。正当我觉得可以松口气的时候，没想到麻老师突然又不知道跟谁在大声地讲电话，后来竟跟电话里的人对骂了起来。

看得出来，麻老师这段时间的反常表现对学员们的影响还是挺大的。刚来不久的学员虽然嘴上不说什么，但是明显表现出一种无奈与不解。像老宽他们这样的老学员，一方面，他们似乎都有种看好戏的心态，想看看昔日威风凛凛的麻老师这样胡闹下去该怎么收场；另一方面，他们看到麻老师对其他几个学员下的狠手，不免感到自己也同样岌岌可危。我虽然不用担心麻老师会对我怎样，但是却很怕看到麻老师越来越升级的醉酒状况最终会捅出什么大篓子。如果重生园的正常运作因此而受到影响，那么不仅这里的学员将有可能失去他们的安身之所，而且我花费一年时间的田野调查也要面临无功而返的结局。我突然意识到，自己此时此刻竟然与重生园的命运绑在了一起。接下来的几天中，我一直很纠结，心里思忖着到底要不要把麻老师的事告诉徐牧师，或者还是先找土长老沟通一下，又或者私下与麻老师真诚地谈一下，可我最终还是拿不定主意。

二、集体出逃

我最终还是把麻老师的事情告诉了徐牧师。原来徐牧师对此早有耳闻，只是他没有想到会发展到这么过分的程度。他告诉我，如果下次再遇到麻老师醉酒的情况，就马上通知他，他会赶过去处理。我答应了。不过，我内心的矛盾非但没有就此而得到解决，反而在程度上还有所加增。一方面，我并不情愿让自己成为一个"告密者"，更不想介入他们的内部事务；但另一方面，我又担心麻老师醉酒的状况会继续恶化，以至于危及到整个重生园的正常运作，并最终影响到我的研究。然而，自从我找徐牧师说过这个事情以后，麻老师接下来很长一段时间内都没有再出现出醉酒的状况。我也为此而感到轻松了一大截，我甚至开始怀疑自己是否在之前过于杞人忧天了，也庆幸自己好在没有轻举妄动。

不知道是不是因为麻老师之前的反常状况把大家搞得都心有余悸，即使接下来的这段时间始终是风平浪静的，但是学员们明显表现得比平时更加循规蹈矩，丝毫不敢造次。期间，阿柯也多次就麻老师这段时间的好转而向我刺探"内幕消息"。但由于我知道徐牧师并没有采取什么举动，而我也不想把事情闹大，巴不得这件事从此就这么过去，因此，我每次都对这方面的话题应付了事。这天，阿柯和我聊天的时候又提起了麻老师的事。我只有答道："只要麻老师以后不再喝酒，也就不怕了。他在着也好呢，大家有点压力，这里也需要他呢。"阿柯不服气地说道："意思是他不在着，我们就整不成了，么么，意思是我们这些人断毒还真离不开他掉了？"我赶忙解释说："我并不是这种意思，我是说麻老师好好呢时候还是整得成呢嘛。再说了，重生园嘛本就是给人机会哈，给你们想断毒的机会，还不是也要给麻老师机会呢嘛。"他听后勉强说道："你这种说也合呢，只不过……唉呀，老毛那种人嘛怕是死性难改呢。"我趁机赶紧转移话题，问他道："那你觉得自己这次来重生园给断得掉？"他答道："肯定呢嘛。我之前就挨你说过，以前那些地方在不住是因为我不有信，我是这次来才开始信呢嘛。"我一边听着，一边点头。后来我进一步问他："你说你信，那你是怎个信的呢？"他便开始向我讲述他之前和死亡之间的两次亲密接触。

据阿柯说，他之前"死过"两次。一次是他开车来到一个毒友的家门口，二人当时直接就在车里注射毒品，结果他因为用量过多而昏死了过去。这个毒友对他施救了半个多小时也不见他苏醒，以为他死了。正当这个毒友考虑如何处置他的车和尸体的时候，由于他自己不会开车，于是，他便向另一个毒友打电话来帮忙开车和抛尸。好在另一个毒友在电话里提醒他再用生理盐水注射静脉试试，结果还真的把他救醒了。阿柯特意告诉我了一个后续的细节。他苏醒过后回家洗澡的时候，突然发现母亲给他挂在脖子上的十字架吊坠裂开了，他因此认定是这次真的是上帝在保佑他。另一次的实际情况并没有这么凶险。这次是他即将要被送进强戒的时候。由于他听说进强戒的人轻则受虐待，重则性命不保，因此，他当时非常害怕，无奈之下也听母亲的话向上帝祈求。当时有一个和他一起想要托关系出去的毒友，结果这个在社会关系和家境方面都比他强的毒友并没能出去，反倒只有他自己莫名其妙地出去了。事后，他还嘱咐母亲要好好感谢一下那个救他出来的人。他母亲告诉他，谁也不用谢了，这是上帝在帮你，要好好感谢上帝。后来我得知，正是在这次强戒事件之后，阿柯随即便在父母的陪同下来到了重生园。

　　不知道是不是因为王长老也对麻老师之前的反常状况有所耳闻，我注意到，这段时间以来，王长老在张罗重生园的事务方面明显比以前更殷勤了，而且也不像之前那样经常外出了。这天，长老安排几个年轻力壮又有经验的学员负责杀年猪。我从小在城市长大，根本没有见过这种场面，既好奇又紧张。现在回想起来，我最难忘的就是那头被宰杀的猪所发出的那阵响亮而尖锐的嘶鸣声，以及从长长的排水道流淌着的一股还冒着热气的鲜红色液体。尽管我当时看得触目惊心，但是那几位学员始终都表现得驾轻就熟，得心应手。由于这是为着即将在这个周末到来的春节而做准备的，因此，无论是亲自动手参与的，还是像我一样守在旁边围观的，当时在场的每一个人脸上都洋溢着一种过节前兴奋而期待的笑容。

　　重生园的春节虽然没有外面那么热闹，但还是为学员们安排了一些特别的活动。这对于一直生活在重生园的人来说，也算得上是一段有吃有玩的度假时光了。然而，正当大家都还沉浸在春节的轻松闲适当中的时候，重生园却上演了一场有史以来最大规模的集体出逃。初二这天，徐牧师邀请了一群外面的志愿者来重生园与学员们一起联谊，做游戏，吃烧烤。一整天大家都过得很轻松，很开心。当晚我因为要接送这些志愿者，就没有回来过夜。初三这天在城里吃过午饭，正当我打算返回重生园的时候，我突然接到李伟打来的电话，我原以为是他叫我过去找他过节。因为我知道自从我们上次在重生园重逢之后，他就开始在"中途之家"[44]工作。可没想到的是，他在电话中

44　"中途之家"是一个农场，主要种植辣椒，它属于重生园戒毒工作的一部分，旨在为刚毕业还未找到工作的学员提供一个就业机会。还未毕业的学员也会不定期轮流安排到农场参与劳动。

语气凝重地对我说："任老师，你赶快来农场，老宽他们翻墙跑出来了七个，现在都在农场。他们都说要见你……。"我深知这件事情非同小可，挂断电话便驱车赶了过去。

到了农场之后，我看到了那七个学员正在凉亭坐着，他们果然是我在来时路上所猜到的那几个学员。我还没有走近，他们一看到我，就开始躁动起来，我听到老宽的声音："任老师来了。"我刚坐下，他们就七嘴八舌地讲述起来。一旁的李伟打断他们说道："你们先不要乱，一个一个跟任老师说。"李伟紧接着转向我，简短地对我说道："麻老师又犯老毛病了，他们忍不住就跑出来了。我已经跟牧师打过电话，他人在腾冲，正在往回赶。"后来我从学员的口中了解到，昨晚我们和志愿者离开之后，麻老师又醉酒了。刚开始只是在熄灯之后用手机放流行歌曲，声音开得很大，但是大家也都没有作声。后来麻老师因为一个学员没有把圣经播放器交给他，便开始对其大声责骂。可能因为喝了酒，不仅越骂越停不下来，而且还越骂越难听。学员们都觉得不堪入耳。小孙上前劝说，结果也被麻老师不留情面地恶言相加。学员们见状只好暂时忍耐。今天早上一起床，学员们便集体来找王长老反映麻老师昨晚的情况。他们原本还打算等我回来后，让我打电话给牧师。但没想到的是，他们向王长老反映了之后，王长老刚开始还对他们只是敷衍了事，后来因为他们提出想要见牧师的要求而态度变得强硬起来，并且责备他们不体谅同工。这一下他们便再也坐不住了，见我迟迟没有回来，再加上他们又担心麻老师会因此而变本加厉的施以报复，于是，便有了最后他们集体出逃的一幕。

学员们在对我讲述整个事件的过程中，情绪也越来越激动。阿柯不留余地地说："如果牧师也不处理麻老师，像长老那样包庇他，我们也就不回重生园了。"他话音刚落，其他几个学员也跟着一起附和。看到这种情况，我也不好再多说什么，只能尽量安抚他们冷静下来，一起等徐牧师。过了一会，我看大家没有之前那么激动了，也为了缓解一下当时紧张的气氛，我半开玩笑地对小孙说："你这次怎个也跟着跑出来掉了？意思是连你也要大义灭亲了？麻老师对你平时还是有点照顾呢嘛。"老宽在旁边说道："啊么么，小孙昨晚也是被他操（骂）咯。老毛喝起点酒嘛，哪个还管你小孙不小孙咯，还不是一样操（骂）。"小孙说："麻老师平时倒是确实对我可以呢。不过，他这种醉酒法嘛，也是不有法了。"阿柯也在一旁煽风点火地说道："老毛那种疯法嘛，除了个胡队长还能受得住他，哪个能受得住？我也是佩服胡队长咯。"我问道：

"胡队长不有和你们一起跑出来？"阿柯继续答道："他怎个会跟我们出来？你也是咯，任老师，你想想看，所有人跑出来，他怕也会在着呢。我们早上约着去找长老，他还不是就远远望着。"小孙说道："胡队长平时住在值班室嘛，他也不有跟我们住在一起。"老宽也说道："老毛一般也不找他哪样麻烦。他也不有必要。"我又问起旁边的李伟："长老现在什么态度啊？你给知道？"李伟说："老赵上午去送菜嘛，据说是长老恶（非常）生气呢。说是他们几个回来也不收了，要把他们几个全部开除掉。"我听后心里一沉，为这几个学员接下来的命运而担忧不已。

大概到了下午三点多一点，徐牧师和蜜牧师风尘仆仆地赶了回来。他来到学员中间，先带着学员们做了一个祷告，接着就坐下来开始不紧不慢地向学员们了解情况。徐牧师让学员们逐个地说，而且鼓励他们每个人尽量把心中的想法都讲出来。听完他们所有人的发言之后，徐牧师在末了对大家讲了三点，他说道："第一点，你们的出发点还是要肯定的，因为你们出来的时候什么行李也不有带着，也不有不辞而别就跑到哪里去掉也不知道，而是来农场等我和任老师，这说明你们是真诚地想反映情况，给是？往大处说呢，是为了重生园，往小处说，这说明我们的弟兄们有是非之心，比以前是长进了多少去了；第二点，虽然你们出发点好，这是好事，但是做法和方式还是有问题呢……福音戒毒啊，内容本身也包括（要做到）'之前只考虑自己，现在要考虑别人'。我们弟兄刚认识耶稣，与耶稣还在'蜜月期'。生命确实也开始改变了，但是还不有成熟。想法简单、单纯，这都是好的。但是，这也导致你们尽管出发点很高（好），但是做法太'低级'。好的目的是不有达着，反而让自己犯错误哈，你们说给是？这种翻墙咯、逃跑咯，做法真的是太'低级'咯。你们说呢？第三，麻老师的事我们肯定是要处理呢，这点你们可以放心，今天就会给你们一个交代！之前我和任老师商量过。你们不消急，我们实际上都认得呢，对麻老师我们不是姑息他，纵容他，只是一直想给他机会自己发现不合，自己向神回转。我们这里不是开工厂，开公司哈，我们是替耶稣来爱你们，帮你们哈。同工也要我们来帮，也要给机会呢哈。好了，你们先好好在着，下面的事我来安排。"

牧师转过身来，便安排我先回重生园安抚长老，然后让农场的负责人老赵开三轮摩托送学员们回去吃晚饭，并嘱咐我们在他到重生园之前一切照旧，不要生乱。我们都照着徐牧师的交代各自去做了。我先回到了重生园，一进门就感到了剑拔弩张的气氛。长老很生气地对我说："你说给牧师，如果让他们几个回来，我就离开！"我见状一方面不知到该如何是好，只能尽量劝长老消消气，另一方面我还担心等一下长老会不会强行把这几个回来的学员拦在门外。后来见到这几个学员顺利回来吃了晚饭，长老暂时并没有说什么，我也就松了一口气。

刚吃过晚饭没多久，徐牧师就到了。他叫上王长老、麻老师，还有蜜牧师与我一起来办公室开会。徐牧师一上来就宣布要把麻老师调到农场。长老一听就反对道："我不同意，徐牧师，都是那几个学员说的，我是我不有见着麻老师吃酒。我也不相信麻老师会吃酒，除非我亲眼见着。"徐牧师一听就急了起来，但马上又冷静下来，转向麻老师问道："你自己说，你喝没喝酒？"麻老师低着头小声答道："不有。"徐牧师又同样问了一次，麻老师还是不承认自己喝酒。徐牧师突然站起来，提高嗓门很生气地对麻老师说："你喝酒的事，是百分之二百可以确定的了。不消你自己承不承认，我已经了解地非常清楚了。"麻老师见状当即就表示要收拾东西离开。牧师对他说："你先别忙走，听我把话说完掉……"但麻老师此时因为带着情绪仍然坚持要离开。这下徐牧师彻底发火了，大声吼向麻老师，要求他回来坐下。麻老师最终还是被徐牧师压了下来。这时，徐牧师又心平气和地对麻老师说："你要听我安排，先调到农场，把酒断掉，还是好同工。你去到农场，工资也照发。但你如果不愿意，连这点给你的面子也不要嘛，那我也就不勉强了，我也不有办法，我又不是神，你们说给是？"最终，麻老师接受了去农场的安排。徐牧师让老赵和胡队长帮麻老师收拾行李，安排他明早过去。事后，徐牧师召集了所有学员，宣布了对麻老师所做的处理，然后又引用哥林多前书二章 1 至 5 节的经文对学员们进行了一番劝勉。为了以防今晚多生事端，徐牧师当晚留在重生园过夜。

三、人手告急

麻老师离开后的头几天，大家似乎还是感到有些不习惯。学员们谈论的话题也总是离不开麻老师，最经常听到的一句话就是："麻老师如果不醉酒，做事嘛真的是不有说场（没有问题）。"不过，大家对于麻老师的离开而感到的丝丝惋惜，很快就被他接下来的几番"骚扰"给消耗殆尽了。这天下午，长老在外出前，安排了小孙组织学员们劳动。正当我与学员们在菜地里拔草时，麻老师骑着摩托车突然到访。这是他被调走后第一次回来重生园，大家都不免有些尴尬。虽然他解释道自己这次是来拿书的，但是当他把书绑在摩托车上之后，并没有马上离开，而是背起手来，对着正在拔草的学员摆出一副大摇大摆的巡视模样。对于麻老师的这番举动，大家一时间也都有些不知所措，一方面觉得滑稽好笑，小孙还向我暗暗使了个无奈苦笑的表情，但同时也多少有所忌惮，因为显然这次他是来者不善。巡视了不一会儿，麻老师突然间对站起来的老金说："是不是又偷懒，赶快好好拔草"。老金听后赶快蹲下照做。紧接着他又说："让任老师好好地教你们学习，要不都是一个个卖国贼！我的命不值钱，你们把我也卖掉了……"再后来他又说了一些前言不搭后语的话，便骑车离开了。他走后，有几个弟兄认为他是来故意挑衅的，气愤不已，并扬言下次再这样就要对他不客气。长老回来后了解了情况，因为担心麻老师会在外面喝酒惹事，晚些时候便向老赵打电话询问，后来得知麻老师已经回去了，这才放心。当晚凌晨五点多，我被手机的铃声惊醒，一看竟是麻老师打来的，但是我并没有接听。后来老赵告诉我，麻老师来农场之后，一直认为是我告他的状，对我意见很大，那天打来电话估计是有冲动想找我算账的。后面一段时间，麻老师又有几次突然闯到重生园来，但是他每次都是醉酒的状态，而且越来越严重，原本还很气愤的学员也逐渐将其当成一种看笑话的机会。再后来，麻老师因为醉酒进了医院，连农场也待不下去了。徐牧师无奈之下，只好通知他的家人把他接回瑞丽老家了。后来听说他去缅甸参与了福音戒毒，再后来便音信全无了。

我之前从来没有想过自己竟然也险些卷入这场因麻老师而起的内部风波。然而，让我更加没有想到的是，由于这场风波所带来的后续影响，我接下来的生活还将继续处于一种与重生园之间越来越深的纠葛之中。

麻老师离开之后，王长老对于重生园的大小事务就只能亲力亲为了。在没有找到新的同工来接替麻老师的空缺之前，徐牧师让李伟调来重生园暂时协助王长老。尽管有李伟的协助，但是王长老比起麻老师离开之前那段时间还是要忙碌地多。而我也同样没有之前感觉轻松，既然自己生活在重生园，自然有时也不可避免地应王长老的要求做一些力所能及的事。有一个从广西来的学员，大家都叫他"光头"（其实他并不是光头），他连着几天都在发烧，王长老需要带他去附近的镇上打点滴。由于诊所较远，而且打点滴的时间较长，他们第一次从吃完午饭就出去，直到晚上天快黑了才回来。看到这种情况，我主动提出第二天由我替王长老带光头去打点滴。在此之前，我与光头之间就很熟悉了。因为他和我很早之前在重生园认识的另一位广西来的学员是亲戚，而且光头就是由他那位亲戚介绍过来的。光头和他那位亲戚都是人高马大的，而且以前也都有黑社会的经历。光头之前告诉我，他们奉老板的命令去向那些渔民收保护费，如果渔民不交，他们就会趁着渔民下海的时候去割断他们的氧气管，以示警告。他告诉我，刚开始的时候，他还会良心不安，但是跟着别人做过几次之后，也就开始无所谓了。他向我讲述了他所秉持的生存法则："我想过放过他，但又想，如果我放过他，等我跟他一样的时候，别人会放过我吗？所以，我这一次不能放过他。以后我自己被人欺负，那是活该，自认倒霉；但如果这次我能压别人，就不应该手软……"

在学员中，无论是从外面气质上来看，还是从平时讲话做事的风格上来说，光头和阿柯的"江湖气"恐怕是最重的。但他们二人对于兄弟的看法却截然相反。阿柯总是不厌其烦地讲述自己惨痛的生活教训，即没一个兄弟是靠得住的。而光头则始终对"兄弟如手足，女人如衣服"这句话深信不疑。与阿柯曾向我讲述的那个当时打算将他置之于不顾的毒友不同，光头口中所提到的好兄弟会在一起喝酒的时候哭着苦劝他戒毒。光头告诉我，他曾经帮人打架，结果闹出了人命，后来受到牵连就被抓进了监狱。虽然他承认监狱里的生活犹如人间地狱一样残酷和败坏，但是他跟我讲得最多的还是他在狱中结识的一位狱友兄弟。对方是个背负着多条命案的死刑犯，多数人都躲着他，但光头却跟他很合得来，而且在狱中跟他交流得也最多。光头告诉我，他最难忘的就是这个狱友在被狱警带走执行枪决之前，还不忘嘱咐光头记得去拿他在某个隐匿处为光头留下的一包烟。很显然，光头这个人特别看重兄弟们之间的这种情份，或者说，是我们常说的一种"江湖义气"。

在接下来几天，都是由我带光头去诊所打点滴。我一路上为他打点着一切，尽管有些辛苦，时间也很难熬，但我和光头也算是一直相互陪伴，关系自然也到了无话不谈的程度。看得出，光头很信任我，甚至已经把我当他眼中的好兄弟一样看待。我对此也倍感欣慰，对他也竭力报以诚挚。在这几天的交流中，光头跟我聊了很多他的家事，这些事恐怕是他在重生园不会讲出来的。据他说，他前妻在跟他结婚之前就知道他吸毒，但还是愿意嫁给他。他坦白道，自己其实并不喜欢前妻，但前妻为了能与他结婚，竟然故意隐瞒怀孕的事，直到五个多月了才告诉他。眼看生米已经煮成了熟饭，光头为了孩子也就只能答应结婚了。光头告诉我，在他们婚后，前妻对他确实非常关心，但就是个性太强，不仅对他管得很严，尤其是在钱上，而且对外人也从不肯轻易吃亏，这和光头看重兄弟情义正好相反。由于光头往往宁愿自己吃亏，也绝不肯亏负兄弟，因此，二人经常为此而产生矛盾。有一次闹得很厉害，光头提出离婚，前妻竟割腕以死要挟，光头见状就心软了，最后也就妥协了。不过二人最终还是离婚了，这次是光头的家人在其中起到了关键性的作用，尤其是光头的母亲。因为他前妻一直以来都向光头的家人隐瞒光头吸毒的事，这一点让光头的母亲在得知后一直耿耿于怀，对这个儿媳的成见也是与日俱增，再后来更是直接劝说光头与之离婚。

也许是因为一直以来我与学员们在共同的生活中所形成的默契，即使麻老师离开了，但我们还是会有意无意地尽力去维持之前所形成的习惯与秩序。再加上我通过之前与麻老师的频繁接触，对于许多工作细节方面实际上要比王长老和李伟更为熟悉。尽管学员们也清楚我的身份并非同工，但是自从麻老师离开后，学员们在大小事务上往往更倾向于找我沟通。此外，王长老也很信任我，他也非常乐于我能够在一些事务提供协助。李伟由于曾经是学员，而且也只是被临时安排过来帮忙，并不像之前麻老师那样作为这里正式的同工，因此，他除了主要听从王长老的安排而做一些协助性的工作之外，也时常在一些工作的细节上向我咨询意见。不知道从什么时候开始，我已经不知不觉地成为了这个集体的一份子，并且对重生园具有一种越来越强的责任感。尽管我还是继续以一个田野调查者的身份记录着我在这里所观察到的每一项内容，但与此同时，我却非常清楚地意识到，自己很难再像刚来的时候那样对所有接触到的人和事做到完全的置身之外。

有天下午，我和几个学员一起打篮球。由于胡队长在打球时动作总是比较大，有时难免会让对方的队员感到不悦。一次发球期间，小孙有点抱怨胡队长之前的动作过大，但是胡队长也没好气地回怼了小孙。正当我想要为当时紧张的气氛做些缓和的时候，小孙突然间狠狠地将球朝着胡队长的脸砸去，随即又在胡队长的嘴角上重重地打了一拳。一转眼，胡队长就已经满嘴流血了。我们见状赶紧拉开准备继续动手的二人。胡队长像疯了一样用不堪入耳的脏话连续叫骂着，并且拿起不远处的凳子要向小孙砸过来。听到胡队长对自己的辱骂，小孙也彻底失控了，也拿起凳子冲向胡队长。看到二人都举起手中的凳子随时要砸向对方，我虽然也非常担心会被误伤，但是我当时更加担心的是，如果他们二人中的任何一个被砸中，不仅会伤得很严重，而且两个人恐怕都无法继续待在这里了。我当时也不知道哪来的勇气，一个人死死地挡在他们二人中间，虽然我的手臂受到了擦伤，但是好在他们二人最终都没有再受到更大的伤害。虽然我事后想想多少还是有些后怕，不过，在那种情况下，我确实也别无选择。

再拿禁烟这件事来说，在此之前，我只是单纯对于麻老师与学员在禁烟与吸烟之间的博弈过程感兴趣，一方面热衷于了解麻老师在侦察学员吸烟方面的丰富经验，另一方面也不时地记录下学员在面对麻老师的围追堵截时所想出的那些层出不穷的新策略。事实上，之前即使偶尔撞见学员吸烟，如果不是为了履行对麻老师的承诺而向其告知，我恐怕更愿意选择视而不见。但现阶段，我却需要协助王长老而亲自执行这项禁烟工作。我原本以为只要自己具备像麻老师那样的侦察技巧就能够胜任这项工作，但实际上却并非如此。我逐渐意识到了一个新的问题。尽管我之前已经对麻老师的各种侦察技巧以及学员所惯用的应对策略有所了解，但是每当真的有任何一个学员被发现吸烟，我却无法再像之前那样做到置身事外，而是总会伴随着对学员越来越强烈的关切与忧虑。当然，与此同时，我与学员之间的关系也由此发生了一些微妙的变化。我逐渐体会到，学员虽然对我有一份像对待同工老师那样的尊重，但他们与我之间更多的还有一种朋友或者兄弟之间的关系。正是基于这种关系所具有的双重性，使得我在与学员接下来的交往与相处中，获得了一些不同寻常的经历。

四、悲喜交加

欧洲还是决定走了。正如他刚来这里时所说的，他并不是来戒毒的，只是答应家人来戒酒，最多半年也就会离开了。尽管他的家人还是希望我们能说服欧洲多待些日子，但欧洲其实从到这里的第一天开始，就已经数算着离开的日子了。最终，我们的劝说也无济于事。欧洲走的那天，我正好外出办事，王长老打电话告诉我欧洲希望能跟我道个别。我挂断电话便连忙赶回来，先是劝了他一番，但见他去意已决，便也作罢了，只好对他嘱咐两句并送上祝福。回顾这几个月与欧洲之间的交往，想到他即将要离开，我多少还是有些伤感。我记得之前我们在聊天时他经常会说："这些事我任何人都没有说过的，只是跟你说……"。且不管这句话是真是假，但是对于像欧洲这样这么爱面子的人，能主动向我讲述他之前的那些糗事，已实属难得。欧洲的离开让我意识到，自己已经与重生园的学员之间建立起了深厚的感情。

发现光头吸烟已经不是第一次了，尽管他每次都诚恳地接受我的责备，可一旦我追问起他的烟友，他总是会说："任老师，你要怎么罚我，我都认，但是我真的不能出卖其他人。你相信我，如果换做是你，我也绝对不会出卖你……"对此，我也无计可施。这天，我经过学员宿舍的时候，看到独自一人的光头神色慌张地匆匆离开。我当时就预感到他可能又吸烟了。不过，我并没有在他的床铺附近发现任何痕迹，只是在窗口处隐隐约约闻到些异味，但也没有确实的把握。过了一会，我从宿舍下来，看到光头正在教室坐着。我走过去，半开玩笑地对他说："你刚才在宿舍肯定没干好事！"他随即摆出一副非常真诚的样子解释自己刚才正在为一个圣经上的问题而苦苦思索，但不一会儿又自己忍不住笑出来。后来，我也被他逗乐了。正当我打算就此作罢，起身离开的时候，没想到他还真的去拿来圣经要和我讨论。可就当我们面对面坐下来的时候，光头口中一股浓浓的烟味就朝我扑鼻而来。我脱口而出："你刚才就是吸烟了！我闻到了……"他听后神情明显一惊，然后连忙否认，但已经难掩心虚了。由于马上就要上课了，我暂时没有继续追究下去。

课后，我又找到光头。刚开始他一直否认，但在我斩钉截铁的攻势下，他最后还是承认了。由于我知道他们几个烟友平时总是把烟藏在一处，因此，我这次虽然没有再追问他的烟友，但是却坚持让他把私藏的烟全部交出来。显然，光头并不会轻易就范。他首先解释自己是在大门口的地上捡的烟头，但这个谎言很轻易地就让我用昨晚的一场大雨给戳破了。接着他又说是自己在农场干活的时候捡到的，而且还讲述得有板有眼的，我猜他大概曾经确实也有过这样的经验。不过，我又质疑到："你那么讲义气，不可能得到'宝贝'只管自己享受，而不顾其他兄弟啊。"我见他一时无言以对，便接着说："你看，这次可不是我想要抓你啊，是你自己聪明反被聪明误。本来我都走了，你还要拉着我讲圣经。你觉不觉得这次是神把你显露出来的？我之前真的不确定你吸没吸，我是后来闻到你嘴里的烟味才知道的。反正我们做的事情都瞒不过神。你自己跟神好好认罪祷告吧……"说话间，不知道是不是因为我责备的话太重了，我突然发现光头的眼睛红润润的，看上去好像要哭了似的。我很担心这会让光头觉得难堪，于是，我最后说了几句鼓励的话就匆忙离开了。没想到，我刚离走了几步，光头就从后面追上来，主动向我说出了实情。原来，他这次是从老厨房的炉子里捡的烟头，而且还带着我去现场查看。结果我确实从那里看到了好多散落在柴灰里的几乎只剩下过滤嘴的烟头。从这以后，光头答应我，他尝试开始戒烟。

针对近来一段时间屡禁不止的吸烟问题，王长老终于对学员发出了最后通牒：从即日起，一旦发现有学员吸烟，立刻开除，决不留情。从王长老的严肃的表情和坚决的语气上来看，这次他恐怕是要动真格的了，而且还有"杀鸡儆猴"的意味。对此，我的内心也很矛盾，一方面我希望王长老的这次"严打"能够对那几个屡教不改的"惯犯"有所压制，但另一方面，我也实在不愿意看到任何一个学员被开除。我最担心的就是阿柯。因为他有"前科"在身，如果这次他往枪口上碰，很可能会被开除。于是，我先找到他，劝他说："你不要再乱整了啊，小心被开除掉呢。你不是还打算读神学吗……"还没等我说完，他就对我说："任老师，我问你，你给斗住（刚好遇到）过我干烟呢？"他这么一说，还真的把我问住了。一直以来，阿柯在我面前虽然从来没有否认过他吸烟的事，但他却多次向我暗示，他决不会让我看到他吸烟。事实上，不仅是阿柯，还有小孙，我虽然一直都知道他们串联在一起吸烟，但是他们两个却从来没有被我当场发现过。阿柯心里也清楚，尽管我不赞同他吸烟，而且还一直劝他戒烟，但是我无论如何都不愿意看到他被开除的。因此，他反问我的那句话，实际上是想告诉我，叫我不用为他这方面的事担心。但对于我来说，相对于已经被我多次当场抓住过的光头和老宽，恰恰每次都能在我眼皮底下全身而退的阿柯和小孙，却使我感到更加担忧。我除了不愿意看到他们有一天失手被抓而落了个开除的下场之外，也因为尚未亲手抓到他们现形而心有不服。

为了能够彻底阻断学员吸烟的机会，我决定对学员有可能趁机吸烟的时间和地点进行严防死守。经过我反复的分析和判断，在所有需要设防的环节中，绝大多数都能够确保有同工监查到位，但早晚洗漱前后的两个时间段却是同工分身不暇的，这也就给学员留下了可乘之机。为了把这最后两个防线守住，我在与李伟商量后，打算对原有的作息制度进行微调。我首先从晚上的作息时间下手。由于重生园的娱乐内容相对有限，自从有了电视以来，看电视节目就成了学员每晚必不可少的生活内容。从《芈月传》到《少帅》，学员们的追剧热情可谓是有增无减。根据这里作息的规定，每晚十点半熄灯睡觉。少数的学员会在十点多一点上床休息，而多数学员会拖延到十点多才离开电视机房开始去洗漱，每次都有学员在熄灯之后还没有洗漱完。正是从熄灯之后到所有学员陆陆续续上床入睡的这段时间，为个别想要吸烟的学员创造了良机。为了能够杜绝这个时间段的隐患，我提出将学员看电视的结束时间提前到每晚九点半，从而确保每个学员都能在熄灯之后停止一切活动。

新作息规定执行的第一晚，我来到电视机房催促学员离开。当时正在看电视的学员都装作没有听见，而且故意表现出一副很投入的样子，一边大声地笑着，一边讨论着剧情。但最终在我强硬的坚持下，大家才极不情愿地散去了。阿柯和小孙特意留在后面，小孙激动地对我说："任老师，我觉得你这种不合！你让我们早早地结束，电视剧都还不有瞧完呢，大家都是相当有意见呢！反正我也不怕说给你，我反对你改时间……"阿柯则相对冷静地对我说："任老师，你要求的其他事情，我们都还是听呢哈！但是我觉得你真的不有必要改哪样时间，完全不有意义啊。本是也不有得哪样娱乐，你让我们早早地回去，搞什么呢？睡是也睡不着……"小孙见我没有进行反驳，也变得心平气和起来："你想让我们早点克休息，熄灯之前全都洗漱掉，我认得你的好意呢。但真的不消改时间，我们抓紧时间洗漱就得咯……"听到他们这么说，我也意识到自己的决定有不妥之处，再加上他们两个都能保证熄灯前上床，我也就不再坚持改时间了。

虽然我在这次与学员关于睡前半小时的争夺战中妥协了，但至少对于这个时间段的吸烟现象还是起到了一定警示作用。事实上，此后有一段时间，吸烟的现象确实没有之前那么猖獗了。我还对此试探过阿柯，询问他们是不是有所收敛，结果他挺不高兴地冲我抱怨道："你们这久盯得这么紧，也一直不有安排我们哪个克农场，即使是想干烟，也早就不有得了哈……"正当我为这段时间的好转而感到欣慰的时候，却出乎意料地发生了一起学员的违纪情况。有天中午，有两个学员趁着午休期间翻墙外出，原本他们的计划是很难被察觉的，但他们的行踪却意外地被一位与王长老相识的村民给撞见了。当他们返回时，万万没想到王长老已经提前在重生园等着他们了。不知道是不是因为这次发生得太过于戏剧性，我开始还担心这两个学员会被开除，但好在并没有发现他们在外面接触过烟酒毒，也没有从他们身上搜出违禁品，王长老看在他们认错态度较好，便答应再给他们最后一次机会。虽然这件事就这么过去了，但紧接着就引发了新的问题。

后来我得知，这两个学员之所以铤而走险，其实是由于这段时间学员所私藏的香烟面临"断货"。虽然他们上次外出"补货"未能成功，但由于王长老上次的手下留情，这反倒促使他们有恃无恐起来。果不其然，没过多久，学员吸烟的现象又死灰复燃了。于是，我和同工不得不再次加强禁烟工作的监查力度。也就是在这段时间，徐牧师为重生园找来了一位正式的同工罗老师。我为此也感到特别高兴，因为想到自己终于可以卸下担子，重新回到自己原来的身份了。不过，由于罗老师之前没有任何经验，所以，在他能够胜任之前，我一时半会还不能完全脱身。李伟离开后，平日里的禁烟工作就主要落在了我和罗老师的身上。为了防止学员利用从早上洗漱到第一场灵修之间这段过于弹性的时间空档找机会吸烟，我和罗老师商量后决定将早上的灵修时间提前十分钟。但在执行的第一天，就引发了学员与我之间从未有过的激烈冲突。这天，除了阿柯，其他所有学员已经按照规定提前来到教室开始灵修。在此之前，阿柯几乎每次都在灵修时间过半之后才能就位。我之前跟他说过这个问题，希望他不要迟到，但他总是以习惯那个时间解大手为由而为自己辩解。当然，如果只是这个原因，我不会对他揪住不放。但事实上，由于这个时间段所有人都在教室灵修，几乎不会有人走动，因此，包括阿柯在内的几个学员经常会利用这个机会抽上几口。我见阿柯这次又姗姗来迟，便当即责问他为什么不遵守规定。结果，阿柯听到后情绪就爆发了，不仅对我毫不客气地进行顶撞，而且还将我上次更改时间的事也一同拿出来进行批斗。与此同时，小孙也站起来声援阿柯，指责我随意更改作息的不妥之处。事实上，面对他们针对我屡次擅改作息时间的指责，我虽然心里很清楚这么做的真正目的其实是为了能够阻断他们吸烟的机会，但在当时无凭无据的情况下，我也无法直接陈明，而只能疲于应付他们针对我"朝令夕改"这一点的发难。就这一点来说，我相信在场的不少学员虽然没有发言，但大都也会在心里默默地赞同他们。面对这种集体性的反对，尤其是像阿柯和小孙这样平日里一直与我交好的学员，我当时的内心既十分气愤又万分委屈。随后，我便打电话叫徐牧师来处理此事。

徐牧师过来后，一方面先让顶撞我的学员向我当面道歉，另一方面也指出我擅改作息的不妥之处。我私下向徐牧师说出了我的真实目的，他虽然对我的出发点表示认同，但是却并不完全赞同我的这种做法。徐牧师离开后，我心中的气愤与委屈还是久久无法释怀。但值得欣慰的是，从冲突发生当天起，光头和老宽就一直在安慰我，劝我千万别往心里去。老宽还自嘲道："任老师，我说给你，信鬼都不要信吸毒的人！这次给认得了？我们都是坏人呐，不消说是对你了，（他的）家亲爹亲妈，还不是骗……"小孙也很快也主动来找我说话，我也看得出，他是真心想和我缓和关系。我和阿柯一连好几天都没有说话。小孙和老宽也都来劝我，让我不要记恨他，他实际上理解我对他的好心，只是他太要面子了。我当然不会记恨阿柯，但大概是由于我也把他当朋友看，心里总还是有些气不过他当面顶撞我，所以，我打算向他再多摆几天架子。但没想到的是，我和阿柯在那场冲突之后的第一次重归于好，却是在他被重生园开除的时候。

　　这天我来城里办事，突然接到阿柯的妈妈打来的电话。因为之前阿柯的父母来重生园探望的时候，阿柯向他妈妈特意介绍我，后来我们就留了联系方式，时常会通话聊聊阿柯的近况。但这天他妈妈却焦急向我询问阿柯被开除的事。我当时听了一愣，完全对此事一无所知。于是，我赶紧给罗老师打电话。据说，今天阿柯看到钟子荣不知道何故对光头动起手来，结果不分青红皂白就上去把钟子荣给打了。其实之前小孙和胡队长打架那次，阿柯就对我说，如果当时他在的话，他一定帮小孙。我那时听他这样说就感到很不安。结果这次就真的出事了。我后来又听其他的学员告诉我，因为他们合伙打一个精神有问题的人，这一点让王长老特别生气，尤其是对阿柯，他在打人之后一直若无其事，甚至当徐牧师赶来后，他也一直待在宿舍里，没有主动表示任何悔意。阿柯事后的这番表现彻底激怒了徐牧师和王长老，他们打算最后给阿柯一次主动认错的机会，否则就开除他。结果阿柯宁愿被开除也拒不认错。至于光头，由于他的违纪情节以及认错态度并没有阿柯那么恶劣，徐牧师和王长老原本无意要开除他。但没想到的是，光头因为认定阿柯是为了帮自己才被开除的，因此，他坚持要与阿柯共同进退，结果二人就一起被开除了。我刚结束与罗老师的通话，随后就接到了李伟的来电。李伟告诉我这是阿柯和光头托他打给我的，当时他们马上要去城里买票回家，原以为可能没机会见到我了，便打算在电话里向我道个别。不过我还是赶在他们临走的前一晚，与他们二人促膝长谈了一番。虽然这是我与阿柯在那场冲突之后的第一次交谈，但是我们都没有刻意再提及那场冲突，而是更多的对于这段朝夕相处的日子感到不舍与怀念，最后互送祝福。

　　阿柯与光头离开之后，我也因为调研其他方面的需要而逐渐减少了入住重生园的时间。随着老宽、小孙、胡队长的相继毕业，我这一阶段的田野调查也暂时告一段落。

第四节　返回书斋：对个案的生存分析

此前我通过阅读一些自传性的文本而留意到，这些曾经的瘾君子在回顾自己的吸毒生涯时，都会不约而同地表达这样一种共识，即吸毒实际上是一种"生存方式"，而戒毒就是戒掉一种"生存方式"。[45]值得注意的是，这些曾经的瘾君子大都具有超凡的文化修养与反思能力。也因此，他们没有像传统的做法那样进行某种以劝诫为主要目的的现身说法。尽管他们都坦白承认，自己出于某些不可追究的理由更倾向于目前新的生存方式，但是他们并没有对前后两种生存方式进行绝对的价值判断。在我看来，这些瘾君子之所以采用"生存方式"这样中性的说法，并不是由于他们羞于承认曾经的过错，而是在于他们通过生存方式转变的经历，从而深刻意识到自己在思维方式上的前后变化。也就是说，这些瘾君子更想要强调的是，他们的生存选择在戒毒前后所发生的巨大转变。

多数与我有过接触的瘾君子都表示过，他们曾经无数次地想要过上一种"正常"的生存方式，但无奈总是无法摆脱吸毒的生存选择。这一现象表明，即使瘾君子在主观意愿上具有对新的生存方式的诉求，但却并不意味着他就能因此而改变现有的生存选择。可见，戒毒的生存诉求与吸毒的生存选择构成了瘾君子普遍且巨大的生存张力。接下来，我们打算深入分析瘾君子所具有的这种具体的生存张力。

一、吸毒与生存选择

吸毒成瘾本身是一个涵盖多学科和多领域的复杂议题。就目前对吸毒成瘾的理解来说，主导性的认识还是来自于生物医学方面的研究成果。[46]而与之相关的戒毒问题则通常被作为一项法律和制度层面上的公共议题来看待。[47]不

---

45 参见〔英〕托马斯·德·昆西：《一个英国瘾君子的自白》，于中华译，北京：中译出版社，2012年；〔美〕威廉·巴勒斯：《瘾君子》，小水译，北京：作家出版社，2013年。

46 尽管目前对吸毒成瘾的理解已经扩展到了一种涉及生物学、心理学与社会学多重学科的交叉领域，但是吸毒成瘾在根本上还是被认定为一种并非纯生物学的疾病。参见杜新忠：《实用戒毒医学》，第54页。

47 杜新忠在《实用戒毒医学》的前言中正是从一种公共议题的角度对我国戒毒实践的发展历程进行了一番总结，他其中说道："传统毒品所占比例不断下降，新兴毒品层出不穷，《禁毒法》、《戒毒条例》相继出台。对戒毒治疗的理念也在发生巨大的变化，从以前单纯以脱毒治疗、劳动康复为主的戒毒模式演变成社会力量不

过，这些常规的研究进路似乎都没有真正触及到"吸毒者"[48]本身。

我们知道，人类学致力于对"他者"的研究，研究对象涵盖了从典型的原始部落到现代社会中的特殊人群的广阔范围，吸毒者这个人群自然也在其中。尽管人类学的相关研究会在一定程度上涉及到"吸毒者的认知和社会生活的自观"，但由于多数研究的最终旨趣还是在于揭示吸毒者作为一个特定的群体所依赖的某个更大的政治经济背景，[49]因此，吸毒者个体层面的内心世界往往会被淹没在现代性的分析框架之下。为了能够将研究落脚于人的生存本身，我们不妨回到前几章关于"人皆求善"的讨论中来。我们知道，与动物完全依赖于本能的生存不同，人总是在判断选择中进入生存的。然而，就目前通行的认识来说，吸毒者在病理学的意义上被诊断为一种慢性、复发性的脑病。[50]受这种认识的影响，人们很难不对吸毒者本身的判断选择之能力产生质疑，甚至直接将吸毒者对毒品的必然选择归之于一种精神障碍。[51]在接下来的讨论中，我们并不打算深入探讨人的认知行为究竟涉及怎样的生物学基础，而是旨在说明吸毒者在什么意义上进行着与常人同等的生存选择。

基于我们在田野调查中对"新人房"这一环节的了解，那些顺利渡过新人房观察期的戒毒学员都将逐步恢复到常人的体征标准。[52]换句话说，一旦吸

断介入、心理行为治疗深入开展、药物戒毒手段不断更新等不同戒毒措施相结合的多元化戒毒模式。"参见杜新忠：《实用戒毒医学》，第 7 页。

48 按照戒毒医学的严格说法，"有吸毒行为不能等同于吸毒成瘾。两者在使用的后果上有所不同，在使用次数上也有差别，如吸食一次海洛因为吸毒，多次吸食海洛因且已造成明显的痛苦、烦恼或功能缺损等为海洛因成瘾。"参见杜新忠：《实用戒毒医学》，第 52 页。需要说明的是，在充分考虑到"吸毒者"与"吸毒成瘾者"之间的区别这一前提下，为了不违背日常习惯上的表达，在没有进行特别说明的情况下，我们在行文中会将"吸毒者"等同于"吸毒成瘾者"来使用。此外，有时为了能够更加突出人生存的层面，我们也会在"吸毒成瘾者"的意义上大量使用"瘾君子"这一具有文学性的表达，以此来突出一种生存性的内涵。

49 张有春在其编著的《医学人类学》中对国内外关于吸毒者的人类学研究进行了综述。参见张有春：《医学人类学》，北京：中国人民大学出版社，2011 年，第 294-299 页。此外，一项新进的研究也值得关注，刘绍华针对凉山地区的吸毒者的社会性和时代性的根源进行了追踪。参见刘绍华：《我的凉山兄弟——毒品、艾滋与流动青年》，北京：中央编译出版社，2015 年。

50 杜新忠：《实用戒毒医学》，第 54 页。

51 杜新忠：《实用戒毒医学》，第 373 页。

52 有些学员可能会在离开新人房之后的短期内还有戒断症状，但只要避免半途而废，学员的戒断症状便会最终消失。此外，尽管某些可能会直接由吸毒所引发的器质性病变（也就是所谓的吸毒成瘾的常见并发症）会在生理性脱毒后继续存在，但

毒者完成了生理脱毒，那么他至少在生物医学的意义上就不再具备"脑病患者"的诊断特征了。与此同时，我们从田野调查中看到，这里的每个学员都是自愿来戒毒的。我们不禁要问，究竟是什么原因使得一个生物医学的意义上的正常人还具有戒毒诉求呢？答案就在于他们无法避免的"复吸"。我们并不打算展开讨论生物医学语境下的"复吸"概念容易给我们造成的误导，[53]但是我们想要强调的是，"复吸"作为一种在没有外在干预的情况下所必然出现的生存现象，一方面揭示了生物医学试图从一种纯粹的生理性层面对吸毒者进行界定的失效，另一方面也从生存选择的层面上反映了吸毒者所具有的某种更具实质性的特征。[54]由于生物医学意义上的"复吸"概念恰恰是以吸毒者在生理上的完全恢复为前提，因此，无论是第一次吸毒成瘾，还是有间断的复吸，这两种情况都在生理的意义上表明了一个人从"正常人"到"吸毒者"的身份转换。这同时也就意味着，无论是"初吸"，还是"复吸"，这两种情况实际上都具备了一个人进行生存选择的条件。

当我们从生存选择的角度来看待一个人成为瘾君子的问题时，很自然会提出这样的问题：一个从未吸过毒的人为什么会吸毒？不过，在传统的思路中，这个问题往往会转化为：毒品究竟具有何种与众不同的吸引力？据我对重生园戒毒学员的了解，凡是吸 4 号的学员除了能够讲述自己每次吸毒后都会陷入沉睡以及不想吃饭之外，几乎谈不上有什么特别的享受体验，而且他们对于麻黄素所造成的那种兴奋和刺激往往表示不屑一顾。此外，即使对于同样是吃麻黄素的学员来说，他们所描述的自身体验也千差万别。老宽曾告诉我，有很多长途汽车司机通过吃麻黄素来保持长时间的高度兴奋状态。但对他来说，吃麻黄素可以使自己体验平时所无法达到的敏感性。也许这与他作为一个美术老师有关，据他描述，每当他进入到这种特殊的敏感状态时，他甚至可以纵

是其病理学的意义却是一般性的，并不必然以吸毒作为其必要条件。有关戒断症状治疗（脱毒治疗）的专业性论述，可参见同上，第504-506页

53 复吸是指药物成瘾者在药物成瘾治疗完成，保持了一段时间的操守以后，又因为种种原因再次使用治疗前所滥用的成瘾药物的过程，及再次回到之前药物滥用的失控状态。参见同上，第532页。需要指出的是，生物医学所界定的"复吸"这一概念实际上割裂了吸毒者原本连续的生存状态，从而使我们无法从整体上来理解吸毒成瘾的问题。

54 需要说明的是，我们之所以取消生理性因素对吸毒者的生存选择所具有的实质性影响，并不在于否认毒品本身对人所造成的生理性影响，而是由于"复吸"这一看似必然的生存选择显然要比生理性的脱毒与否更能反映一个人吸毒上瘾的实质性所在。

情地陶醉在一阵微风与脸上每个毛孔之间的强烈撞击的体验之中。由此可见，与其说吸毒者对于毒品的感受与体验是由毒品本身的某些特性所决定的，不如说在根本上取决于吸毒者自身，这既关乎吸毒者在生理、心理方面的因素，也与吸毒者的生存经验密切相关。鉴于此，让我们还是将问题的关注点从毒品转向吸毒者的身上。

让我们来看看现实中的瘾君子是如何回应"一个从未吸过毒的人为什么会吸毒"这一问题的。威廉·巴勒斯在其一部自传体小说《瘾君子》的序言中写道：

人们常常问：为什么有人会成为瘾君子？

答案是，他通常并没有打算做个瘾君子。你不会早上醒来，接着立志做一个瘾君子的。至少要一天注射两次，持续三个月才会上瘾。而且，只有犯过几次瘾后，你才切身知道毒瘾上来是什么感觉。我差不多花了六个月，才有了第一次犯瘾的经历，停用毒品后也不明显。我想，如果我说要一年时间和几百次注射才能造就一个瘾君子，这并不夸张。

当然，你可以问：为什么你会去尝试毒品呢？为什么你吸一次还不够，非要吸到自己上瘾呢？你吸毒是因为你有没有动力做其他事。毒品不战而胜。我出于好奇心而尝试它。我放任自己，只要弄得到货就来上一针。最后我就被钩住了。绝大多数我认识的吸毒者告诉我的经历都和这差不多。他们都记不清是因为什么原因才开始吸毒的了。他们都放任自己，直到被钩住。如果你从没上过瘾，你不会知道吸毒的人渴望毒品是种什么感觉。你并不是决定要当个瘾君子的。某天早上你醒来感到犯瘾，你就是个瘾君子了。[55]

基于我向重生园戒毒学员的求证，巴勒斯所描述的一个人如何从初吸到成瘾的过程基本上是可信的。但目前仍有许多人会误认为毒品只要沾上几次便会使人立刻上瘾。甚至传言有人在不知情的情况下抽了几支掺有毒品的香烟而染上毒瘾。事实上，抽掺有毒品的香烟确实有可能使人染上毒瘾。不过，

---

55 威廉·巴勒斯：《瘾君子》，小水译，第5-6页。威廉·巴勒斯（William Burroughs，1914-1997），美国作家，与艾伦·金斯堡及杰克·凯鲁亚克同为"垮掉的一代"文学运动的创始者。被誉为"垮掉的一代"的精神教父和美国后现代主义创作的先驱之一。作者本人确有吸毒史，他通过《瘾君子》这部半自传小说，真实展现了一个吸毒者的内心世界。

凡是因此而染上毒瘾的人，在他们意识到自己上瘾之前绝不是对此一无所知的。我曾就这个问题问过重生园的戒毒学员，他们纷纷笑道："我说给你，根本不有这样的事！再说了，哪有这么多免费香烟，要出钱克买呢哈……说自己不知道怎个上瘾的，哎呦，那是骗鬼咯！"小孙之前说过，他开始只是贩毒，后来才开始"以贩养吸"。他也承认，第一次吸的时候只觉得恶心头晕，呕吐不止，根本就毫无享受可言。后来又有了第二次、第三次……，这才不知不觉地上了瘾。且不论当时的毒友圈对他影响有多大，但至少有一点是可以确定的，在他上瘾之前，毒品本身并不足以迫使他一而再再而三地去非尝试不可。老宽上瘾的情况更能说明这完全是基于他自己的生存选择。据老宽说，由于早些年麻黄素还没有像海洛因那样被看作是洪水猛兽，在法律管制方面也相对模糊，因此，麻黄素在他们那里曾一度非常流行，他和身边的许多朋友都尝试过。但大概一年之后，政府将麻黄素列为明令禁止的毒品，并同时在当地进行严打。在这个过程中，大多数曾经吃过麻黄素的人都戒掉了，但也有少数像老宽这样没有断的。我追问他原因，他坦白道，他之所以能够连续吃这么多年，还没有出过事，正是仗着他有着比别人更优越的经济条件以及体面工作的掩护。如果不是因为这两年开始出现严重的幻觉以至于无法正常生活和工作，他恐怕还会心安理得地做一个隐秘的瘾君子。

从小孙和老宽各自吸毒成瘾的过程中来看，我们往往会从价值判断的角度把他们最终走上吸毒这条路归之于他们的交友不慎或者自我放纵。然而，正如巴勒斯提醒我们"没有人立志做一个瘾君子"，在现实中也同样没有人立志做一个交友不慎或者自我放纵的人。关于这一点，我们已经在"人皆求善"的分析中表明，每个人都是按照自己所认为的善去进行生存选择的。这也就意味着，即使小孙和老宽也认可交友不慎或者自我放纵是有害于生存的，但是在他们看似选择了交友不慎或者自我放纵的背后，必然是凭着他们所认为的某种更有利于生存的理由。尽管小孙和老宽在成瘾之前一次又一次去尝试毒品的动机不尽相同，但是每一次的尝试无疑都是基于某种求善的生存选择。

虽然一个人最终走上吸毒成瘾的道路必然是基于他自身所进行的生存选择，但每个瘾君子并非事先就知道自己将在哪一次的生存选择中上瘾。正如巴勒斯所说的，"如果你从没上过瘾，你不会知道吸毒的人渴望毒品是种什么感觉"，这种认识上的断裂实际上说明了一个人在成为瘾君子之前与之后这两个生存阶段所存在的差异。由于一个人在成为瘾君子之前对于吸毒成瘾是无知的，因此，他在面对未来的生存选择时是不可能想到"要立志做一个瘾君子"的。以上是我们针对一个人在成为瘾君子之前的生存选择所提供的分析。接下来，我们将关注一个人在成为瘾君子之后的生存选择问题。

二、瘾君子的生存悖论

基于我们对重生园戒毒学员的了解，从一方面来说，由于重生园属于一种自愿戒毒的性质，在去留问题上不存在任何强制性，因此，每一个留在这里的戒毒学员都必然是以他们的自愿为前提的。从这个意义上来说，瘾君子在面对未来的生存选择时还是表现出了一种相对"自由"；但从另一方面来说，瘾君子之所以自愿留在重生园进行戒毒正是基于他们对于自己无法摆脱的"复吸"有清楚的认识。就这种对毒品的必然选择而论，瘾君子在面对未来的生存选择时又表现出一种"不自由"。可见，瘾君子的生存选择实际上表现为一种兼具自由与不自由的悖论性。

不过，人们往往并没有从生存选择的悖论性这个角度来理解瘾君子的"复吸"现象，而是致力于为瘾君子寻找某种所谓的"吸毒动机"。然而，从一种对毒品的必然选择来看，"为什么想要吸毒"这样的问题对于瘾君子来说似乎显得是多余的。也就是说，"想要吸毒"在瘾君子的生存意识中往往表现为一种"直接性"，而并不必要由某种特定的动机所支持。[56]让我们来看威廉·巴勒斯是如何解释瘾君子想要吸毒的这种直接性意识的。他在《瘾君子》一书中记述了一段自己接受精神科医生诊断的经历，他写道：

> 他提的问题和一般的精神病医师没什么两样。"你为什么会想吸毒，李先生？"
>
> 听到这种问题你就能确信，眼前这个人对毒品一无所知。
>
> "为了早上能从床上爬起来，为了有力气刮胡子和吃早饭，我要吸毒。"
>
> "我指生理原因。"
>
> 我耸耸肩。还是让他早点儿写完诊断书早点儿走人吧。"因为

---

56 林登指出，"与过去服用药物时有关的感觉线索（如某个人、气味、音乐和房间等）能促使旧瘾复发，而且，情感和生理上的压力也会引发成瘾者旧瘾复发。"参见大卫·林登：《愉悦回路——大脑如何启动快乐按钮操控人的行为》，覃薇薇译，第50-51页。需要注意的是，尽管这些记忆线索可以成为促使瘾君子复吸的客观性诱因，但并不能等同于瘾君子复吸的主观动机。

很过瘾。"

毒品不是什么"很过瘾"。瘾君子吸毒，关键是因为毒品让人产生依赖性。人不犯毒瘾，就不会知道毒品意味着什么。

医生点点头。病态人格。他站起身，突然脸上挤出一个笑容，很明显是为了表示自己善解人意，当然也是为了缓和我的缄默。他身子前倾，笑容又向我的脸逼近了一点儿。

"你对你的性生活还满意吗？"他问，"你们夫妻关系和睦吗？"

"啊是的，"我说，"我不吸毒的时候是这样的。"

他直了直身子。我的回答让他不悦。

"好吧，我会再来的。"他红着脸，尴尬地冲出门去。他一进屋，我就把他当作骗子——他无疑是自信满满地用老一套来对付病人——可我本以为他脸皮会更厚点儿，态度会更强硬点儿的。

那个医生对我老婆说，我的病情很不客观。我对毒品的态度是"那又怎么样"，只要我还是保持现在这种心理，十有八九还要复吸。除非我配合治疗，不然他也帮不了我。只要我肯配合，他显然已经准备好拆毁我的心灵，用八天时间重组。[57]

在巴勒斯看来，这位资深的精神科医生完全误解了瘾君子的吸毒动机。我刚到重生园的时候，也曾致力于搜集每个戒毒学员的吸毒动机。但后来逐渐发现，当我提出"你为何想要吸毒"这个问题时，实际上已经在对戒毒学员进行一种刻意的引导。这里的潜台词无异于是在对戒毒学员说："也许你们之前没想过这个问题，但是你们现在可以好好想一想，究竟你们为何要吸毒？我需要你们把现在所能想到的吸毒动机都说出来。"事实上，我后来所得到的答案与"很过瘾"一样都注定是误导性的。[58]我们注意到，巴勒斯在表达上将"很过瘾"纠正为一种"依赖性"，这实际上是他在有意识对自身的吸毒意愿进行

---

57 威廉·巴勒斯：《瘾君子》，小水译，第 124-125 页。

58 值得一提的是，一位致力于为吸毒成瘾寻找新的生物学基础的神经学家也试图避免同样的误导，他指出："我们认为药物成瘾者之所以会上瘾，是因为他们从上瘾的药物中获得了更多的愉悦，这是他们强迫性追求药物的动机。然而，大多数瘾君子声称他们从药物中并没有获得过多的愉悦。越来越多的证据也表明，成瘾的轨迹（是指大脑愉悦回路的持久性变化）一旦形成，愉悦就会被抑制，而欲望会占上风。"参见大卫·林登：《愉悦回路——大脑如何启动快乐按钮操控人的行为》，覃薇薇译，第 50 页。

追踪时所得出的一种较为深刻的反思形式。我们想要指出的是，对于瘾君子来说，尽管这种对毒品的主观依赖往往只有在反思中才能有所呈现，但是在生存选择中则直接作为一种终极性的主观根据。结合我们前几章的讨论，这种对于生存选择具有终极性的"主观依赖"在性质上就相当于康德所说的"准则"，在内容上则表现为某种的"善观念"。巴勒斯最后针对医生妄图对自己的"心灵"进行拆解重组的调侃，这正表明了他对于"主观依赖"所具有的终极性意义是有所体察的。

由此可见，当一个人真正成为瘾君子的那一刻起，他的生存选择便必然由一种对毒品的"主观依赖"所决定了。一般来说，这种"主观依赖"所具有的决定性将作用于瘾君子所进行的每一次生存选择。从这个意义上来说，无论是进行生理性的恢复，还是致力于外部条件的理想化，这些途径都未能直接触及到瘾君子的"主观依赖"的层面，从而很难对瘾君子一以贯之的生存选择带来根本性的改变。就瘾君子在戒毒过程中反复出现的"复吸"现象而论，这一方面说明了瘾君子在进行生存选择时所依据的"主观依赖"尚未发生改变，另一方面也说明了仅仅从生理指标与行为操守上断定一个瘾君子戒毒与否还是远远不够的。由此可见，所谓"复吸"只是我们对瘾君子的一种"误判"，它无非是表明了瘾君子对毒品的"主观依赖"始终未变。

面对吸毒者这种看似必然的生存选择，人们通常要么把吸毒者想象成一头完全受毒品欲望所驱使的"动物"，以至于将其认定为根本不具有像常人那样进行生存选择的能力；要么将吸毒者对毒品的依赖归结为他们在生存选择上的能力不足，也就是说，他们在享受毒品所带来的愉悦的同时却全然不顾那些显而易见的负面影响。尽管后一种理解方式在某种程度上还是承认了瘾君子所进行的生存选择，但却并不是在一般性的意义上谈论的，而是通过某种价值判断将瘾君子的生存选择排除在正常人之外。[59]显然，这两种理解方式都忽略了瘾君子的生存选择所具有的悖论性。

不可否认的是，瘾君子都有可能在毒品欲望高涨的时候表现出一种类似于动物般的疯狂。在我们的研究对象中，胡队长就曾向我坦白过他为了获得毒品而做过的那些丧失人性的事。据他说，有一次因为刚吸上 4 号，就连从小把

---

59 需要说明的是，我们之所以试图将吸毒成瘾作为一种一般性的生存选择，无意要为吸毒者在社会层面所遭受的污名化问题进行某种辩护，而是旨在将吸毒者的生存意识在一种一般性的意义上呈现出来。

他带大的爷爷的葬礼也顾不上去。但与此同时，我也看得出，胡队长在向我讲述时所表露的那份对爷爷的自责与愧疚，也同样是真诚的。当我问他会不会因为事后的懊悔而放弃吸毒时，他回答道："说真的，每次都会后悔呢，我哭都不知道哭了多少回了，死是我都想过呢。但一想毒的时候，就不管那些了……我不有钱哈，就克找人借，实际上就是骗了，骗不到嘛就克偷，有的时候斗着（偶然遇到）些学生嘛，我都还克抢他们一些，唉呀，扎实（非常）丢人呢，人家还是小娃娃呢……我的那些亲戚喽、朋友喽，唉呀，总之认识我的人全都躲得远远的。但不有法（办法）啊，想毒的时候嘛，哪个也顾不得了（不择手段）……"。据我对重生园这几个戒毒学员的了解，像胡队长这样一时会为了毒品而六亲不认，但一时又会感到无比懊悔的复杂心态，其实是颇为普遍的。

由此可见，瘾君子的生存选择并非基于一种完全由毒品欲望所驱使的动物本能，他们普遍感到的内心矛盾至少说明了他们并未曾真正满足于对毒品的这种必然选择。在多数情况下，瘾君子的这种内心矛盾并不一定会诉诸某种外在的表现，也很少会为外人所了解。但是从我们对瘾君子的行为观察来看，无论是在积极的意义上表现为自愿自主地戒毒，还是在消极的意义上表现为自残或者自杀，这些行为无疑都是对瘾君子内心矛盾的真实反映。英国的一位瘾君子作家托马斯·德·昆西就曾对自己吸食鸦片的内心矛盾进行过深刻而细致的反思。他在《一个英国瘾君子的自白》中这样写道：

> 因为身体上的无能和虚弱，因为对每天正常工作的玩忽和拖拉而产生的局促不安，也因为这种懊悔和自责使一个深思着的、有良知的人对自己的罪恶感到深恶痛绝，瘾君子最后会发现自己像其他任何经历过类似情况的人一样，也会感到心灵压抑，备受折磨。瘾君子并没有丧失道德感，也没有丧失内心的理想和抱负。他像以往一样，依然迫切地渴望实现他自己认为有可能做到的事情，也能感受到责任感在严格地要求自己。但是他内心对自己到底能做成什么事情的忧虑远远超出了他所具备的能力，这里说的能力不仅是指他对事情的执行能力，甚至包括企图去尝试的能力。他始终生活在噩梦和梦魇的重压之下。他躺在那里，能看见所有他乐意去做的事。像一个因为得了不能自由活动的疾病而倦怠地被迫躺在病床上的人一样，看见自己最心爱的东西受到了伤害或者践踏，却只能眼睁睁地看着，无能为力。他咒骂把他绑在那儿无法动弹的咒语，如果能

够站起来，能够走动，即便要让他拿生命去换他都愿意。但是他就
躺在那里，像一个小婴儿，要站起来，想都别想。[60]

我们看到，昆西一方面始终并没有安于当下这种由鸦片欲望所必然驱使
的生存状态；另一方面又充分认识到自己的生存选择又无法摆脱对鸦片的
"主观依赖"。相对于胡队长在讲述他的内心矛盾时所采取的直白方式，作为
哲学家的昆西则向我们呈现了一种他既想摆脱对毒品的主观依赖但又无法摆
脱的生存悖论。正是基于对这种生存悖论的充分意识，昆西在回顾自己戒毒的
过程时，特意向读者强调了他在进行生存选择时的特殊体验。他书中的木尾处
说道：

如果瘾君子读到这个故事的时候，会不由地害怕和发抖，那么
这个故事就完成了它的使命。但是瘾君子们也可能说，我的案例至
少说明了，鸦片，即便在服用十七年，并且滥用八年之后，仍然可
以戒除掉。他可以在摆脱鸦片的过程中付出更大的努力，或者因为
身体比我强壮，他也可以用较少的付出来获得同样的结果。事情可
能会使这样，我不会想当然地拿自己的努力来衡量别人需要的付出。
我衷心地希望他有更强的精力，希望他取得同样的胜利。但是，我
在戒除的过程中有种外部动机，可能是别人所缺乏的。这个动机是
个人力量所不能提供给一个被鸦片耗竭而虚弱无力的人的心灵的，
他能够给我一种良知上的抚慰。[61]

昆西之所以强调生存选择需要一种必要的"外部动机"，正是由于生存
选择的悖论使得他的生存面临了一种无以为继的危机。一方面，由丁昆西对丁
鸦片的"主观依赖"并没有改变，因此，他在这种前提下所进行的任何生存选
择都必然是与戒毒的初衷背道而驰的；但另一方面，由于每个人的生存都是由
判断选择所推动的，因此，只要昆西还想继续生存下去，那么他就不得不进行
判断选择。在这种情况下，除非他在进行生存选择时获得了某种"外部动
机"，否则他的生存选择还是无法摆脱对毒品的"主观依赖"。我们想要指出

---

60 托马斯·德·昆西：《一个英国瘾君子的自白》，于中华译，第88-89页。托马斯·
德·昆西（Thomas De Quincey, 1785-1859年），英国著名散文家和批评家，被誉为
"少有的英语文体大师"，作品受到 D.H.劳伦斯及弗吉尼亚·伍尔芙等诸多后世
文坛大家的赞誉。其有生之年大部分时间被病魔纠缠，几乎无时不同踌躇、忧郁
和吸毒作斗争，这部自传体的作品是他的代表作之一。

61 托马斯·德·昆西：《一个英国瘾君子的自白》，于中华译，第105页。

的是，尽管昆西并没有进一步透露这种"外部动机"的具体内容，但是他实际上揭示了瘾君子对这种"外部动机"的获得必须是以他直面生存选择的悖论为前提的。换句话说，如果瘾君子尚未在生存选择中获得充分的张力意识，那么他就不可能获得戒毒所必须的这种"外部动机"，甚至连戒毒意愿的确立也不可能。我们从重生园戒毒学员的个案中看到，这些瘾君子显然没有安于对毒品的必然选择，虽然这尚不足以说明他们能够像昆西那样真正触及到生存选择上的悖论，但至少可以表明他们具有一种想要突破这种必然选择的生存冲动。事实上，也正是这种生存冲动使得瘾君子的自愿戒毒成为可能。接下来，我们将沿着生存冲动这条线索对现实中自愿戒毒者所进行的生存选择进行追踪与分析。

三、戒毒与救赎

在以上的论述中，我们已经对瘾君子在"初吸"与"复吸"时所对应的两种生存选择进行了区分。从逻辑形式上来看，当一个人还在初吸阶段的时候，由于他尚未在生存意识中形成对毒品的"主观依赖"，因此，他的生存选择既有接受毒品的可能，也有拒绝毒品的可能。可一旦这个人成为真正的瘾君子，他在生存意识中就再也无法摆脱对毒品的"主观依赖"。由于这种对毒品的"主观依赖"成为了一种具有终极性的判断"准则"，或者说在内容上表现为某种特定的"善观念"，因此，他的生存选择就丧失了拒绝毒品的可能性，而只有接受毒品的可能性。可见，伴随着从初吸阶段到复吸阶段的转变，瘾君子的生存选择实际上丧失了某种程度上的自由。从生存选择的意义上来说，瘾君子所经历的这种转变可谓是一种自由的"堕落"。一般来说，瘾君子越是能够意识到生存选择上的这种"堕落"，他们也就越有可能被唤起一种想要重获自由的生存冲动。[62]不过，在进一步理解瘾君子的这种生存冲动之前，

---

62 从某种意义上来说，瘾君子对于在生存选择上的这种"堕落"是普遍有所意识的。然而，就这种"堕落"所引发的问题意识而论，瘾君子既有可能选择加以消解，也有可能选择积极面对。在后一种情况中，瘾君子越是强化对这种"堕落"的意识，就越是接近一个同时包含着两种发展方向的端点。其中一种发展方向表现为想要突破必然选择的生存冲动，而另一种发展方向则致力于为这种必然选择确立合法性。在齐克果的分析中，前者被归之为一种对于"那恶的"的着急，后者被归之于一种对于"那善的"着急，即"那魔性的"。由于我们这里的研究对象是针对自愿戒毒者，因此，我们对瘾君子所展开的生存分析是以前一种"对于那恶的着急"为起点的。齐克果相关的讨论可参见 Søren Kierkegaard, *The Concept of*

我们首先需要对"堕落"与自由之间的关系进行必要的分析。

基于我们在第三章的论述，瘾君子所经历的这种自由的"堕落"实际上正对应于齐克果关于个体如何从无辜跳入罪的生存分析。根据齐克果的分析，当一个人从无辜的无知状态转变为有辜的有所知状态之后，他所理解的自由实质上只是一种基于有辜而预设的自由。换句话说，处于有辜中的人在根本上是无法真正理解他在堕落中所丧失的自由的。齐克果这样论及罪与自由之间关系：

> "罪"预设其自身也预设自由，并且它和自由一样，是无法以任何在它之前的东西来解释的。如果让"自由"作为一种随机的自由而开始，对于这种"随机自由"（根据莱布尼茨，它不属于任何地方）来说，选择"那善的"和选择"那恶的"是没有什么区别的，那么，这就是从根本上使得每一种解释都变得不可能。去把善与恶作为"自由"的对象，就是去使得"自由"和概念"善""恶"都变成有限的。"自由"是无限的并且是从"无"中产生的。[63]

我们看到，齐克果不仅反对从逻辑形式的意义上来预设自由，而且也反对在任何建构性的观念中来谈论自由。在他看来，这些关于自由的看法无不是以跳入罪为开端的，而真正的自由只存在于跳入罪之前。但我们不禁要问，既然真正的自由必然伴随着跳入罪而丧失，那么为什么处于有辜中的人还能在逻辑形式以及观念中谈论他们所丧失的自由呢？正如我们在自愿戒毒者身上所看到的，这些瘾君子虽然在生存选择上已经"堕落"了，但他们还是在强烈的戒毒意愿中表达了一种想要重获自由选择的生存冲动。很显然，这种指向自由的生存冲动一方面不能归之于某种逻辑形式，这就意味着瘾君子的自由并不以在生存选择上同时获得接受毒品和拒绝毒品这两种同等的可能性为实现；另一方面也不能限于某种观念上的理解，这就意味着瘾君子的自由并不以必然选择"那善的"或者必然拒绝"那恶的"为实现。正如齐克果所强调的，真正的自由是从"无"中产生的。因此，瘾君子的这种指向自由的生存冲动也只有在一种"无"中才能得到充分的满足。

Anxiety, translated by Reidar Thomte, Princeton: Princeton University Press, 1980. p.119.〔丹〕克尔凯郭尔：《恐惧的概念》，京不特译，北京：中国社会科学出版社，2013 年，第 335 页。

63 Søren Kierkegaard, *The Concept of Anxiety*, p.111.克尔凯郭尔：《恐惧的概念》，京不特译，第 329 页。中译文有改动。

根据齐克果的分析，这种"无"是一个人在"着急"情感中所面对的未来可能性。进一步，他又针对亚当与每个后继者各自所表现的"着急"情感进行了一种程度上的区分。处于无辜性中的亚当在着急情感中所面对的可能性是一种纯粹的"无"，即"无知"条件下的"无"，而处于有辜性（跳入罪）的后继者在着急情感中所面对的可能性则呈现为一种带着预设观念的"无"，即"有所知"条件下的"无"。正如齐克果所表明的，虽然跳入罪意味着一个人为生存选择所确立的某种必然性，但由于人的生存选择始终是面向未来，因此，对于任何一个生存中的人来说，着急情感实质上始终都是在场的。齐克果针对后继者所具有的"着急"情感而分析到：

> 这样，着急又重新进入与"那被设定的"和与"那将来的"的关系中。然而着急的对象在这个时候是一种"被定性了的东西"，它的"无"是现实的某物，因为善和恶之间的这种区分是具体实在地被设定了，并且着急因此而失去了其辩证的模棱两可。[64]

可见，相对于亚当在堕落前所具有的无辜性，每个跳入罪的后继者所表现的着急情感不可避免地已经掺杂了关于善恶分别的预设观念。也就是说，处于着急情感中的后继者在面对未来的生存选择时必然会表现出某种特定的倾向。[65]在瘾君子的例子中，相对于他们在成为瘾君子之前对吸毒成瘾的无知性，瘾君子在试图表现自身的生存冲动时，也同样难以摆脱关于善恶的某些具体观念。特别地，对于任何一个具有自愿戒毒意愿的瘾君子而言，他们必然对于自身在生存选择上所经历的"堕落"是有所意识的。尽管不同的自愿戒毒者对于自身"跳入罪"的理解在程度上可能不尽相同，但是处于着急情感中的自愿戒毒者在面对未来的生存可能性时，必然伴随着一种"对于罪的设定"。

从一方面来说，由于任何一种对于罪的设定都不得不涉及具体的观念内容，[66]因此，只要自愿戒毒者对罪进行设定，那么这就必然会构成一种对着急

---

64 Søren Kierkegaard, *The Concept of Anxiety*, pp.111-112.克尔凯郭尔：《恐惧的概念》，京不特译，第 328 页。

65 这里需要说明的是，我们在谈论一个人的生存选择时，会涉及到两种层次上的生存倾向。第一种是在尚未引入着急情感的情况下（或者说是源于对自身"堕落"这一问题意识的消解），一个人的生存倾向直接取决于他所具有的"善观念"；第二种是在明确自身"堕落"这一问题意识的前提下引入了着急情感，这时一个人的生存倾向是基于他对善恶观念的某种设定，有时表现为一种对恶的避免。

66 齐克果提醒我们注意，这里并非在谈论一个逻辑概念意义上的"罪"。他指出："'罪'自然是意味作'那具体的'；因为一个人永远也不会'一般地'或者

情感的抵消作用；但从另一方面来说，由于指向自由的生存冲动是以自身"堕落"的问题意识为前提的，而后者必然会涉及关于罪的具体观念，因此，着急情感的唤起与维持又始终离不开自愿戒毒者对罪的设定。由此可见，在自愿戒毒者的生存意识中，罪的设定（观念内容）与生存冲动的满足（着急情感）构成了一种此消彼长但又相互依存的辩证性关系。为了进一步理解这种辩证性的关系在现实中的自愿戒毒者身上的具体表现，我们转向对重生园戒毒学员的个案分析。

在基督教的语境中，以上构成辩证性关系的罪的设定与生存冲动实际上可以对应于基督徒生存意识中的"救赎需求"与"救赎满足"。我们从麻老师的个案中看到，他虽然没有再吸毒，但却又沉溺于酗酒而不可自拔。据我们了解，由于基督教的家庭背景，麻老师始终将吸毒作为自己在神面前所犯的罪。这种对于罪的设定无疑会在一定程度上强化他关于自身堕落的问题意识，从而唤起他想要重获自由选择的生存冲动。因此，吸毒成瘾实际上构成了麻老师最迫切的救赎需求。在这种救赎需求的推动下，麻老师不仅在重生园戒毒期间积极配合，而且还在毕业之后选择继续攻读神学。在逐渐实现断毒的这段期间，麻老师无论是在神学知识上，还是对于信仰的热情，都获得了很大的长进。正如我们在田野调查中所看到的，麻老师不仅对于吸毒成瘾有一套神学层面上的成熟理解，而且在监管戒毒学员的实践经验方面也颇有心得。然而，由于麻老师将救赎需求仅限于吸毒的问题，加之他在越来越长的时间内实现了断毒，这就使得他关于自身堕落的问题意识遭到了消解，从而最终必然导致生存冲动的隐退。换句话说，一旦麻老师在断毒中获得了救赎满足，那么也就再不会有新的救赎需求出现了。事实上，尽管麻老师像其他基督徒一样从不否认自己是个罪人，但是在他认罪祷告中并不会出现除了吸毒以外任何值得严肃对待的具体的罪。我们想要说明的是，作为一种生存倾向，缺失新的救赎需求并不必然会导致麻老师的酗酒问题，[67]但这至少能够为麻老师从开始一点点沾酒发展到最后"酗酒成性"的意识条件提供某种说明。

'普遍地'去行罪。甚至那种'罪'——'想要回到'罪之现实'之前'，也不是一种'一般'的罪，并且一种这样的'一般的罪'从来就没有出现过。"参见 Søren Kierkegaard, *The Concept of Anxiety*, p.114. 克尔凯郭尔：《恐惧的概念》，京不特译，第 330 页。

67 据我了解，由于麻老师所在的景颇族教会并不像其他少数民族教会（例如傈僳族教会）那样明令禁酒，因此，对于麻老师来说，喝酒本身很难被认定为信仰意义上的罪。

与麻老师的情况类似，阿柯也将吸毒设定为一项唯一严肃的罪。阿柯在被开除之后，由徐牧师介绍到了大理的圣经培训中心读神学，但因为喝酒和夜不归宿被学校警告过多次。每逢寒暑假回家，他总会和一些朋友流连于酒吧、KTV 这些场所。不过，他倒是对我毫无隐瞒，每次联系时总会将自己近来的生活对我和盘托出。我对他的说话方式也比对其他的毕业学员更为直截了当，就会直接询问他有没有复吸。在一次深入的交流中，他特意找我谈论基督徒"自渎"算不算犯罪的问题。后来他坦白道，他在朋友的怂恿下找了小姐，从而心里觉得自己犯了奸淫的罪。但他转念又想，既然"自渎"也是犯奸淫，而生理需要又不得不解决，在横竖都是犯罪的前提下，他宁愿自己去找小姐。事实上，他之所以问我这个问题无非是想要从我这里得到"自渎"是犯罪的肯定，继而再加上"对妇女动淫念"这项更加容易失手的奸淫罪，这样他就能够让找小姐这项特定的罪成为一种"一般的"或者"普遍的"罪。当然，他并不会否认自己所犯这项特定的罪，但是他会强调自己所犯的罪与其他人"自渎"的罪以及对妇女动淫念的罪实质上并无差别。我们注意到，阿柯并不像麻老师那样直接把除了吸毒以外的罪根本不当一回事，而是会因着除了吸毒以外的某些"特定的罪"而感到不安。尽管阿柯也像麻老师那样从断毒中获得了救赎满足，但是他却不时地会产生新的救赎需求。不过，面对这些新的救赎需求，阿柯并没有将其作为重新唤起生存冲动的契机，而是倾向于通过压抑关于自身堕落的问题意识，从而停留于原先的救赎满足之中。

麻老师和阿柯所表现的都是一种在获得救赎满足之后却没有新的救赎需求出现的生存倾向，但是二者之间的区别在于，前者在根本上取消了新的救赎需求，后者则致力于压抑新的救赎需求。[68]除了这两种表现之外，还有第三种救赎需求不出现的情况。但这第三种情况并非以救赎满足为前提，而是被困在关于自身"堕落"的问题意识中，既无法消解这个问题意识，又无法唤起追求自由的生存冲动。齐克果对于这第三种救赎需求不出现的情况分析到：

> 被设定的罪是一种没有获得合理依据的现实性，它是现实性，
> 它是个体在悔中所设定的现实性，但是这悔并不成为个体的自由。
> 悔沦为一种关于罪的可能性。换句话说，悔并不能取消罪，它只能

---

[68] 对应于齐克果的分析，这两种生存倾向都可以理解为着急情感被某种对罪的设定所掺杂的情形，或者说，纯粹的着急情感的不出现，前者可以归之为"对罪的现实性的着急"，后者可以归之为"对罪的进一步可能性的着急"。

为罪而悲哀。罪在其后果中前进，"悔"一步一步地追随着它，但总是要迟上一个瞬间。[69]

　　一般来说，悔的对象总是某种过去的经历。但是悔对于我们的生存意义却是指向未来的。真正让我们感到悔的根源并不在于悔的对象本身，而是出于我们在面对未来生存选择时的需要。可以设想的是，假如我们可以不需要面对未来的生存选择，那么我们就根本不会产生悔。从这个意义上来说，悔这种情感实际上表达了一种面向未来的生存倾向。针对齐克果在以上所描述的这种由"悔"所主导的生存倾向，我们在光头的个案中也能看到。光头与阿柯一同被开除之后很快就复吸了。期间，我劝说光头再回到重生园重新开始戒毒，他答应了。可回来重生园没多久，他又主动离开了。再后来，他就被公安抓进了强戒。在他进强戒之前，我收到了一条他用民警的手机发来的短信，大致内容是向我说明了他的去向，并感谢我一直以来对他的关心。就在我开始撰写这部分内容的前两个月，光头被放出来了，随即在父母的陪同下到外地生活。这段时间，我又与光头重新恢复了联系，也进行了频繁的交流。他告诉我，自己在外地找了份送快递的工作，但感到生活压力很大，对未来也没有什么指望。不过他也告诉我，只要不在外面喝酒，每晚睡前他都会向神祷告，而且睡觉时只有听着教会的歌曲心里才能真正的安稳。虽然我并没有明确询问光头是否复吸的事，但是从他极度沉郁和无望的情绪中，我已经嗅出了几分不祥的预感。就在前不久，光头的母亲忧心忡忡地告诉我，光头执意要辞去现在的工作，打算一个人骑着摩托车到处去流浪。我为此劝他可以考虑先回重生园，无论是入住也好，还是去农场工作也好，过一段时间之后再做打算。但他总是回答说自己目前太糟糕，不仅亏欠神，也亏欠人，自己这个罪人根本不配获得拯救。他每次都无不伤感地诉说自己之前如何没有好好珍惜神的恩典，如何一次次辜负别人对自己的好意。虽然我每次都极力地鼓励他不要放弃希望，但是无论我说什么，他除了会偶尔感慨一番与我之间的兄弟情份之外，至始至终都在否定自己，谴责自己，并让我任凭他自生自灭。

　　我们看到，光头既不能从对毒品的必然选择中获得满足，又无法消解关于自身"堕落"的问题意识。一般情况下，如果指向自由的生存冲动尚未被唤起，那么为了使自己能够继续安于当下的生存，这种令人不安的问题意识就应

69　参见 Søren Kierkegaard, *The Concept of Anxiety*, p.115.克尔凯郭尔：《恐惧的概念》，京不特译，第 331-332 页。中译文有改动。

当随即得到消解。但是在光头的个案中，这种令人不安的问题意识并没有得到消解，从而使得他在进行未来的生存选择时完全被一种悔的情绪所笼罩。在基于悔这种情绪所表现的生存倾向中，他虽然充分意识到了自己在生存选择上的完全"堕落"，但却又只能眼睁睁地看着这种堕落在未来的生存选择中一次次到来。无疑，光头必然会像麻老师和阿柯那样将吸毒设定为一种严肃的罪。但与其说他将吸毒设定为罪，不如说他将生存的全部内容都设定为罪。这也就意味着，光头并不仅仅是无望于一种纯粹的着急情感的实现，关键还在于就连那种掺杂着预设观念的着急情感也在根本上被取消了。

通过以上对个案的生存分析我们可以看到，一方面，由于瘾君子几乎不可能完全安于对毒品的"主观依赖"，从而会普遍意识到自身所丧失的自由选择。但是这种关于自身"堕落"问题意识仅仅是促使瘾君子出现救赎需求的契机，而并不是必然条件。事实上，瘾君子除了通常会倾向于消解这种问题意识之外，也会像我们在个案中所看到的那样被这个问题意识推向绝望。另一方面，即使瘾君子在救赎需求的推动下进而获得了救赎满足，但是这对于瘾君子的生存来说并非是终极性的。也就是说，在基督教的语境中，救赎需求与救赎满足之间的辩证性关系实际上是在一种动态的过程中维持的。从理智活动的层面上来说，这种动态过程便是指一个人的观念体系与理解结构在解构中不断重构的过程。

回到基督教戒毒这一特定的案例分析中，尽管由重生园所提供的外在环境能够在很大程度上促使戒毒者实现断毒，但是真正使得戒毒者即使在离开重生园之后仍然不碰毒品的关键因素则在于，由重生园为戒毒者所提供的一种特定的生存方式。正是在这样一种生存方式的作用下，戒毒者原先对于毒品选择的主观基础得到了解构。在我们进一步的追踪中，这种生存方式对于戒毒者的意义既不在于对一套观念体系（神学观念）的把握，也不取决于对某种行为结果的符合，而是体现为一种情感性的直接作用。也就是说，戒毒者的原先对于毒品选择的主观基础是在一种情感性的直接作用下得以解构的。换句话说，只要尚未引入情感性的因素，无论是依靠戒毒者的主观的戒毒意愿，还是从客观上将一套完善的方法和步骤加诸于戒毒者身上，这两种方式都不足以造成主观基础的解构，即吸毒者戒毒的实现。

当然，这并不意味着这样一种用于戒毒的生存方式并不涉及任何观念或行为的内容。毋宁说，这种生存方式在根本上是由一种情感性的因素来决定和维系的。在基督教的语境中，这种情感性的因素专指一种对耶稣基督的信任情感。然而，我们也同时注意到，一旦这种情感性的因素得不到继续的维持，也就是说，一旦戒毒者脱离了这种生存方式，那么戒毒者要么很快会出现复吸，要么很容易再一次沉溺于其他生活恶习。

　　总之，戒毒的关键在于能够为戒毒者提供一种由情感性因素所维系的生存方式。而这种情感不仅对人的主观基础具有解构性作用，而且还要保持一定的稳定性与持续性。在基督教中，信徒对于耶稣基督的信任情感与他们所进行的教会生活之间始终是互相支持与互相强化的。基于对这一案例的借鉴，值得我们思考的是，我们能否为戒毒者提供在基督教以外的其它类型生存方式？基于这样一种生存方式，戒毒者不仅能够从中获得源源不断的解构性情感，而且同时也能通过这种生存方式本身促使这种解构性情感的长久维持。

参考文献

一、英文文献

1. Immanuel Kant, *Religion within the Boundaries of Mere Reason and Other Writings*, translated and edited by Allen Wood and George di Giovanni, Cambridge: Cambridge University Press, 1998.

2. Immanuel Kant, *Religion within the bounds of bare reason*, translated by Werner S. Pluhar, Indianapolis: Hackett Pub. Co., 2009.

3. Friedrich Schleiermacher, *The Christian Faith*, T&T Clark ltd, 1999.

4. Friedrich Schleiermacher, *On Religion: Speeches to its Cultured Despisers*, translated by John Owen B.D. London: Kegan Paul, Trench, Trubner & Co., Ltd., 1893.

5. Friedrich Schleiermacher, *On Religion: Speeches to its Cultured Despisers*, translated and edited by Richard Crouter, Cambridge: Cambridge University Press, 1996.

6. Søren Kierkegaard, *Philosophical Fragments*, translated and edited by Howard V.Hong and Edna H.Hong, Princeton, N.J.: Princeton University Press, 1985.

7. Søren Kierkegaard, *The Sickness unto Death: a Christian Psychological Exposition for Upbuilding and Awakening*, translated and edited by Howard V.Hong and Edna H.Hong, Princeton, N.J.: Princeton University Press, 1980.

8. Søren Kierkegaard, *The Concept of Irony, with Continual Reference to Socrates*, translated and edited by Howard V.Hong and Edna H.Hong, Princeton, N.J.:

Princeton University Press, 1989.

9. Søren Kierkegaard, *The Concept of Anxiety: A Simple Psychologically Orienting Deliberation on the Dogmatic Issue of Hereditary Sin*, translated and edited by Reidar Thomte, Princeton: Princeton University Press, 1980.

10. Søren Kierkegaard, *The Concept of Anxiety: A Simple Psychologically Oriented Deliberation in View of the Dogmatic Problem of Hereditary Sin*, translated and edited by Alastair Hannay, N.J.: W.W.Norton & Company, 2014.

11. Søren Kierkegaard, *Repetition and Philosophical Crumbs*. translated by M.G.Piety, New York: Oxford University Press, 2009.

12. Søren Kierkegaard, *Papers and Journals: A Selection*, translated and edited by Alastair Hannay, N.J.: Penguin Group W.W.Norton & Company, 1996.

13. Julia Annas and Jonathan Barnes (eds.), *Outlines of Scepticism*, Cambridge University Press, 1994.

14. Allen W. Wood, *Kant's Rational Theology*, Ithaca, N.Y.: Cornell University Press, 1978.

15. Bernard G. Reardon, *Kant as Philosophical Theologian*, London: Macmillan, 1988.

16. James J. DiCenso, *Kant's Religion within the Boundaries of Mere Reason: A Commentary*, Cambridge: Cambridge University Press, 2015.

17. Eddis N. Miller, *Kant's Religion within the Boundaries of Mere Reason: A Reader's Guide*, London: Bloomsbury Academic, 2015.

18. Gordon E. Michalson(ed.), *Kant's Religion within the Boundaries of Mere Reason: A Critical Guide*, Cambridge: Cambridge University Press, 2014.

19. D.Z. Phillips and Timothy Tessin(eds.), *Kant and Kierkegaard on Religion*, N.Y.: St. Martin's Press, 2000.

20. Ulrich Knappe, *Theory and Practice in Kant and Kierkegaard*, Berlin; N.Y.: Walter de Gruyter, 2004.

21. Keith Clements(ed.), *Friedrich Schleiermacher: Pioneer of Modern Theology*. Minneapolis: Fortress Press, 1991.

22. Karl Barth, *The Theology of Schleiermacher*, edited by Dietrich Ritschl, translated. by Geoffrey W.Bromiley. Grand Rapids, Mich.: Eerdmans, 1982.

23. E. Hamilton and H.Cairns (eds.), *The Collected Dialogues of Plato*, Princeton: Princeton University Press, 1961.

24. Howard A. Johnson and Niels Thulstrup (eds.), *A Kierkegaard Critique*, N.Y.: Harper & Brothers, Publishers, 1962.

25. Evans C.Stephen, *Kierkegaard on Faith and the Self: Collected Essays*, Waco: Baylor University Press, 2006.

26. Evans C.Stephen, *Kierkegaard: An Introduction*, N.Y.: Cambridge University Press, 2009.

27. Furtak Rick Anthony (ed.), *Kierkegaard's Concluding Unscientific Postscript: A Critical Guide*, N.Y.: Cambridge University Press, 2010.

28. Alastair Hannay and Gordon D. Marino (eds.), *The Cambridge Companion to Kierkegaard*, Cambridge: Cambridge University Press, 1998.

29. Robert L.Perkins(ed.), *Fear and Trembling, and Repetition*, Macon: Mercer University Press, 1993.

30. Niels Nymann Eriksen, *Kierkegaard's Category of Repetition: A Reconstruction*, N.Y.: Walter de Gruyter, 2000.

31. Clare Carlisle, "Kierkegaard's Repetition: The Possibility of Motion", *British Journal for the History of Philosophy*, 13(3), 2005, pp.521-541.

32. Ionuț-Alexandru Bârliba, "Søren Kierkegaard's Repetition, Existence in Motion", *Symposion*, 1(1), 2014, pp.23-49.

33. Matt Tomlinson, "Bringing Kierkegaard into Anthropology: Repetition, Absurdity, and Curses in Fiji", *American Ethnologist*, 41(1), 2014, pp.163-175.

34. Niebuhr,"Schleiermacher: Theology as Human Reflection", *The Harvard Theological Review*, 55(1) ,1962. pp.21-49.

二、中文文献

1. 〔德〕康德:《单纯理性限度内的宗教》,李秋零译,北京:中国人民大学出版社,2009 年。

2. 〔德〕康德:《实践理性批判》,韩水法译,北京:商务印书馆,2003 年。

3. 〔德〕康德:《道德形而上学原理》,苗力田译,上海:上海世纪出版集团,2012 年。

4. 〔德〕康德：《道德形而上学》，张荣译，载《康德著作全集第 6 卷》，李秋零主编，北京：中国人民大学出版社，2010 年。

5. 〔德〕士来马赫：《宗教与敬虔》，谢扶雅译，香港：基督教文艺出版社，1967 年。

6. 〔德〕施莱尔马赫：《论宗教——对蔑视宗教的有教养者讲话》，邓安庆译，北京：人民出版社，2011 年。

7. 〔丹〕克尔凯郭尔：《哲学片段》，王齐译，中国社会科学出版社，2013 年。

8. 〔丹〕克尔凯郭尔：《论反讽概念——以苏格拉底为主线》，汤晨溪译，中国社会科学出版社，2005 年。

9. 〔丹〕克尔凯郭尔：《畏惧与颤栗 恐惧的概念 致死的疾病》，京不特译，北京：中国社会科学出版社，2013 年。

10. 〔丹〕克尔凯郭尔：《致死的疾病——为了使人受教益和得醒悟而做的基督教心理学解说》，张祥龙，王建军译，北京：商务印书馆，2012 年。

11. 〔丹〕克尔凯郭尔：《或此或彼（上下卷）》，阎嘉等译，成都：四川人民出版社，1998 年。

12. 〔丹〕克尔凯郭尔：《非此即彼——一个生命的残片（上下卷）》，京不特译，北京：中国社会科学出版社，2009 年。

13. 〔丹〕克尔凯郭尔：《重复》，京不特译，北京：东方出版社，2011 年。

14. 〔丹〕克尔凯郭尔：《重复》，王柏华译，天津：百花文艺出版社，1999 年。

15. 〔丹〕克尔凯郭尔：《忧惧之概念》，孟祥森译，台北：台湾商务印书馆，1969 年。

16. 〔丹〕克尔凯郭尔：《克尔凯郭尔日记选》，彼得·P罗德编，姚蓓琴、晏可佳译，北京：商务印书馆，2015 年。

17. 〔丹〕祁克果：《祁克果的人生哲学》，谢秉德译，香港：基督教文艺出版社，1990 年。

18. 〔丹〕祁克果：《勇气与谦卑——祁克果谈作基督徒》，林梓凤编译，新北：校园书房出版社，2006 年。

19. 〔丹〕祁克果：《追寻自由的真谛——祁克果论人生抉择》，林梓凤编译，新北：校园书房出版社，2015 年。

20. 〔意〕利玛窦：《天主实义今注》，〔法〕梅谦立注，谭杰校，北京：商务印书馆，2015 年。

21.〔意〕利玛窦：《利玛窦书信集》，文铮译，〔意〕梅欧金校，北京：商务印书馆，2018 年。

22.《圣经（和合本）》，南京：基督教"两会"，2013 年。

23.〔美〕艾伦·伍德：《康德的理性神学》，邱文元译，北京：商务印书馆，2014 年。

24.〔美〕保罗·盖耶尔：《康德》，宫睿译，北京：人民出版社，2015 年。

25.〔德〕曼弗雷德·盖尔：《康德的世界》黄文前、张红山译，蒋仁祥校，北京：中央编译出版社，2018 年第 2 版。

26.〔美〕曼弗雷德·库恩：《康德传》，黄添盛译，上海：世纪出版集团、上海人民出版社，2008 年。

27.〔苏〕阿尔森·古留加：《康德传》，贾泽林等译，北京：商务印书馆，1981 年。

28.〔德〕F.W.卡岑巴赫：《施莱尔马赫传》，任立译，北京：商务印书馆，1998 年。

29.〔德〕伽达默尔：《真理与方法》，洪汉鼎译，上海：上海译文出版社，1992 年。

30.〔德〕鲁道夫·奥托：《神圣者的观念》，丁建波译，北京：九州出版社，2007 年。

31.〔德〕黑格尔：《宗教哲学讲演录》，燕宏远、张国良译，北京：人民出版社，2015 年。

32.〔美〕保罗·蒂利希：《基督教思想史》，尹大贻译，香港：道风出版社，2004 年。

33.〔美〕奥尔森：《基督教神学思想史》，吴瑞诚、徐成德译，北京：北京大学出版社，2008 年。

34.〔美〕胡斯托·冈萨雷斯：《基督教史》，赵城艺译，上海：上海三联书店，2016 年 3 月。

35.〔美〕胡斯托·冈萨雷斯：《基督教思想史》，陈泽民、孙汉书等译，南京：译林出版社，2008 年 6 月。

36.〔美〕布鲁斯·L 雪莱：《基督教会史》，刘平译，上海：上海人民出版社，2015 年 4 月。

37.〔英〕阿利斯特·E 麦格拉斯：《基督教概论》，孙毅等译，上海：上海人民出版社，2014年7月。

38. 〔德〕潘能伯格：《近代德国新教神学问题史——从施莱尔马赫到巴特和蒂利希》，香港：道风书社，2010年。

39. 〔古希腊〕柏拉图：《柏拉图对话集》，王太庆译，商务印书馆，2016年。

40. 〔古罗马〕塞克斯都·恩披里克：《悬搁判断与心灵宁静》，包利民等译，北京：中国社会科学出版社，2004年。

41. 〔德〕T.W.阿多诺：《克尔凯郭尔——审美对象的建构》，李理译，人民出版社，2008年。

42. 〔俄〕舍斯托夫：《在约伯的天平上》，董友等译，上海：上海人民出版社，2004年。

43. 谢文郁：《自由与生存——西方思想史上的自由观追踪》，张秀华、王天民译，上海：世纪出版集团；上海人民出版社，2007年。

44. 谢文郁：《道路与真理——解读〈约翰福音〉的思想史密码》，华东师范大学出版社，2012年。

45. 傅永军：《绝对视域中的康德宗教哲学——从伦理神学到道德宗教》，北京：社会科学文献出版社，2015年。

46. 傅永军：《宗教与哲学——西方视域中的互动关系研究》，济南：山东大学出版社，2014年。

47. 尚文华：《希望与绝对——康德宗教哲学研究的思想史意义》，南京：江苏人民出版社，2018年。

48. 尚文华：《自由与处境——从理性分析到生存分析》，北京：中国社会科学出版社，2018年。

49. 陈晓川：《面向恶而实现的自由——康德式善人的维度》，北京：中国社会科学出版社，2015年。

50. 贺方刚：《情感与理性——康德宗教哲学内在张力及调和》，北京：中国社会科学出版社，2017年。

51. 张晓林：《天主实义与中国学统——文化互动与诠释》，上海：学林出版社，2005年。

52. 黄毅：《意识的神学——施莱尔马赫神学方法研究》，北京：人民出版社，2013。

53. 闻骏：《不断追问中的人神关系——施莱尔马赫思想研究》，北京：人民出版社，2017 年。

54. 张会永：《施莱尔马赫至善学说研究》，北京：中国社会科学出版社，2013
年。

55. 翁绍军：《人的存在——"存在主义之父"克尔凯戈尔述评》，北京：文
化艺术出版社，1989 年。

56. 杨大春：《沉沦与拯救——克尔凯戈尔的精神哲学研究》，北京：人民出
版社，1995 年。

57. 王平：《生的抉择》，北京：商务印书局，2000 年。

58. 孙毅：《个体的人——祁克果的基督教生存论思想》，北京：中国社会科
学出版社，2004 年。

59. 汝信：《看哪，克尔凯郭尔这个人》，开封：河南大学出版社，2008。

60. 王齐：《走向绝望的深渊——克尔凯郭尔的美学生活境界》，北京：中国
社会科学出版社，2000 年。

61. 梁卫霞：《间接沟通——克尔凯郭尔的基督教思想》，上海：世界出版社、
上海人民出版社，2009 年。

62. 陈延忠：《苦痛与智慧——〈约伯记〉与生命难题》，北京：宗教文化出版
社，2010 年。

63. 卓新平（编）：《基督教小辞典（修订版）》，上海：上海辞书出版社，2008
年。

64. 李秋零：《康德论人性根本恶及人的改恶向善》，《哲学研究》1997 年第 1
期，第 28-33 页。

65. 林进平、刘卓红：《宗教何以可能——从〈单纯理性限度内的宗教〉看康
德宗教观》，《世界宗教研究》2003 年第 4 期，第 43-50 页。

66. 邓晓芒：《康德宗教哲学对我们的启示》，《现代哲学》2003 年第 1 期，第
103-114 页。

67. 赵林：《神学领域中的"哥白尼革命"——从〈单纯理性限度内的宗教〉
解析康德的道德神学》，《求是学刊》2014 年第 5 期，第 26-33 页。

68. 吕超：《人类自由作为自我建构、自我实现的存在论结构——对康德自由
概念的存在论解读》，《哲学研究》2019 年第 4 期，第 89-100 页。

69. 邓晓芒：《论康德哲学对儒家伦理的救赎》，《探索与争鸣》2018 年第 2 期，
第 64-70 页。

70. 邹晓东：《本质对本性：主体性自有概念下的心灵改善困境——兼论李秋零译〈单纯理性限度内的宗教〉对康德"本质"概念的误读》，《哲学门》总第 16 辑，赵敦华主编，北京：北京大学出版社，2008 年，第 237-257 页。

71. 李秋零：《"本性"还是"本质"？——答邹晓东先生》，《哲学门》总第 16 辑，第 277-292 页。

72. 谢文郁：《性善质恶——康德论原罪》，《哲学门》总第 16 辑，第 258-276 页。

73. 舒远招：《康德的人性善恶论是"性善质恶"说吗？——对谢文郁教授〈性善质恶——康德论原罪〉一文的商榷》，《中国社会科学评价》2018 年第 4 期，第 86-100 页。

74. 谢文郁：《康德宗教哲学的问题意识与基本概念》，《中国社会科学评价》2018 年第 4 期，第 101-113 页。

75. 潘德荣：《走向理解之路——施莱尔马赫哲学述评》，《安徽师范大学学报》1992 年第 1 期，第 46-53 页。

76. 安延明：《施莱尔马赫普遍解释学中的几个问题》，《中国社会科学》1993 年第 1 期，第 143-154 页。

77. 陈鸿倩：《偏见——从非法到合法》，《厦门大学学报（哲社版）》1996 年第 2 期，第 25-30 页。

78. 何卫平：《解释学循环的嬗变及其辩证意义的展开与深化》，《武汉大学学报（哲学社会科学版）》1999 年第 6 期，第 40-45 页。

79. 李毓章：《论施莱尔马赫宗教本质思想的意义》，《安徽大学学报（哲学社会科学版）》2001 年第 6 期，第 74-79 页。

80. 闻骏：《〈论宗教〉中的神圣目的》，《理论月刊》2011 年第 8 期，第 69-71 页。

81. 闻骏：《简析施莱尔马赫宗教哲学的核心概念——"情感"》，《世界宗教研究》2010 年第 4 期，第 33-38 页。

82. 闻骏：《"神圣情感"与"绝对依赖"——论施莱尔马赫与奥托宗教思想路向的差异》，《宗教学研究》2013 年第 2 期，第 230-234 页。

83. 闻骏：《施莱尔马赫的"绝对依赖感"再析》，《理论学刊》2013 年第 12 期，第 61-64 页。

84. 闻骏:《自然与奇迹——论施莱尔马赫有关奇迹的形而上学批判》,《自然辩证法研究》2014 年第 2 期,第 82-86 页。

85. 闻骏:《从道德走向人性——康德、赫尔德与施莱尔马赫宗教思想路向的形成》,《德国哲学》2013 年卷,第 191-199 页。

86. 黄毅:《施莱尔马赫关于自身意识学说的研究》,《内蒙古社会科学(汉文版)》2009 年第 1 期,第 68-72 页。

87. 黄毅:《论施莱尔马赫对康德基督论的超越》,《宗教学研究》2015 年第 2 期,204-211 页。

88. 张云涛:《论施莱尔马赫〈独白〉中教化伦理学》,《求是学刊》2013 年第 6 期,第 34-41 页。

89. 张云涛:《施莱尔马赫〈论宗教〉——文化神学思想刍议》,《社会科学战线》2016 年第 4 期,第 27-31 页。

90. 闻骏:《论施莱尔马赫两版〈基督教信仰〉的实质差别》,《宗教学研究》,2017 年第 1 期,第 241-245 页。

91. 张云涛:《论施莱尔马赫的自我意识理论》,《西南农业大学学报(社会科学版)》2008 年第 3 期,第 89-91 页。

92. 张云涛:《青年施莱尔马赫的康德伦理学研究》,《武汉大学学报(人文科学版)》2012 年第 2 期,第 31-38 页。

93. 张云涛:《施莱尔马赫论犹太教》,《暨南学报(哲学社会科学版)》2014 年第 12 期,第 136-142 页。

94. 朱云飞:《施莱尔马赫对康德道德神学的批评——基于对〈论宗教〉的研究》,《安徽大学学报(哲学社会科学版)》2012 年第 6 期,第 8-14 页。

95. 张会永:《康德与施莱尔马赫至善学说评析》,《厦门大学学报(哲学社会科学版)》2013 年第 3 期,第 131-137 页。

96. 李毓章:《施莱尔马赫哲学神学的两项成果及其意义——以其同康德哲学的关系为视阈》,《云南大学学报(社会科学版)》2017 年第 1 期,第 22-34 页。

97. 涂丽平:《焦虑下的罪感——克尔凯郭尔的基督教思想研究》,浙江大学博士学位论文,2012 年。

98. 宋涛:《存在反思与本体返回——西方重复美学思想刍议》,《中北大学学报(社会科学版)》2017 年 1 期,第 30-36 页。

99. 刘慧姝:《生存抉择与现代性预言——解析克尔凯郭尔的《重复》》,《世界哲学》2017 年第 6 期,第 125-131 页。

100. 吴亚女:《生存的可能性——克尔凯郭尔的重复范畴》,《文学教育》2013 年第 9 期,第 116-117 页。

101. 马彪:《康德与〈圣经〉——以康德早年生活与晚期宗教思想为中心》,《北京社会科学》2016 年第 8 期,第 73-80 页。

102. 谭杰:《〈天主实义〉之成书过程再考辨》,《北京行政学院学报》2013 年第 4 期,第 124-128 页。

103. 谢文郁:《信仰和理性——一种认识论的分析》,《山东大学学报(哲学社会科学版)》2008 年第 3 期,第 71-80 页。

104. 谢文郁:《善的问题——柏拉图和孟子》,《哲学研究》2012 年第 11 期,第 89-94 页。

105. 谢文郁:《〈中庸〉君子论——困境和出路》,《文史哲》2011 年第 4 期,第 17-19 页。

106. 宁新昌:《从道德无意识看张载的"无意为善"》,《渭南师专学报(综合版)》1990 年第 2 期,第 63-66 页。

107. 王见楠、陆畅:《宋代理学中"无意"问题之考辨》,《南昌大学学报(人文社会科学版)》2015 年第 6 期,第 21-26 页。

108. 金银润:《去恶成性及其内在困境——张载的人性论探析》,《河南师范大学学报(哲学社会科学版)》2011 年第 5 期,第 15-19 页。

109. 王强:《从"根本恶"到恶习——康德伪善批判的历史主义路径》,《安徽师范大学学报(人文社会科学版)》2016 年第 1 期,第 96-104 页。

110. 尚文华:《从自主性到接受性——论施莱尔马赫的新宗教观》,《基督教思想评论》第 21 辑,2016 年。

111. 谢文郁:《自由——自主性还是接受性?》,《山东大学学报》2006 年第 1 期,第 47-57 页。

112. 〔英〕托马斯·德·昆西:《一个英国瘾君子的自白》,于中华译,北京:中译出版社,2012 年。

113. 〔美〕威廉·巴勒斯:《瘾君子》,小水译,北京:作家出版社,2013 年。

114. 〔澳〕James G.Barber:《戒瘾社会工作》,范志海、李建英等译,上海:华东理工大学出版社,2014 年。

115. 杜新忠：《实用戒毒医学》，北京：人民卫生出版社，2015 年。

116.〔美〕凯博文：《谈病说痛——人类的受苦经验与痊愈之道》，陈新绿等译，广州：广州出版社，1998 年。

117. 拜伦·古德：《医学、理性与经验——一个人类学的视角》，吕文江、余晓燕等译，北京：北京大学出版社，2010 年。

118. 罗伯特·汉：《疾病与治疗——人类学怎么看》，禾木译，上海：东方出版社，2010 年。

119. 刘绍华：《我的凉山兄弟——毒品、艾滋与流动青年》，北京：中央编译出版社，2015 年。

120.〔美〕戴维·考特莱特：《上瘾五百年——烟、酒、咖啡和鸦片的历史》，薛绚译，北京：中信出版社，2014 年。

121.〔美〕迈克尔·波伦：《植物的欲望——植物眼中的世界》，王毅译，上海：上海人民出版社，2005 年。

122.〔美〕大卫·林登：《愉悦回路——大脑如何启动快乐按钮操控人的行为》，覃薇薇译，北京：中国人民大学出版社，2014 年。

123. 蔡维帧：《烟毒辅导面面观》，台北：天恩出版社，2000 年。

124.〔英〕迈克尔·格索普：《瘾癖心理学》，冯君雪译，上海：上海三联出版社，2014 年。

125. 王娜：《戒毒学》，北京：中国人民公安大学出版社，2014 年。

126.〔加〕卡万崔蒂（Cavacuiti C.A.）：《成瘾医学精要》，郝伟等译，北京：人民卫生出版社，2014 年。

127.〔美〕弗雷德里克·沃尔夫顿（Frederick Woolverton）、苏珊·夏皮罗（Susan Shapriro）：《戒瘾——成瘾治疗的案例分析与自助指南》，苏文亮等译，北京：电子工业出版社，2015 年。

128. 王倩倩：《上瘾的真相——揭开"瘾情"重获新生的康愈之路》，北京：华夏出版社，2016 年。

129.〔法〕米歇尔·福柯：《临床医学的诞生》，刘北成译，南京：译林出版社，2015 年。

130.〔英〕迈克尔·格索普：《瘾癖心理学》，冯君雪译，上海：上海三联出版社，2014 年。

131. 刘天路：《身体·灵魂·自然——中国基督教与医疗、社会事业研究》，上海：上海人民出版社，2010 年。

132. 刘民和、莫少珍：《晨曦会福音戒毒灵理治疗的理论与实务》，台北：财团法人基督教晨曦会，2006 年。

133. 安辰赫：《药瘾者的全人康复——晨曦会治疗社区戒瘾模式之治疗因子与戒毒复原历程》，台北：财团法人基督教晨曦会，2005 年。

134. 〔美〕詹姆斯·克利福德、乔治·E.马库斯编：《写文化——民族志的诗学与政治学》，高丙中、吴晓黎、李霞等译，北京：商务印书馆，2006 年，第 14-15 页、第 51 页。

135. 张有春：《医学人类学》，北京：中国人民大学出版社，2011。

136. 黄剑波、艾菊红（编）：《人类学基督教研究导读》，北京：知识产权出版社，2014。

137. 吴飞：《麦芒上的圣言——一个乡村天主教群体中的信仰和生活》，北京：宗教文化出版社，2013 年。

138. 〔美〕康拉德·菲利普·科塔克：《人类学——人类多样性的探索》，黄建波等译，北京：中国人民大学出版社，2012 年。

139. 〔美〕罗伯特·埃莫森（Enerson R.）等：《如何做田野笔记》，符裕等译，上海：上海译文出版社，2012 年。

140. 〔美〕丹尼·L.乔金森：《参与观察法——关于人类研究的一种方法》，张小山等译，重庆：重庆大学出版社，2015 年。

141. 蔡景峰：《论"民族医学"的界定和民族医药文献的整理》，《中国民族医药杂志》1999 年第 4 期，第 1-3 页。

142. 谢文郁：《身体观——从柏拉图到基督教》，《云南大学学报（社会科学版）》2010 年第 5 期，第 11-22 页。

143. 黄剑波：《身份自觉——经验性宗教研究的田野工作反思》，《广西民族研究》2007 年第 2 期，第 48-54 页。

144. 黄剑波：《地方社会研究的不可能与可能——吴庄基督教的人类学研究札记》，《中国农业大学学报（社会科学版）》2013 年第 1 期，第 157-160 页。

145. 黄剑波：《身份自觉——经验性宗教研究的田野工作反思》，《广西民族研究》2007 年第 2 期，第 48-54 页。

146. 赵旭东：《中心重构与他者关照——基于中国人类学世界观的考察（上、下）》，《探索与争鸣》2018 年第 11、12 期，第 8-21 页、第 58-69 页。

147. 谢文郁:《语言、情感与生存——宗教哲学的方法论问题》,《宗教与哲学》2014 年第 3 辑, 第 64-83 页。

148. 黄剑波:《关于人类学研究进路的一些思考——以"地方"基督教研究为例》,《思想战线》2015 年第 2 期, 第 6-11 页。

149. 李立:《解读"实验民族志"》,《广西民族研究》2006 年第 1 期, 第 44-49 页。

150. 倪玉霞、严影:《民间力量戒毒模式多元化发展》,《云南警官学院学报》2015 年第 2 期, 第 8-14 页。

151. 张有春:《福柯的权力观对医学人类的启发》,《中央民族大学学报(哲学社会科学版)》2013 年第 5 期, 第 17-22 页。

152. 庄孔韶、杨洪林、富晓星:《小凉山彝族"虎日"民间戒毒行动和人类学的应用实践》,《广西民族学院学报(哲学社会科学版)》2005 年第 2 期, 第 38-47 页。

153. 姜张辈子:《福音与戒烟——中国内地会以戒烟所为中心的活动(1876-1906)》,《多学科视野下的中国基督教本土化研究学术研讨会会议手册》2012 年, 第 215-227 页。

154. 姚雨萌:《重生与转变——一个福音戒毒中心里的身体叙事与实践》, 华东师范大学硕士论文, 2018 年。

致　谢

　　坦白讲，回想这五年多的读博经历，我内心是五味杂陈的。之前总是不断听别人说，每篇博士论文的致谢部分总是最令读者期待的，甚至在"精彩"的程度上要远超过正文内容。当然，这里所谓的"精彩"其实是无关学术的。在我看来，对于这种流行的说法，凡是在读博经历中饱尝过这场人生熬炼的同道中人，都会无比赞同。我自己也曾不止一次从他人的致谢内容中得到些许安慰，心里暗想，"原来别人也同样要经历这么一遭啊！"当然，能有这番从他人经历中获得的感同身受固然难得，但我自己之所以能够在这条艰辛的道路中走到今天，实在离不开以下这些师友亲人的帮助。

　　我首先要感谢的是我的导师谢文郁教授。他不仅是我在学术生涯上的引路人，更是对我整个人生都带来巨大影响的一位长者。中国那句"一日为师、终身为父"的老话，此时用来形容谢老师对于我的影响以及他在我心目中的地位，可以说是再贴切不过了。

　　自从我进入"犹太教与跨宗教研究中心"学习以来，可以说得到过每一位老师的教导与关怀。感谢傅有德教授对我学业上的多次帮助，特别是为我在云南的田野调查提供了大力的经费支持。感谢陈坚教授在每个常规性的博士培养环节上给予我的关照。感谢刘新利教授不时在生活上给予我的关怀与分享。感谢赵杰教授为我的论文构思所付出的宝贵时间。感谢李炽昌教授、马广海教授、牛建科教授、李海涛老师在课堂与私下给予我的每一次教导。还要感谢齐晓东老师在许多繁杂琐碎的行政环节上为我提供的援助。感谢陈家富教授在预答辩上给予我的宝贵建议。此外，我还要特别感谢人类学系的陶冶老师对我毫无保留的指导。

我要感谢我的同窗。感谢邹晓东为我的入学考试所提供的巨大帮助。感谢林旭鑫、尚文华和冯传涛在我入学初期对我的热情接纳。感谢沈璐在生活的方方面面给予我的暖心关照。感谢林孝斌成为我最后的"战友"。感谢韩霞让我的校园生活充满陪伴与乐趣。感谢谢拢为我修改论文格式所付出的宝贵时间。感谢孙清海对我英语上的帮助。感谢杨佳乐、谢丁坚、魏峰、马丛丛、徐大伟、郭卫娜、李静含等每一位给予过我帮助和陪伴的同学。

我要感谢恩福基金会给予我的奖学金支持，还有香港道风山为我提供的为期半年的交流学习机会。特别感谢 Esther 协助我探访香港巴拿巴女子戒毒机构，感谢黎牧师与钟师母一家对我至今从未间断的关心与鼓励，还要感谢 Amy Chow 随时随刻地与我分享心情与喜悦。

我要由衷地感谢保山的徐成云牧师及师母、蜜德荣牧师及师母、王东花以及"重生园"的同工和弟兄，没有他们的大力协助，我的田野调查无法完成。每每想到他们，保山永远都是一个令我魂牵梦绕的家乡。

我还要特别感谢宋姐，她为我在济南的生活提供了家一般的温暖。在我眼里，她就是我在济南的家人。济南的家人中，还少不了淑芬、家信大夫……

最后，我要由衷地感谢我的父母，他们从始至终的支持、照顾与陪伴，是我重要的精神支柱。如果这篇博士论文可以作为一份赠予的礼物，我愿意将其献给他们。

《基督教文化研究丛书》

主编：何光沪、高师宁

（1-9 编书目）

初 编

（2015 年 3 月出版）

ISBN：978-986 104 209 8　　　　　定价（台币）$28,000 元

册　次	作　者	书　名	学科别 （／表示跨学科）
第 1 册	刘　平	灵殇：基督教与中国现代性危机	社会学／神学
第 2 册	刘　平	道在瓦器：裸露的公共广场上的呼告——书评自选集	综合
第 3 册	吕绍勋	查尔斯·泰勒与世俗化理论	历史／宗教学
第 4 册	陈　果	黑格尔"辩证法"的真正起点和秘密——青年时期黑格尔哲学思想的发展（1785 年至 1800 年）	哲学
第 5 册	冷　欣	启示与历史——潘能伯格系统神学的哲理根基	哲学／神学
第 6 册	徐　凯	信仰下的生活与认知——伊洛地区农村基督教信徒的文化社会心理研究（上）	社会学
第 7 册	徐　凯	信仰下的生活与认知——伊洛地区农村基督教信徒的文化社会心理研究（下）	
第 8 册	孙晨荟	谷中百合——傈僳族与大花苗基督教音乐文化研究（上）	基督教音乐
第 9 册	孙晨荟	谷中百合——傈僳族与大花苗基督教音乐文化研究（下）	

册次	作者	书名	学科别
第 10 册	王 媛	附魔、驱魔与皈信——乡村天主教与民间信仰关系研究	社会学
	蔡圣晗	神谕的再造，一个城市天主教群体中的个体信仰和实践	社会学
	孙晓舒 王修晓	基督徒的内群分化：分类主客体的互动	社会学
第 11 册	秦和平	20 世纪 50－90 年代川滇黔民族地区基督教调适与发展研究（上）	历史
第 12 册	秦和平	20 世纪 50－90 年代川滇黔民族地区基督教调适与发展研究（下）	
第 13 册	侯朝阳	论陀思妥耶夫斯基小说的罪与救赎思想	基督教文学
第 14 册	余 亮	《传道书》的时间观研究	圣经研究
第 15 册	汪正飞	圣约传统与美国宪政的宗教起源	历史／法学

二 编 （2016 年 3 月出版）

ISBN：978-986-404-521-1　　　　　　　　定价（台币）$20,000 元

册 次	作 者	书 名	学科别（／表示跨学科）
第 1 册	方 耀	灵魂与自然——汤玛斯·阿奎那自然法思想新探	神学／法学
第 2 册	刘光顺	趋向至善——汤玛斯·阿奎那的伦理思想初探	神学／伦理学
第 3 册	潘明德	索洛维约夫宗教哲学思想研究	宗教哲学
第 4 册	孙 毅	转向：走在成圣的路上——加尔文《基督教要义》解读	神学
第 5 册	柏斯丁	追随论证：有神信念的知识辩护	宗教哲学
第 6 册	李向平	宗教交往与公共秩序——中国当代耶佛交往关系的社会学研究	社会学
第 7 册	张文举	基督教文化论略	综合
第 8 册	赵文娟	侯活士品格伦理与赵紫宸人格伦理的批判性比较	神学伦理学
第 9 册	孙晨荟	雪域圣咏——滇藏川交界地区天主教仪式与音乐研究（增订版）（上）	基督教音乐
第 10 册	孙晨荟	雪域圣咏——滇藏川交界地区天主教仪式与音乐研究（增订版）（下）	
第 11 册	张 欣	天地之间一出戏——20 世纪英国天主教小说	基督教文学

三　编 （2017 年 9 月出版）

ISBN：978-986-485-132-4　　　　　　　　定价（台币）$11,000 元

册　次	作　者	书　名	学科别（／表示跨学科）
第 1 册	赵　琦	回归本真的交往方式——托马斯·阿奎那论友谊	神学／哲学
第 2 册	周兰兰	论维护人性尊严——教宗若望保禄二世的神学人类学研究	神学人类学
第 3 册	熊径知	黑格尔神学思想研究	神学／哲学
第 4 册	邢　梅	《圣经》官话和合本句法研究	圣经研究
第 5 册	肖　超	早期基督教史学探析（西元 1~4 世纪初期）	史学史
第 6 册	段知壮	宗教自由的界定性研究	宗教学／法学

四　编 （2018 年 9 月出版）

ISBN：978-986-485-490-5　　　　　　　　定价（台币）$18,000 元

册　次	作　者	书　名	学科别（／表示跨学科）
第 1 册	陈卫真　高　山	基督、圣灵、人——加尔文神学中的思辨与修辞	神学
第 2 册	林庆华	当代西方天主教相称主义伦理学研究	神学／伦理学
第 3 册	田燕妮	同为异国传教人：近代在华新教传教士与天主教传教士关系研究（1807～1941）	历史
第 4 册	张德明	基督教与华北社会研究（1927～1937）（上）	社会学
第 5 册	张德明	基督教与华北社会研究（1927～1937）（下）	
第 6 册	孙晨荟	天音北韵——华北地区天主教音乐研究（上）	基督教音乐
第 7 册	孙晨荟	天音北韵——华北地区天主教音乐研究（下）	
第 8 册	董丽慧	西洋图像的中式转译：十六十七世纪中国基督教图像研究	基督教艺术
第 9 册	张　欣	耶稣作为明镜——20 世纪欧美耶稣小说	基督教文学

五　编 （2019 年 9 月出版）

ISBN：978-986-485-809-5　　　　　　　定价（台币）$20,000 元

册　次	作　者	书　名	学科别（／表示跨学科）
第 1 册	王玉鹏	纽曼的启示理解（上）	神学
第 2 册	王玉鹏	纽曼的启示理解（下）	
第 3 册	原海成	历史、理性与信仰——克尔凯郭尔的绝对悖论思想研究	哲学
第 4 册	郭世聪	儒耶价值教育比较研究——以香港为语境	宗教比较
第 5 册	刘念业	近代在华新教传教士早期的圣经汉译活动研究（1807~1862）	历史
第 6 册	鲁静如 王宜强 编著	溺女、育婴与晚清教案研究资料汇编（上）	资料汇编
第 7 册	鲁静如 王宜强 编著	溺女、育婴与晚清教案研究资料汇编（下）	
第 8 册	翟风俭	中国基督宗教音乐史（1949 年前）（上）	基督教音乐
第 9 册	翟风俭	中国基督宗教音乐史（1949 年前）（下）	

六　编 （2020 年 3 月出版）

ISBN：978-986-518-085-0　　　　　　　定价（台币）$20,000 元

册　次	作　者	书　名	学科别（／表示跨学科）
第 1 册	陈倩	《大乘起信论》与佛耶对话	哲学
第 2 册	陈丰盛	近代温州基督教史（上）	历史
第 3 册	陈丰盛	近代温州基督教史（下）	
第 4 册	赵罗英	创造共同的善：中国城市宗教团体的社会资本研究——以 B 市 J 教会为例	人类学
第 5 册	梁振华	灵验与拯救：乡村基督徒的信仰与生活（上）	人类学
第 6 册	梁振华	灵验与拯救：乡村基督徒的信仰与生活（下）	
第 7 册	唐代虎	四川基督教社会服务研究（1877~1949）	人类学
第 8 册	薛媛元	上帝与缪斯的共舞——中国新诗中的基督性（1917~1949）	基督教文学

七　编　（2021 年 3 月出版）

ISBN：978-986-518-381-3　　　　　　　定价（台币）$22,000 元

册　次	作　者	书　名	学科别（／表示跨学科）
第 1 册	刘锦玲	爱德华兹的基督教德性观研究	基督教伦理学
第 2 册	黄冠乔	保尔. 克洛岱尔天主教戏剧中的佛教影响研究	宗教比较
第 3 册	宾静	清代禁教时期华籍天主教徒的传教活动（1721 ~ 1846）（上）	基督教历史
第 4 册	宾静	清代禁教时期华籍天主教徒的传教活动（1721 ~ 1846）（下）	
第 5 册	赵建玲	基督教"山东复兴"运动研究（1927 ~ 1937）（上）	基督教历史
第 6 册	赵建玲	基督教"山东复兴"运动研究（1927 ~ 1937）（下）	
第 7 册	周浪	由俗入圣：教会权力实践视角下乡村基督徒的宗教虔诚及成长	基督教社会学
第 8 册	查常平	人文学的文化逻辑——形上、艺术、宗教、美学之比较（修订本）（上）	基督教艺术
第 9 册	查常平	人文学的文化逻辑——形上、艺术、宗教、美学之比较（修订本）（下）	

八　编　（2022 年 3 月出版）

ISBN：978-986-404-209-8　　　　　　　定价（台币）$45,000 元

册　次	作　者	书　名	学科别（／表示跨学科）
第 1 册	查常平	历史与逻辑：逻辑历史学引论（修订本）（上）	历史学
第 2 册	查常平	历史与逻辑：逻辑历史学引论（修订本）（下）	
第 3 册	王澤偉	17 ~ 18 世纪初在華耶穌會士的漢字收編: 以馬若瑟《六書實義》為例（上）	语言学
第 4 册	王澤偉	17 ~ 18 世纪初在華耶穌會士的漢字收編: 以馬若瑟《六書實義》為例（下）	
第 5 册	刘海玲	沙勿略：天主教东传与东西方文化交流	历史
第 6 册	郑媛元	冠西东来——咸同之际丁韪良在华活动研究	历史

册 次	作 者	书 名	学科别
第 7 册	刘影	基督教慈善与资源动员——以一个城市教会为中心的考察	社会学
第 8 册	陈静	改变与认同：瑞华浸信会与山东地方社会	社会学
第 9 册	孙晨荟	众灵的雅歌——基督宗教音乐研究文集	基督教音乐
第 10 册	曲艺	默默存想，与神同游——基督教艺术研究论文集（上）	基督教艺术
第 11 册	曲艺	默默存想，与神同游——基督教艺术研究论文集（下）	
第 12 册	利瑪竇著、梅謙立漢注 孫旭義、奧覓德、格萊博基譯	《天主實義》漢意英三語對觀（上）	经典译注
第 13 册	利瑪竇著、梅謙立漢注 孫旭義、奧覓德、格萊博基譯	《天主實義》漢意英三語對觀（中）	
第 14 册	利瑪竇著、梅謙立漢注 孫旭義、奧覓德、格萊博基譯	《天主實義》漢意英三語對觀（下）	
第 15 册	刘平	明清民初基督教高等教育空间叙事研究——中国教会大学遗存考（第一卷）（上）	资料汇编
第 16 册	刘平	明清民初基督教高等教育空间叙事研究——中国教会大学遗存考（第一卷）（下）	

九　编　（2023 年 3 月出版）

ISBN：000-000-000-000-0　　　　　　　　定价（台币）$56,000 元

册　次	作　者	书　名	学科别（／表示跨学科）
第 1 册	郑松	麦格拉思福音派神学思想研究	神学
第 2 册	任一超	心灵改变如何可能？——从康德到齐克果	基督教哲学
第 3 册	劉沐比	論趙雅博基本倫理學和特殊倫理學之串連	基督教伦理学
第 4 册	王务梅	论马丁·布伯的上帝观	基督教与犹太教

第 5 册	肖音	明末吕宋之中西文化交流（上）	教会史
第 6 册	肖音	明末吕宋之中西文化交流（下）	
第 7 册	张德明	基督教五年运动与民国社会（上）	教会史
第 8 册	张德明	基督教五年运动与民国社会（下）	
第 9 册	陈铃	落幕：美国新教在华传教事业的终结（1945～1952）	教会史
第 10 册	黄畅	全球史视角下基督教在英国殖民统治中的作用——以 1841～1914 年的香港和约鲁巴兰为例	教会史
第 11 册	杨道圣	言像之辩：基督教的图像与图像中的基督教	基督教艺术
第 12 册	张雅斐	晚清聖經人物漢語傳記研究——以聖經在華接受史的视角	基督教艺术
第 13 册	包兆会	缪斯与上帝的相遇——基督宗教文艺研究论文集	基督教文学
第 14 册	张欣	浪漫的神学：英国基督教浪漫主义略论	基督教文学
第 15 册	刘平	明清民初基督教高等教育空间叙事研究——中国教会大学遗存考（第二卷：福建协和神学院）	资料汇编
第 16 册	刘平、赵曰北主编	传真道于中国——赫士及华北神学院百年纪念文集（第一册）	
第 17 册	刘平、赵曰北主编	传真道于中国——赫士及华北神学院百年纪念文集（第二册）	
第 18 册	刘平、赵曰北主编	传真道于中国——赫士及华北神学院百年纪念文集（第三册）	论文集
第 19 册	刘平、赵曰北主编	传真道于中国——赫士及华北神学院百年纪念文集（第四册）	
第 20 册	刘平、赵曰北主编	传真道于中国——赫士及华北神学院百年纪念文集（第五册）